「探險與旅行經典文庫」

001

Travel Classics Library

# 我的探險生涯

## 西域探險家斯文・赫定回憶錄 下

斯文・赫定◎著
李宛蓉◎譯

詹宏志
策畫／選書／導讀

# 我的探險生涯 上冊目錄

# 我的探險生涯 下冊目錄

# 第三十四章

## 與冰奮戰

十一月二十四日，我們經歷了一場有可能導致悲慘後果的驚險事故。這次舢舨一反常態，航行在小船的前頭，河面很狹窄，水流卻十分湍急，當船剛通過一個急轉彎，倏地發現前方不遠處有一株巨大的白楊樹橫倒河中央，樹的根部在河流沖激下騰空拔起，樹幹已經傾倒，像橋梁一樣橫跨三分之一的河面，而此處的水流仍然又急又快。橫躺的樹幹離水面約有四呎，這樣的高度足以讓小船從樹幹與枝葉底下輕易穿過，可是對正以全速衝向這障礙的大舢舨來說，情形就不同了；舢舨上不但有帳棚和家具，還有一間暗房，要是勉強通過必然會被樹幹衝毀，更糟的是，暗房撞上樹產生的阻力將使舢舨整個翻覆，那麼我所有的行李和資料就會全部泡湯，而且是不可能再找回來了。由於情況驚險萬分，每個人一邊叫嚷著，一邊又很有秩序地分工合作，這時長竿根本搆不到河底，河面上處處是漩渦和翻騰的水泡，眼看就要撞船了，我十萬火急地收拾起我的地圖和所有散落在附近的東西。萊立克的水手臨時抓起沉重的木板作槳，拚命逆向划船，但是強勁的急流依舊牢牢吸住舢舨，迅速將我們沖往白楊樹幹，幸運的是，水手的努力不懈終於讓船脫離水流，順勢進入環繞白楊樹枝葉部分的漩渦。阿林再度跳進冰冷的河裡，拉起一條繩索游到河的左岸，然後奮力把舢舨拉了過去，結果舢舨除了被白楊樹最外層的枝葉刮了些擦痕外，帳棚和船艙只有輕微損壞。

假如這次事件是發生在晚上，又會是怎樣的情況？我根本不敢想像那後果！

不久，伊斯嵐拿來一些剛煮好的魚、鹽、麵包和熱茶，不料我才一開動，就聽到河上傳

舢舨以全速衝向橫倒河中的樹幹

來求助的尖叫聲，原來是小船撞上潛伏在水底的白楊樹幹翻覆了，裝著麵粉、水果、麵包、蛋糕的鐵桶，以及木桶、箱子全散列在激流裡載浮載沉，連水手的長竿和船槳也都落入水中，另一邊獨木舟上的羅布人則忙著打撈東西。卡辛設法抓住那根危險的白楊樹幹，然後翻身坐在樹幹上，冰冷的河水淹到腰部，他大聲向同伴求助。小船上的綿羊自己游上岸邊，公雞全身濕淋淋地棲息在翻覆的小船上，可是鏟子、斧頭和其他工具都沉進了水裡。我一聽到卡辛獲救，就放心回頭吃那條擺在眼前已經冷掉的魚。上了岸，我們生起幾堆旺盛的營火，當天晚上停止趕路，讓大夥兒把所有的東西烘乾。

## 河流與沙漠互相較勁

次日，一位長老指揮兩艘獨木舟前來加入我們的行列，目前我們的船隊規模已經增加到十艘。船隊浩浩蕩蕩朝托庫斯庫倫（Tokus-kum）（或稱「九沙山」，the Nine Sand-Mountains）大沙漠的一處分水嶺漂流過去，在河右岸出現一座兩百呎高的沙丘，上面不見任何植物，沙丘底座則被河流切割，沙子一點一點滑落河裡被水沖刷走了，直流到在較遠處的下游沖積成河岸與沙洲。

我們在沙丘附近逗留了一個小時，而且登上沙丘頂，這麼做並不容易，因爲每走一步就陷入沙子裡深一點。站在沙丘頂上眺望遠方的河流和沙漠，景致著實壯觀，河水和沙子相互較勁爭奪主控權；這裡還可見到生命跡象，因爲河裡魚群豐富，河邊也有樹林，可是一到南邊，就只剩下一片死寂乾枯的沙漠。

一位長老乘著獨木舟前來

我們的羅布朋友說，從河上開始出現浮冰那天算起，再過十天河流就會結冰了。十一月二十八日，我被船緣一陣奇怪的玎琮聲和嘎嘎聲吵醒，原來第一批多孔的浮冰正舞動著順流而下。

「日出前起錨！在後甲板上生火，在我的帳棚裡放一個燒煤的鐵缽，免得我的手在寫字桌上凍傷了！」我急忙下令。

下午一點鐘浮冰已消失，但是夜間溫度計的指標卻降到攝氏零下十六．一度。早晨我起床時，河面上浮滿了大大小小的冰塊，由於彼此擦撞，看起來像是鑲白邊的圓盤，它們令我聯想到喪禮的白色花環，彷彿在寒冷與死亡將河流完全封凍之前，有一股看不見的力量爲河流送來白色的悼念花環；水晶似的冰塊在旭日中閃耀出鑽石般的璀璨光芒，互相推擠時便發出如同瓷器碰撞的清脆琮琤聲，同時磨出細糖一般的冰屑。河的兩岸很快就結起堅實的冰層，面積一天天加寬，在我們紮營的地點，浮冰猛力撞擊舢舨，使得舢舨的骨架爲之搖撼。一開始，小狗會對著浮冰和冰塊推擠時發出的聲音吠叫，久而久之也就見怪不怪了，有時甚至跳到船弦邊與船隻一起漂流的浮冰上跑一跑。當舢舨碰到沙灘停下來時，細細端詳小狗坐在浮冰上繼續往下漂流，那感覺很奇怪，也很逗趣。

我們再次沿著巨大沙丘的底部滑行，此地可以見到的鳥類只剩下鷲鷹、雉雞和大烏鴉，野鴨和野雁早就不見蹤影了。夜晚航行時，小船高高掛起中國燈籠和火把爲我們照明，直到夜深了才停泊。在我的寫字桌上也點了一盞燈籠，以便在夜間也可以工作。河岸上的沙地嘎然終止，代之而起的是茂密的黃色蘆葦叢地。天氣冷得刺骨，迫使我們不得不紮營休息，可是水流太過強勁，我們無法在黑暗中辨識何處適合紮營，於是我指揮一條小船先到前面放火燒蘆葦叢。不久，整個河岸像著了火似的，一片奇妙、蒼野、壯闊的景致陡地開展於眼前，紅黃色的火光使河流完全換了個樣，彷彿一條融化的黃金帶子，幾葉小舟和船夫的墨黑色剪影在火光朦朧的襯托下，線條顯得十分突出。蘆葦在火舌下燒得辟哩啪啦響，我們挑了一個不會被火延燒的地方靠岸紮營。

## 水上之旅即將結束

十二月三日，我們經過一個地點，岸上的騎士點燃火光作爲信號引導我們著陸，他們是哥薩克騎兵遣來的使者，通知我們旅隊已經在距離數天行程外的地方紮營。

第二天，河水流速很快，船隻順勢漂浮在浮冰之間，偶爾會擦撞到河岸，擱淺在岸邊冰層的邊緣。到了卡勞爾（Karaul），我看見伊斯嵐和一位蓄著白鬍子的男子站在岸上交談，原來是老朋友帕爾皮，他曾經是我在一八九六年探險隊的一員；這天他穿著一襲深藍色長袍和皮氈帽，我們把船靠岸，請他一起上船。帕爾皮很激動地和我打招呼，而且很快便加入我們的行列，再次成為我忠實的手下。

塔里木河還是以每秒兩千立方呎的流量繼續向下游流洩，不過河岸邊的帶狀冰層越來越寬敞。我們在一處水淺的地方撞上隱藏在水中的白楊樹幹，若非船後有塊龐大的浮冰推著前進，我們的船肯定就卡死在那裡了。浮冰把船頭推離水面，然後又重重跌回河裡，發出一聲轟然巨響。

這天是十二月七日，也是這趟壯麗的水上之旅的最後一天。我們曉得旅隊已經安頓好在新湖（Yangi-kol）等候，而塔里木河從那裡往下游不遠處也已經完全結冰。我們船一抵達新湖，三位長老率同一隊數量驚人的騎士沿著河岸一路跟隨我們，不過我們只邀請新湖的長老上船，他微笑著坐在我的帳棚前面，彷彿這是他一輩子最光彩的一刻。

河水向東南潺潺而流，左岸是一片大草原，其間夾雜稀疏的白楊樹和草叢，右岸則是巨大的沙丘，沙丘之間有淺淺的湖泊。有些地方的河道非常狹窄，因此每當船隻通過擊碎河岸冰層的邊緣，便會發出嘈雜的聲音。

徹諾夫、倪艾斯和法笠拉加入其他騎士的隊伍。在逐漸低垂的暮色中，我們點起燈籠和火把繼續前進，大家決定非抵達旅隊紮營的地點絕不停下來。終於我們看到河的左岸出現一堆偌大的營火，那正是旅隊所在的位置。我們最後一次拋下船錨，趕緊上岸去取暖，因爲我們的四肢都快凍僵了。

## 五臟俱全的小庄院

接下來的半年時間，我以新湖爲總部，它占有地利之便，騎馬只需三天就能到達庫爾勒鎮，向西、向南均是大沙漠，鄰近則有相當多的聚落。

隔天，我讓自己徹徹底底休息了一個早上，然後檢查一遍所有的駱駝和馬匹，再把兩艘船移到一個圓形、有天然屏障的內灣；冬天時，灣內的水結凍成冰，船隻就像停放在一塊花崗岩床裡。接下來，我們還有許許多多的事情等著去處理。來自喀什的信差爲我帶來一整疊我引頸企盼許久的家書，因此我的第一件工作就是寫信，隨後請信差送回去。然後我們到庫爾勒採購糧食、蠟燭、毛毯、衣服、帆布等。我支付雙倍酬勞給萊立克的水手，並且親自安排他們安全返鄉；倪艾斯因爲偷竊被我開除；伊斯嵐則升任旅隊的領隊；涂厄都和法竺拉負責照顧駱駝；帕爾皮除了擅長放鷹之外，還負責看管馬匹。我另外派了十六歲大的柯本（Kurban）替他跑腿；羅布人奧迪克（Ordek）管理飲水、柴火和向鄰居買來的糧秣；哥薩克騎兵負責督導一切事宜；至於會讀會寫的西爾金則在我的教導下學習觀察氣象。

翌日，在新湖的營地儼然變成一座不錯的農場，手下豎起柱子，爲八匹馬搭建一個用蘆葦鋪頂的馬廄，原有的兩艘獨木舟剛好充當馬兒的飼料槽。我的帳棚在地上搭了起來，火爐也架好了，不過他們還替我建造另一間蘆葦小屋，裡面有兩個房間，地板上鋪蓋乾草和氈墊，我的箱子全部搬進草屋裡。有了帳棚、隨從的草棚、馬廄、駱駝、柴堆，再加上我的小屋，一座有模有樣的院子於焉誕生，正中央並挺立著一棵白楊樹。隨從在樹下生起一堆持續燃燒的營火，四周鋪上墊子，如此，有客人來訪就可以坐在這裡喝茶，不管什麼時候，我們都可聽到從這裡傳來聊天、說笑和交易的聲音。這裡的狗除了水上之旅全程陪伴我們的尤達西、多夫雷和哈姆拉，以及和旅隊同行的尤巴斯之外，庫爾勒的長老又送給我們兩隻獵狼犬，牠們的美麗與聰慧均屬難得一見，我叫牠們瑪西卡（Mashka）和泰嘉（Taiga）。這兩隻獵狼犬個頭高大，動作敏捷，毛色白中透黃，然而對夜晚的酷寒卻十分敏感，因此我們為這兩隻狗縫製了一些毛氈外套。瑪西卡與泰嘉很快就獲得旅隊眾成員的寵愛。晚上，牠們睡在我的帳棚裡，看著我將毛氈外套塞在牠們身體四周保暖時，牠們都表現出一臉的感激。和其他的狗兒相較之下，這兩隻獵狼犬的體型顯得更加纖細、脆弱，但是牠們在很短的時間就贏得眾家狗兄弟的領導地位，方圓幾里內的狗一概不放在眼裡；牠們天賦的戰鬥力令人嘆為觀止，打起架來，白森森的牙齒又快又準咬住對手的後腿，然後拖著對手兜圈子，兜轉到極速再猛然放開被牠們咬住的對手，這時，被狠狠摔出去的對手只有連滾帶爬哀嚎的份兒了。

輪值守夜的人必須在帳棚和草屋之間來回巡視，並且注意不讓營火熄滅，事實上，這堆營火一直燒到次年五月才熄滅。我們的庄子頓時變得遠近馳名，商家和旅人無不大老遠前來觀賞這項奇蹟，同時和我們做生意。當地的羅布人給我們的營地取了個名字——土拉沙艮屋（Tura-sallgan-ui），亦即「上帝營造之屋」（the Houses Built by the Lord）。我天眞地想像，即使在我離去多年之後，這個名字仍將隨著這個地點一直流傳下去，可是就在我們離開後的那年春天河水氾濫，暴漲的洪水沖走一切東西，連我們遺留下來的草屋也無法倖免，因此這個過渡時期的小站只留在我的回憶裡，即便是回憶也隨時間的消逝而逐漸模糊。

## 水晶般的藍色冰湖

我渴望一睹西南方沙漠的廬山眞面目，也花了很多時間向這個地區的老人請教，有些老人告訴我關於古城和沙下寶藏的妖魔鬼怪故事；回想那些關於塔克拉瑪干沙漠的故事，我至今記憶猶新啊！也有一些老人完全不曉得沙漠有埋藏任何東西，只知道一進沙漠必死無疑，在他們的語言裡，除了「沙地」之外，沒有其他名稱可用來指涉那片神秘的荒地。

在正式帶駱駝出發冒險橫越沙漠之前，我決定先進行一趟實驗性的旅行，時間只要幾天。現在塔里木河的河面已經全部結冰，可是冰層仍然過於單薄，無法承擔駱駝的重量，於是我們只好在兩岸之間開闢一條通道，利用大船載運牲口過河；這次同行的是哥薩克騎兵、幾名當地土著，以及獵狼犬瑪西卡與泰嘉，倒是沒有攜帶帳棚。我們檢查巴什湖（Bash-kol）和新湖已經凍實的湖面，並橫越位於兩座湖泊中間一處三百呎高的廣大沙丘，這些奇怪的支流湖泊形狀非常狹長（巴什湖長達十二哩），而且兩座湖泊均呈東北向西南方向延伸，湖與湖之間被三百呎高的沙丘阻隔，而湖泊本身則經由一些小水道與塔里木河銜接。兩座湖的西南頂端都崛起一條低矮的沙檻，過了沙檻又是另一片像湖泊似的凹地，只是裡面沒有水，我

兩個手下站在結冰的湖面上

心裡盼望著，也許借道這些凹地，我們橫越沙漠的旅程將不致於太艱困。

湖泊上的冰層恰似水晶清澈明潤，也像窗玻璃一樣閃閃發亮，當我們筆直看進湖水深處時，湖水呈現寶藍的色澤；在清亮湛藍的湖水中，黑背大魚慵懶悠閒地在水藻間游來游去。西爾金用兩把刀爲我做了一雙溜冰鞋，我穿上溜冰鞋在深藍色的冰上劃出白色的數字，羅布人看得瞠目結舌，他們從來沒見過有人這樣子做。

我回到「上帝營造之屋」之後有一天，一個當地土著騎快馬奔進我們的庄子，交給我一封信，發信人是著名的法國旅行家柏楠，他此刻正在我們北方六哩外的一個村子紮營，我即刻騎馬前去探望，並將他帶回我們的庄子。我們共度一天一夜的時光，那段快樂的日子令人難以忘懷！柏楠穿著一件紅色長外套和紅袍，看起來像是正要去朝聖的喇嘛；他爲人親切又博學，是這趟旅程中我遇到的唯一一位歐洲人；而除了柏楠之外，我是這片位處亞洲最內陸曠野荒地上絕無僅有的歐洲人。

# 第三十五章

## 橫越大沙漠

十二月二十日，我又展開新的沙漠旅程，假如不幸蒙厄運眷顧，那麼結果有可能像上次尋訪和闐河一樣悲慘，因爲從我們目前位於塔里木河畔的總部走到南方的車爾成河（Cherchen-daria）❶，距離將近一百八十哩遠，況且這片沙漠裡的沙丘遠高於塔克拉瑪干沙漠的沙丘。

這次我只帶四名手下同行：伊斯嵐、涂厄都、奧迪克、柯本。至於牲口，我們帶了七頭駱駝、一匹馬，還有小狗尤達西和多夫雷。在行程的前四天，有一小支隊伍護送我們，成員包括帕爾皮和兩個羅布人，以及他們帶領的四頭駱駝；這四頭駱駝只馱載兩樣東西，就是裝在袋子裡的大冰塊和柴火。由我帶領的七頭駱駝裡，也有三頭載運冰塊與柴火，其他則馱運糧食、被褥、儀器和廚房用具；在這趟沙漠之旅，由於打算整個冬季露天睡在穹蒼下，所以我並未攜帶帳棚。按照估計，我們攜帶的冰塊和糧食可以維持二十天之久，萬一橫越沙漠需要三十天，那麼我們必死無疑，因爲在這個地區根本甭想找到一滴水。

我們沿用老辦法用舢舨先帶領駱駝渡過塔里木河，到了河右岸（或西岸）再把物品裝在駱駝背上，然後讓涂厄都帶領他們走到塔那巴格拉第湖（Tana-bagladi）邊，當抵達這座小湖南端時，我們在厚達一呎的冰層上切割洞口，讓駱駝最後一次盡情暢飲湖水。

短暫停留之後，我們開始翻越第一條低矮的沙脊，這條沙脊將湖泊和西南方的第一片凹地阻隔開來；我們稱沙漠裡這種無沙的橢圓形凹地爲「巴依兒」（bayir），我們碰到的第一個巴依兒北邊仍然長著蘆葦，所以駱駝不必挨餓。

第二天，我們經過四個巴依兒，底部是柔軟的塵土，每當駱駝走過陷進的腳印足有一呎以上的深度，遇有陣風颳來，旅隊就會被漩渦狀的淺灰色塵雲團團籠罩住。走在旅隊最前面的領隊最吃力，殿後的人就輕鬆多了，因爲前面的駱駝已經踩實了塵土，形成的硬實步道正好方便後來的人馬。我騎在馬上慢慢落到隊伍最後面，駱駝頸上的銅鈴在我的耳邊叮叮咚咚響了一整天。

沙漠裡的景觀像月球表面一樣死寂，見不到一片被風吹落的葉子，也見不到任何走獸的足跡，顯然過去人類從未涉足此地。強勁的風從東方席捲而來，我們躲在陡峻如山的沙丘旁，沙丘的這一面彷彿一堵沙牆，角度爲三十三度，可是靠巴依兒西方迎風的一面，沙丘坡度卻相當和緩，只是緩緩升起，延伸至下一條沙脊。只要我們盡可能沿著平坦的巴依兒凹地行進，一切都好辦，然而峭斜的沙丘即使駱駝攀越起來疲憊不堪，因此問題來了：這一長串的巴依兒會延伸多遠？每次爬上巴依兒南端的一條新沙脊，我們都會焦慮地找尋下一個巴依兒，因爲那是攸關生死的關鍵。

當天晚上，我們在第四個巴依兒的南端紮營。由於燃料必須省著用，所以晚上只能燃燒兩塊木頭，早上用一塊。夜裡毛皮披風底下已經夠冷了，早晨爬出披風時更是酷寒無比，我把盥洗後的水餵給馬喝，爲此，我克制自己不去使用肥皀。

在下一個巴依兒，我們發現野駱駝慘白、脆弱、帶有孔隙的骸骨破片，這些遺骸在沙丘移位而袒露在外之前，不知道已經埋在沙底下幾千年了？

## 在巴依兒之間行進

在耶誕節前一天的早晨，月亮仍然高掛天空俯瞰著我們，空氣清澈幾近無塵；當血紅色的朝陽升起，荒涼的沙丘被日光染紅，猶似流瀉的火山岩漿。駱駝和人在沙地上拉出長長的黑影，我遣回帕爾皮所率領的副隊，致使留下來的七頭駱駝現在負擔更沉重了。

我一馬當先。地面越來越難走，沙子越來越多，而巴依兒凹地的面積則越來越狹小。我從一個巴依兒爬上一處似乎高不見頂的突地，最後終於攀到頂峰，往下眺望，在更多高聳的沙丘間我見到下一個巴依兒，也是我們遇到的第十六個，看起來像是陰黑、齜牙裂嘴的地獄入口，四周還圍著一圈白色鹽巴。我從鬆軟的沙坡上往下滑，在凹地底部等候旅隊前來。手下們意氣都相當消沉，他們認爲繼續往沙漠裡走將會碰到更多的困難；我們在原地紮營，耶誕夜並沒有耶誕天使來爲我們祝福。現在我們的存水還能支撐十五天，柴火足夠十一天的量，可是大家仍覺得必須更加節省，因此早早就捲起毛皮披風睡覺了。

耶誕節早晨，我們被一場暴風驚醒，四面八方的沙丘掀騰起滾滾黃沙，天地之間只剩下濛濛的灰色，什麼都看不見，飄沙滲入一切的東西；兩年半後的某一天，我爲了修訂一些紀錄，便把當時的筆記拿出來查閱，書頁之間仍然落下沙漠來的黃沙，甚至鋼筆在紙張上書寫時也還是沙沙作響。

我們見到一隻野雁的骨骸，牠必然是在飛往印度途中力竭而死。環繞在我們白天所搭建的帳棚四周盡是高如山岳的沙丘，沮喪的氣氛瀰漫整個營地，讓人產生想提早放棄的衝動。

橫亙在巴依兒之間的沙脊越來越高，朝南的沙坡以三十三度角傾向下一處凹地，整支旅隊溜下陡坡的景觀十分怪異。駱駝的腳步天生就很牢靠，牠們滑下沙坡的同時一併把沙層的表面刮下來，落地之際仍然保持四腳穩穩站立的姿勢。

眼下冰塊的存量相當於兩頭半駱駝的負載量，不過柴火已經快使用殆盡，等最後一塊木柴也燒盡時，我們也沒辦法溶解冰塊了。危急情況和以前發生的一模一樣：駱駝的馱鞍率先犧牲，塡充的乾草被拆下來當作駱駝的秣料，木頭框架則拿來充當燃料。

我們連一半路途都還沒走到！可是十二月二十七日我們獲得意外的鼓舞，經過無止盡的攀爬後，我們來到一條沙丘稜線的頂端，這時我們望見第三十個巴依兒，凹地上依稀還有乾草似的暈黃色彩，那是蘆葦！這意味著沙漠中央有植物！下一個巴依兒也有蘆葦，我們爲了駱駝設想在那裡紮營，也爲了駱駝犧牲一整載冰塊，希望這些堅忍的牲口能因此胃口大開，畢竟旅隊的一切都得仰賴牠們。我們並且收集乾燥的蘆葦生起營火，這對於節省已經近乎枯竭的燃料不無幫助。

夕陽西沉的景色耀眼極了，和先前一樣，天空的背景是濃郁的深紅色，使得藍紫色的雲朵更形突出，雲彩上緣鑲著一道閃爍的金邊，下半邊則呈現沙漠般的黃色。沙丘彎弧的稜線彷彿海裡的波浪，襯著火紅的夜空，烘托出近乎黑色的剪影。東方極寒之夜的腳步日漸逼近，夜色漆黑，熠熠生輝的星斗慢慢升上沙漠的上空。

## 冰天雪地

氣溫下降到攝氏零下二十一．一度，我領先走在前面探路，一方面也藉此暖暖身體。昨夜的美景消失得無影無蹤，此刻僅有灰暗、不祥的荒野環伺著我們，同時還颳起了一陣強風。我在一個新的巴依兒裡找到一株枯死的檉柳，便用它生起一簇小火堆。有一頭駱駝疲倦了，柯本領牠走在旅隊後面，可是天黑時只見柯本一個人趕上我們；當晚，伊斯嵐和涂厄都拿了乾草趕到駱駝那兒，然而牠已經死了，嘴巴還張開著，涂厄都忍不住哭了起來，他是個很愛駱駝的人。

我們又發現到一些檉柳，於是大家開始在平坦的巴依兒底部挖掘水井，挖到四呎半深時，果真有水汩出來，水質雖然適合飲用，可是流汩的速度十分緩慢，因此我們繼續往下挖，出水量總算多了一些，每一頭駱駝都喝了六桶水。這地方實在太吸引人了，所以我們又在原地整整多待了一天；這當兒，我們發現狐狸與野兔的腳印，還看見一頭幾乎全黑的野狼，牠躡手躡腳爬上一座沙丘頂端，之後便消失在我們眼前。駱駝的飲水量增加到十一桶，現在牠們可以不必喝水再走上十天之久。

十九世紀的最後一天我們走了十四哩半的路程，這是我們在沙漠裡單日行程最長的紀錄。路雖然難走，但是沒有沙子的巴依兒凹地卻助我們一臂之力。這天我們在第三十八號巴依兒紮營，夕陽在雲彩之間降落，次日清晨朝陽初升時，我在日記上寫下「一九〇〇年一月一日」。

在沙漠重新回復寸草不生的面貌前，我們每天的行程不超過八哩半，夜晚天上飄落雪花，等早晨醒來，沙丘上像是覆蓋了一層輕薄的白色床單。南方呼嘯地颳來一陣強風，到了下午，一場眞正的暴風雪降臨，雪花如同垂掛在烏雲下的白色幔帳，我們可能命喪乾渴的危機頓時完全解除。

我們再度找到一株新的檉柳，駱駝也享受了一天的休息；我們必須多禮遇牠們一些，因爲牠們眞的步步走得辛苦。雪不斷地下著，我的頭上卻沒有帳棚遮蔽；晚上我躺在營火邊讀書，但是得不時把書拿起來抖一抖，否則字都被雪花給遮蓋了。直到翌日清晨，大夥兒幾乎被雪花所淹沒，伊斯嵐用一把蘆葦將我的毛皮和毯子撢了撢。現在的氣溫是攝氏零下三十度，我們坐在火邊盥洗、著裝時，靠近營火的一邊身子是三十度，背部卻是零下三十度。

下一次紮營時，我們用掉最後一塊木頭，大夥兒凍得全身僵硬，心裡懷念著秋天在塔里木河畔所燃生的熊熊營火。早晨的駱駝全身雪白，好像是大理石雕成的塑像，鼻子下方垂掛長長的冰柱，是呼吸時的水氣凝結而成。覆滿雪花的沙丘在清澈的空氣中透著詭異的藍色調。

一月六日，位於西藏極北方的山脈出現了，它清晰而細膩的輪廓出現在南方。我們的營地景況極爲悽慘，柴火完全沒有了，放眼看去沒有任何東西可以充當燃料；我的鋼筆墨水結成冰塊，只好用鉛筆寫字。晚上睡覺時，大家緊緊擠在一起取暖，希望藉此盡可能保持體溫。

第二天狀況有了好轉。我們來到一個地方，沙子裡矗立著許多乾枯的白楊樹，我們停下來就地生了一個大火堆，焰火之旺連大象都可以烤熟；空洞的樹幹在火舌舔噬下劈啪價響、扭曲爆裂。夜裡，手下在地上掘洞，然後把燃燒的炭火塡進洞裡，再蓋上沙子，我們睡在上面，暖和得像是躺在中國客棧裡的炕床。

一月八日早上，我向手下承諾我們的下一處營火將在車爾成河畔點燃，他們都對我說的話感到懷疑，因爲乾枯的樹林已經到達盡頭。沒想到才走不遠，我們就發現南方的白色沙丘上出現深色線條，手下們想在第一處樹林紮營，可是我堅持繼續走，等到暮色掩近，我們已經抵達河岸了。這地點的河流寬達三百呎，結冰的河面上披覆白雪，這天晚上星光燦爛，月色皎潔。

我們在二十天之內成功橫越大沙漠，而且只損失一頭駱駝。

再向前行進幾天，我們到達且末，這是一個擁有五百戶人家的小鎮。我借宿在珂帕結識的老友托克塔梅長老的家裡，七十二歲的長老現在是且末這個地方的首領。

休息幾天之後，我出發往西小遊一番，以前我不曾見過此地與沙漠接壤的部分，但皮耶弗佐夫和洛伯羅夫斯基（Roborovski）都曾親歷其境，它是我這趟旅程中唯一沒有搶先探勘的地方，來回共要兩百一十哩。我只帶三名隨從同行，分別是奧迪克、柯本，另有一位叫穆拉（Mollah Shah）的漢子，他曾經在李陀戴爾的探險隊裡當過差；此外我們還帶了七匹馬、尤達西、食物和禦寒衣物，不過仍然沒有攜帶帳棚。

一月十六日出發那天，天氣又乾又冷，有時馬蹄踏在光禿的地面上，有時則踩在積雪上，沿路經常像走廊一般在檉柳之間蜿蜒前進，雜亂糾結的檉柳好似全身倒刺豎起的豪豬，我們不時會停下半個小時，生火烤暖身子。

行進的路線帶我們穿越乾涸的喀拉米蘭河（Kara-muran）❷河床，跋涉過依附在山腳下的滔滔江河莫立札河（Molja）❸。我們遇到一位流浪漢，他帶著一條被野狼攻擊導致重殘的狗。一月二十二日，我們醒來時發現身體幾乎被雪完全覆蓋，接著在積雪盈呎的狀況下艱辛的策馬前行。原本奧迪克在我頭上撐起一條毛毯以資保護，可是夜晚雪下太大了，毛毯被壓垮，難怪我醒來時覺得臉上好像有個冷冷的身體壓著。

我們來到一些古老的廢墟，隨即進行測量工作，廢墟當中有一座塔樓，高三十五呎。在安碟列（Andere）❹附近，我們開始回頭折返且末，那裡的氣溫已經降到攝氏零下三十二．二度。

返回總部的漫長旅途一開始即沿著車爾成河前進，有時走在封凍的河面上，有時則改走兩邊儼然廢棄的河床。夜裡野狼在營地外嚎叫，我們必須看好馬匹，由於穆拉的加入，使得小小的旅隊實力大增，整個回程他一直伴隨著旅隊。在這條路上，我們經常可見老虎的足跡。

有一次，一個牧人指給我們看一處詭異的墓穴，那既不是回教，也非佛教信徒的殮葬方式。我們掘出兩具古老棺木，材料是平凡無奇的白楊木板，其中一具是個白髮老翁，臉部乾枯像羊皮紙，身上的衣服幾乎裂成碎片；另一具棺木裡是個女人，頭髮用一條紅色緞帶紮在後面，她穿著連身衣裙，袖子是緊身的式樣，頭上綁著一條圍巾，腳穿紅色長襪。牧人告訴我們，樹林裡有許多這樣的墓穴，可能是一八二〇年代從西伯利亞逃出的俄國舊教異議分子（Raskolniki）埋骨所在。

車爾成河畔有些白楊樹的圓周達到二十二．五呎，高度爲二十呎，它們的枝葉向四面八方扭曲，好似烏賊的觸腳。

離開車爾成河以後，我們進入塔里木河的舊河道，現在改名叫艾提克塔里木河（Ettek-Tarim），河岸兩旁樹林夾道，再往西去是高達兩百呎的沙丘，過了那一段路，我們找到比較好走的路線，剛好沿著現在塔里木河的河道前進。

在杜拉爾（Dural）村北方的森林地帶，我們巧遇獵駱駝的艾布督爾（Abd-ur Rahim），他來自北邊的辛格爾（Singer），這一趟是與弟弟馬雷克（Malek Ahun）護送妹妹和嫁妝前往杜拉爾，現在妹妹與當地長老已經成婚，兩兄弟正要打道回府；他們住在庫魯克山（Kuruk-tagh，又稱「乾山」），也就是天山山脈面向戈壁沙漠最突出的脈系。整個新疆地區只有兩、三個獵人知道「六十泉」（Altmish-bulak，英譯Sixty Springs），艾布督爾正是其中一位，幾年前，他曾經伴隨俄國旅行家柯茲洛夫上尉到過那裡。我的下一個計畫是穿越羅布沙漠，希望能解答羅布泊移位的謎題，而穿越羅布沙漠的最佳起點莫過於六十泉了，艾布督爾和弟弟都不反對陪我前去，我也同意雇用他的駱駝進行這項探險。

## 「上帝營造之屋」

二月二十四日，我們回到自己的庄子「上帝營造之屋」，當隊伍走到離庄子幾哩外的地方，西爾金已經等候在那裡。兩個新來的哥薩克騎兵夏格杜爾（Shagdur）和徹爾東（Cherdon）也在旁邊，他們身穿深藍色制服，肩上掛著彎刀，頭戴高頂黑羊皮帽，足蹬發亮的靴子；他們騎在西伯利亞駿馬上向我行軍禮，同時報告他們的行程。這兩位軍人四個半月前從外貝加爾湖（Transbaikalia）的赤塔（Chita）❺駐地動身，經由烏魯木齊、焉耆和庫爾勒來到此處。夏格杜爾和徹爾東都是二十四歲，也都信奉喇嘛教，隸屬外貝加爾湖哥薩克陸軍麾下。我向他們致上歡迎之意，希望他們喜歡跟隨我完成探險任務。在此先提一下，這兩位騎兵的舉止極令人讚賞，他們和另外兩位信奉東正教的哥薩克騎兵一樣，都是我最傑出的手下。

稍後我們騎馬進入庄子時，很驚訝地發現院子中央站著一隻活生生的老虎，不過牠一點也不危險，因爲幾天前牠中槍之後就一直站在那裡，以同一個姿勢凍成了一尊「冰老虎」，牠的毛皮後來也成了我的蒐藏。

在我離開的這段期間，庄子的規模擴充不少，幾頂新帳棚搭建起來，來自俄屬土耳其斯坦的一位商人還開了一爿店舖，賣起紡織品、衣服、長袍、帽子、靴子等貨物；庄子裡的回教徒和哥薩克人經常到商人的店裡走動，就像是某種俱樂部，他們喜歡聚在那裡喝茶聊天。還有一些商人來自庫車和庫爾勒，他們賣的是茶葉、糖、茶壺、瓷器，和所有旅隊用得到的東西。鐵匠、木匠、裁縫都來到「上帝營造之屋」開店，我們的庄子儼然發展成一個遠近聞名的交易中心，主要道路甚至岔出一條支線，特地彎進我們的庄子裡來。

我們的小型動物園也添了新成員，就是兩隻新生的雛狗，牠們有毛茸茸的長毛，顏色是黑白花點相間，我爲牠們取名爲默蘭基（Malenki）和默其克（Malchik），是旅隊所有的狗中最長壽的兩隻。

馬匹和駱駝因爲得到充足休養，每隻都變得豐滿、強壯且健康。此時是駱駝的交配季節，所以都瘋瘋癲癲地，必須隨時拴好，否則會踢人和咬人。其中有一頭單峰駱駝特別具危險性，我們爲牠戴上口罩，還將牠的四隻腳用鏈子綁在鐵柱上，牠的嘴邊滿是白涎，看起來像是準備要剃鬍鬚的模樣。

我們出遊時，有一匹駱駝甚至引起很大的騷動。有一天晚上，我的手下將駱駝全部趕到草原上吃草，結果這頭駱駝掙脫韁繩逃逸無蹤，兩個守衛和哥薩克騎兵立刻上馬追趕，從駱駝留下的蹄印明顯看出，牠渡過結冰的河流，跑進塔里木河東邊的沙漠，往庫魯克山的方向竄逃。我的手下找來一些人組成一支搜索隊，他們發現駱駝又從沙漠的山脈上跑下來了，像一陣風似的穿過庫車方向的荒地，接著又折返，最後終於進入玉達斯河谷（Yuldus Valley）；搜索隊在那裡失去線索，沒有人知道這頭駱駝究竟發生了什麼事，牠的下落就像傳說中「飄泊的荷蘭人」（Flying Dutchman）❻，變成永遠無解的謎團。一個有智慧的鄰居老翁告訴我，馴養的駱駝有時候會發瘋，變得和野生駱駝一樣怕生，這時，牠只要看見人類就會跑向沙漠，而且日以繼夜地奔跑，好像被鬼附身一樣，跑到心臟無法負荷了，最後衰竭倒地而亡。另一種說法是，駱駝在樹林裡見到老虎，因此才發瘋的。

相較之下，被我們馴養的野雁就好多了，牠每天像警察一樣在帳棚間來回巡邏，相當自我中心，牠的野雁族群在印度度過四個月之後，很快又成群結隊飛回老家來，我們日夜都可聽到野雁在天上聒噪的叫聲，牠們在回到古老的繁殖地安頓下來之前，彼此熱烈地交談。我不得不相信，這些飛鳥族群對於棲息地疆域所堅持的法則與習慣，和各羅布民族對於捕魚地範疇的態度，肯定是同樣的根深柢固。

【注釋】

❶南疆東部的一條河流。

❷南疆河流，呈南北走向。

❸南疆河流，與哈拉木蘭河近乎平行。

❹塔里木盆地南方的城鎮，緊臨安碟列河。

❺亞俄南方的城市，位於貝加爾湖東方，接近蒙古北方的外興安嶺。

❻傳說中的一艘鬼船，由於荷蘭籍的水手褻瀆誓言，而被詛咒永遠在好望角一帶航行。另一個版本是一位船長和魔鬼擲骰子，輸掉自己的靈魂，因此必須在北海漫無目地不斷航行下去。

# 第三十六章

## 發現古城

三月五日，我們再次整隊準備離開總部。這次與我同行的有：哥薩克騎兵徹諾夫和法竺拉、駱駝馭手奧迪克和荷岱（Khodai Kullu）、兩個羅布人、獵人兄弟艾布督爾和馬雷克；兩兄弟騎著他們自己的駱駝，另外帶來六頭駱駝供我租用。除此之外，我們還帶了六頭自己的駱駝和一些馬匹，馬兒交由馬夫慕撒（Musa）和一名羅布人照料，要是沙漠太難走，我們會把馬匹遣回；陪伴我們的兩條狗是來自歐希的尤達西和獵狼犬瑪西卡。在物品方面，我們攜帶足夠的糧食、兩頂帳棚和七隻盛裝冰塊的充氣羊皮。

旅隊的其他成員留在總部，由魁梧、矯健的帕爾皮和哥薩克人、回教徒一起留守，沒想到這次分別卻是我與帕爾皮的永別，他在我離開庄子十二天後去世，同伴將他埋葬在新湖附近的墓地，傍著荒涼的沙丘和塔里木河。

春天重回大地，白天氣溫上升到攝氏十二．七度，晚上也不會降到零度以下。我們跨過孔雀河上厚實的冰層，在河對岸發現整排成列的石堆與塔樓，顯示此處曾經是連接中國與西方世界的古路線。

我們從單調平坦的大草原轉往庫魯克山的方向，眼前乾枯、貧瘠的山脈呈現棕色、紫羅蘭色、黃灰色、紅色等不同色調，向東方延伸下去，最後消失在遠方的沙漠塵霧中。每走完一段長路，我們就會碰上泉水，其中一潭泉水位於庫爾班其克峽谷（Kurbanchik Gorge）中，深達一百三十呎；另一個叫布延圖泉（Bujentu-bulak）。平常我早上起床，徹諾夫都會幫我生起小火爐的火，可是這天早上在布延圖泉的帳棚裡，強風把帆布吹到火爐的排氣管上，霎時帳棚著了火，我只來得及救出珍貴的文件。這場小火導致帳棚嚴重縮水，不過我們還是盡可能把剩下的部分拼湊起來。

我們告別了孔雀河和河岸邊的樹林，接下來的幾天路程仍然看得見南方地平線上，植物所構成的深色帶狀線條，但是不久之後，就被黃灰色的沙漠完全取代了。

這趟探險的目標之一是描繪孔雀河曾經流淌過的古河床，這條河道在一千五百多年前即已乾涸。最早發現這條古河床的是柯茲洛夫，可惜他沒有機會深入探訪，只指出有這麼一條河床存在；我們在以前中國商旅路線上的一個古老驛站營盤（位於庫魯克山南麓，鐵干里克城北方）找到古河床的兩段彎道，那裡仍殘留

在孔雀河岸附近紮營

一些廢墟，我們都加以測量與拍照。還有一座塔樓高二十六呎，圓周達到一百〇二呎，另外有一圈龐大的圓形城牆，上有四個城門，並有很多毀壞的屋舍與牆垣。有一處台地曾經是墓

地，裡面的骷髏頭像是在偷窺似的從窄孔中向外窺探。

三月十二日氣溫升到攝氏二十一．一度，馬夫慕撒帶著所有馬匹從這裡折返，唯一留下的是我的灰色座騎。另外，我們也把大多數冬天的衣服交給慕撒帶回去，後來，很快地我們就後悔了。

在營盤我們仍可發現生機盎然的白楊樹，但再往東走不遠，樹林變得越來越稀疏，僅剩的白楊樹幹好像墓園裡的墓碑。

## 黑色沙漠風暴

沿著乾河床的岸邊繼續前進，泥土沙漠向我們的四周延伸出去，完全看不到任何植物的蹤影，土壤也被風力刻蝕出奇形怪狀。此時天空十分晴朗，熱度越來越高了。

東方地平線上突地出現棕黑色的線條，寬度迅速增加，看似朝著天外射出枝幹與樹枒。

「黑風暴！黑色的沙漠風暴！快停下來！」

旅隊立刻騷動起來，我們的位置毫無屏障可以躲避，大家盡速尋找比較合適的紮營地點；直撲過來的第一場暴風貼著地面呼嘯而至，看來朝向西南方的地面比較平坦，於是我朝那個方向移動了一些，這時新一波的狂風又捲起了整片沙塵，我迅速轉身以免失去其他人的蹤影，就在這個時候，暴風像子彈一樣凌厲撲來，以無羈的飆勁橫掃乾燥而溫暖的沙漠，我差點爲之窒息，登時迷惑不知該轉向何方，繼而想到先前有片刻時間風吹在我的背上，因此我認爲應該趕緊轉過來迎著風向；隨風舞動的沙子颳著我的臉，我提起手臂遮住臉龐，試圖看穿把白天變成黑夜的朦朧塵霧，可是我什麼也看不見，也聽不見任何叫聲，除了呼號的風聲以外，任何音響都被聲勢浩大的風暴壓過去，包括我手下可能擊發的步槍響聲在內。我鼓起一切力量與暴風奮戰，同時必須時時停下腳步，轉向背風的方向吸一口氣；如此掙扎了半個小時，我相信自己已經和旅隊擦身而過，而所有的腳印都已被風沙破壞無疑。

我思考著：「如果不趕快找到他們，而風暴又持續不停，那麼我一定會徹底迷失方向。」

就在我決定停在原地不動時，徹諾夫純屬巧合地抓住我，將我引導回旅隊的位置。

我的帳棚支柱斷成兩截，因此只能使用縮短成一半的支柱，手下千辛萬苦才在一小處泥土堆的屏障下把帳棚撐起來，我們用繩索和沉重的箱子壓住帳棚邊緣藉以固定。駱駝的負載通通卸下來，牠們伸展四肢，背對風向趴下來，脖子和頭部都平貼在地上；大夥兒將自己牢牢裹在外套裡，整個人全縮在撐不起來的帳棚布底下。地面風速每秒八十六呎，而離地十二呎的空中風速必然兩倍於此。飄揚的沙粒撲打在帳棚布上，細小的顆粒鑽了進來，覆蓋著帳棚布底下所有的東西；我一向把床直接鋪在地上，現在已經整個被沙子掩埋，全部的箱子也布滿黃灰色的沙塵。每樣東西都沾滿沙粒，我們的身體被沙子刮騷著很難受，在這種風勢下根本不可能生火煮飯，我們只好吃麵包充饑。這場風暴持續了一天一夜，次日上午還流連不去，不過最終還是狂暴地向西席捲而去，沙漠裡再度恢復平靜，大夥兒好像熬過了一場大病似的，覺得怪異而惶惶然。

我們緩慢向東前進，乾河床兩岸立著灰色多孔的樹幹，看似樹木的木乃伊，令人奇怪的是，它們多年來竟然沒有因飄沙的侵襲而瓦解。

## 再遇野駱駝

三月十五日我們離開河床，前往雅爾丹泉（Yardang-bulak），現在野駱駝的腳印越來越多，這是我在亞洲極中心地帶第三度碰到這種高貴的動物。野駱駝是沙漠的君主，在這片最爲荒涼難行的土地上，牠們過著幾乎完全不受侵擾的生活。徹諾夫開槍射中一頭年輕的母駱駝，大夥兒得以開心的打打牙祭，因爲我們的存糧已經不多，加上預定在雅爾丹泉和我們會合的羅布族老獵人戚爾貴（Kirgui Pavan）很可能在沙暴中迷失方向，當然，他準備帶來的幾隻綿羊也是下落不明。

野駱駝變成大家共同的話題，艾布督爾已經獵了六年野駱駝，期間射殺過十三頭，我們由此得知，野駱駝並沒有那麼容易被捕捉。不過，我們的嚮導對野駱駝習性的了解並不亞於馴養駱駝；夏季野駱駝每八天需要飲水一次，冬季則十四天才需要喝水一次，牠們對泉水的位置瞭若指掌，好像能夠憑藉航海地圖橫渡沙海一般容易，遠在十二哩外出現人跡，野駱駝立刻察覺得到，然後就像一陣風似的逃逸。野駱駝會躲開人類營火的煙跡，只要某處搭建過帳棚，牠們會遠離那個地方很久；馴養的駱駝也是牠們躲避的對象，不過牠們偶爾會接受年幼的馴養駱駝，因為這些年幼的駱駝還沒有被人類驅使過，致使駝峰尚未因負載和馱鞍的壓力而變形。野駱駝只喝泉水，沉滯的死水則不肯碰，牠們活動絕對在蘆葦生長區方圓三天可到的範圍內。交配季節一到，公駱駝便像瘋了一樣拚命打架，贏家可以獨占所有的母駱駝（有時多達八頭），不幸落敗的一方只好忍受孤獨，這樣的愛情打鬥在所有公駱駝身上均留下怵目驚心的疤痕。

離開雅爾丹泉之後，我們攜帶的七隻充氣羊皮全裝滿了冰塊，另外在一頭駱駝背上裝載兩大綑蘆葦。目前行進的方向是東南方的庫魯克河（Kuruk-daria，原意是乾涸的河床），艾布督爾騎駱駝走在最前方，忽然間他輕巧地滑下座騎，打手勢叫我們停住，只見他像隻豹子似的躡手躡腳溜到一處小泥土坡後埋伏，我和徹諾夫隨即跟上前去；原來幾百步外有一頭公駱駝趴在地上反芻食物，離牠不遠的地方則趴著三頭母駱駝，另外還有兩頭駱駝在吃草。公駱駝的頸子向我們這邊伸了伸，張開鼻孔，連嘴巴的咀嚼動作也停了下來，突然牠站起來四下顧盼，看來牠已經嗅到我們了——這一切我都是透過望遠鏡看見的。一顆子彈呼嘯竄出，躺在地上的三頭母駱駝像彈簧似的一躍而起，然後是整群野駱駝疾奔而去，在牠們四周揚起一陣淺色的塵霧，一分鐘之內，這群駱駝的身影縮小成一個小黑點，除了沿路留下的淡淡塵雲之外，什麼也看不見了，艾布督爾斷言，牠們這一跑大概要三天才會停下腳步。

過了一會兒，我們驚嚇到一頭落單的公駱駝，可能因爲體力不濟才脫隊，獵人向牠射出第一槍，牠立刻驚跳起來，像變魔術一般轉眼就消失無影。

乾竭的庫魯克河在這處地點均寬達三百呎，深度有二十呎，我們在河岸上發現千百萬個貝殼、土製容器碎片、石斧，偶爾可見依然挺立但已枯萎的白楊樹。有一只土製的大瓶子不但上了釉，還有花紋裝飾；有一些藍色容器的破片上面尙留有小小的圓形把手。在曠古歲月中，當河水仍舊在這河道裡奔流時，人類必定曾經在此處定居過。

現在我們的飲水已經告罄，還好六十泉就在不遠處，我們長途跋涉回到庫魯克山腳下，發現塵霧中有黃色的蘆葦叢和濃密陰暗的檉柳樹林。旅隊在漂有巨大浮冰的泉水邊安頓下來，艾布督爾肩扛步槍輕巧地摸進綠洲的東面邊緣，他看見一群數量與前次相當的野駱駝——一頭深色的公駱駝，加上五頭年輕的同伴。在此之前，我從未嘗試在沙漠裡觀察這種奇妙動物的生活與習性，所以我尾隨其後，不過我倒是同情駱駝多一點，因此默默祈禱艾布督爾的子彈錯過目標。唯當我們需要肉類時，獵殺是可以容許的，更何況艾布督爾原就以捕殺駱駝為業，這是他擅長的工作。我們的位置在下風處，因此正在吃草的駱駝一點也沒有疑心有人埋伏在附近。話雖如此，我們的距離還是太遠，艾布督爾採取迂迴戰術，悄悄掩近射程範圍內；在此同時，我靜靜坐在原地，拿著望遠鏡一邊觀察一邊在心裡記下這些高貴動物的形態與動作。駱駝安靜地吃著草，偶爾會昂起頭來掃視地平線，牠們咀嚼乾草的速度雖然緩慢，但是力道相當大，我們甚至可以聽見牠們用牙齒咬磨蘆葦稈時發出的嘎嘎聲。

艾布督爾的步槍響了，整群駱駝像閃電一般筆直朝我衝了過來，可是牠們很快就急轉彎逆風逃走，中槍的是四歲大的年輕公駱駝，牠跑了一會兒便跌倒在地上，當我們趕到牠身旁時，牠的嘴仍然在咀嚼，雖然掙扎著想要爬起來，最後終究不支而以側面跌臥在地上，艾布督爾見狀動手宰殺，並在前面的駝峰裡發現以前獵人留下的子彈。

現在大家又有肉可以吃了。在我們再度橫越沙漠之前，牲口可以好好地養精蓄銳，眼看牠們滿足地吃著草，夜裡嚼著冰塊解渴，真是令人感到愉快；泉水雖然是鹹的，冰塊卻甘美無比。暮色掩近時，一群約有八頭的野駱駝前來喝水，所幸牠們及時察覺危險，立刻在夜色的掩護下像影子般逃走了。

## 處處是廢墟

三月二十七日我們出發向南走，所有的充氣羊皮都裝滿冰塊，艾布督爾養的駱駝裡有四頭負責馱載蘆葦，至於他自己則只敢再陪我們兩天，之後將自行返家。走了十八哩路之後，我們腳下踩的變成黃土沙漠，上面布滿一條條的深溝和小峽谷，深度從六呎到九呎不等，是被永不停息的東北風和東風刻蝕而成；這段路大家都走得很沮喪，因爲土坡阻擋了兩邊的視線，有時候還會遇上比它們更高的泥土坡脊。

這裡完全不見任何生機，但是第二天我們再度發現枯死的樹林，以及被沙粒吞沒的灰色多孔樹幹，有些泥溝裡露出被風收集來的貝殼，當我們走過，貝殼即像秋天的落葉在我們腳下碎裂。

領著駱駝行過風蝕的深溝

徹諾夫和奧迪克率先出發，他們要找尋駱駝最容易行走的路線，因爲這處罕見的西南、西南西走向的溝塹實在不好走。約莫下午三點鐘，他們突然停下腳步，我懷疑他們是不是又看見野駱駝了，可是這次的發現不一樣，而且更有價值：他們站在一個小土丘上，赫然發現丘頂有幾間木造房子。

我下令旅隊暫停，當旅隊成員稍作休息之際，我測量了三棟房子。到底這些基座以此樣貌維持多久了？我無從得知，但房子坐落在八、九呎高的土丘上，顯然它們以前是在平地上，長久以來，厲風逐漸蠶食房屋周遭的土壤，而基座下的土壤則因爲房子的保護才沒有流失。

迅速檢視一下現場，我發現好幾枚中國錢幣、幾把鐵斧、一些木雕；木雕所描繪的是一個男子手持三叉戟，另一個男子戴著一個花環，還有兩人手拿著蓮花。我們只有一把鏟子，它不斷地挖掘一刻也沒有停下來。

一座泥土塔樓矗立在東南方相當遠的距離外，我和徹諾夫、艾布督爾趨前探勘，等爬到塔樓頂，又發現到另外三座塔樓，我們無法判斷這些塔樓是爲防禦而建，抑或戰爭時用來施放烽火以傳遞訊息，也許它們像印度的窣堵波（Stupas，即舍利塔）❶一樣，具有宗教上的意義。

天色漆黑之後我們才抵達營地，法竺拉爲我們架起一枝導引方向的火把，因此我們很容易就找到目的地。

第二天，我很遺憾必須離開這個有意思的地方，我們不能再作逗留，因爲溫熱的季節快來了。白天行進途中，充氣羊皮不斷滴水，令我們心生警惕。

我付給艾布督爾一筆豐厚的酬賞，讓他先行離去。接著，我命令僕人荷岱帶著兩頭駱駝、所有的木雕和其他的發現物，直接返回我們的總部。

徹諾夫、法竺拉、奧迪克和我帶著四頭駱駝、一匹馬和兩條狗，繼續向南穿越泥土沙漠，大約走了十二哩路後，我們來到一處凹地，裡面有幾株活的檉柳，由此可見，附近一定有地下水源！我們必須挖一口井！但是鏟子呢？奧迪克馬上承認他將鏟子忘在廢墟處，他自願趕回去把鏟子帶來，我心裡覺得不忍，鏟子對我們而言雖是攸關生死的東西，但他這番前去並非沒有風險，萬一起了風暴就更凶多吉少了。

我叮嚀他：「如果你找不到我們的腳印，就一直往南方或西南方走，這樣你遲早會抵達喀喇珂珊湖（Kara-koshun Lake）。」

奧迪克休息幾個小時之後，在午夜時分啓程，我把自己騎的馬借給他，他和馬都喝足了水才上路。

奧迪克消失在黑暗中兩個小時以後，東方開始颳起風暴，我希望他能立刻折回我們的營地來，可是直到天亮仍然沒有見到他的蹤影。我們出發往西南方走，拜暴風之賜，天氣沒有平常那麼酷熱。

翻越了一連串低矮的沙丘，我們在一塊貧瘠的土地上發現幾塊木頭，大夥兒便在這裡紮營。而出乎大家意料地是，奧迪克安然無恙回來了，不僅人馬安全，連鏟子也帶了回來。他娓娓道來自己的遭遇：

奧迪克在風暴中失去我們的足跡，完全迷失了方向，這時剛好出現一座泥土塔樓，他並且在附近發現廢棄的幾間屋子，那裡有美麗的雕刻木板半埋在沙堆裡；他拾起一些錢幣和兩塊木雕帶在身上。經過長久的搜尋，奧迪克終於找到我們先前的營地和鏟子，他打算把木板放在馬鞍上，但是馬兒尖聲嘶叫，把木板甩在地上，奧迪克只好把木板帶到我們遺下鏟子的地方。那些木板太過沉重，他不可能扛著走，於是他又試了一次，這次馬兒甚至脫韁逃走，奧迪克費了九牛二虎之力才把馬抓回來，最後他不得已捨棄那些戰利品，上馬一直騎回我們的新營地。

這麼看來，廢墟比我所見到的還多！我先派奧迪克回去把木板帶回來，在我們啓程之前，他順利完成了這項任務。這些藝術氣息濃厚的木刻令我目眩神迷，雕琢的漩渦花飾和樹葉無不精美無比；奧迪克表示那裡還有許多，他不過是隨便拿兩塊罷了。我想轉回去，可是這太愚蠢了！我們的存水只夠用兩天，而我所有的旅行計畫也會因此打亂！明年冬天我必須再回沙漠來！奧迪克自願領我去他找到木雕的地點。這把鏟子忘得多麼幸運！如果奧迪克沒有忘記帶走鏟子，我就不可能有機會回到這座古城，完成這趟探險之旅最重要的發現，由於這座古城的發現，後代對亞洲核心古代史的認識才露出新的曙光。

然而此刻我們不能不考慮到自己和牲口的性命，因此我們趕緊向南方走。有時越過泥土地，有時翻越二十呎高的沙丘；我打赤腳走路，太陽雖然把沙地曬得發燙，不過跟著駱駝的腳印卻相當涼快。晚上紮營時，每頭駱駝都分到一桶水，最後一袋乾草也餵給了牠們，過去五天他們滴水未進；現在我們僅存的水只夠再撐一天，而這些接觸到羊皮的水喝起來還殘留一股臭氣。

## 戲水取樂

第二天我走在前面，到喀喇珂珊湖應該還有三十八哩路，我攀上一座沙丘，用望遠鏡掃視遠方，眼簾所及，除了低矮的沙丘之外一無所有。不過，東南方那片發亮的東西是什麼呢？是水嗎？還是鹽地上的海市蜃樓？

我們快馬加鞭趕了過去，是水！純淨的水！雖然有點臭味，但是絕對可以喝；看到駱駝暢快喝水的模樣眞叫人開心！接下來我們還得爲牠們找草料，也必須爲我們自己找吃的東西。現在，我們的存糧只剩餘一袋白米和一點茶葉。

大夥兒繼續沿著湖岸前進，四月二日，我們抵達了喀喇珂珊湖（即羅布泊），湖水從東方延伸到西南方，南岸是叢生茂密的蘆葦，湖水非常甘美，野鴨、野雁、天鵝在湖心悠游，可惜離岸太遠，我們的槍打不中。

次日大家全心休息，也讓牲口飽餐一頓蘆葦。清新的東北風颳了起來，我克制不住到湖裡泡泡、洗滌滿身沙土的慾望，可是沒有船怎麼辦？這好辦，我們自己造一艘。所謂有志者事竟成！天無絕人之路！我和徹諾夫、奧迪克向東北方走了很遠的路，可是見不到樹木，湖面上也沒有浮木，不過我們有充氣羊皮，還有馱鞍上一直綁著的木頭梯子。

我們在一條狹長的岬地上停下來，奧迪克對著羊皮吹氣，直到羊皮脹得像皮鼓一樣，再用繩子綁緊木梯當骨架，然後把羊皮紮緊在骨架下方，當東北風穩定地吹拂時，我們也許可以飄到遠遠的營地邊，順道也應該能夠進行一系列的水深測量。太陽熾熱無比，能跳到涼快的水裡多好！徹諾夫一「上船」，筏子差點翻轉過去，我們坐在筏子邊緣，雙腳在水裡悠哉悠哉地划著。

風從我們背後吹來，將筏子推離岸邊，浮滿泡沫的浪頭一波波推進，每一次浪頭打來都浸到我們的腰部，濺起的水花更波及到我們的帽子上。我發現湖水最深不過十二呎，野雁和天鵝聒噪著振翅起飛，野鴨飛得很低，翅膀尖都碰到浪花了。這趟航行花了我們兩個半小時，帳棚逐漸變近、變大，我們被凍得臉色發紫，渴望趕快回到陸地；當奧迪克在營地接到我們時，我們幾個人已全身僵硬，幾乎無法上岸走到營火邊。我冷得半死，身體猛烈顫抖，直到灌了好幾杯熱茶、上床取暖之後，我的體溫才慢慢恢復正常。

夕陽餘暉中，天空、土地和湖面染滿了奇妙的色彩，太陽在沙丘上灑下緋紅色的光芒，但急速向西南方滾動的塵雲底下卻煥發出深色的焰火色澤，這幅景象妙不可言，直令人肅然起敬。湖水變成藍黑色，白色的浪花被夕陽的反光暈染成紫色，不過浪頭像打雷似的猛烈拍擊湖岸，我們不得不把帳棚往內陸移動一些。

【注釋】

❶印度墓塚或墳墩，最初建來放置帝王或佛陀等偉大人物的骨灰，後來專門用作安置佛教僧侶的骨灰與聖物。

# 第三十七章

## 塔里木河上的最後時光

我們順著荒涼的湖岸又走了兩天，見不到絲毫人類的足跡，由於此趟旅程所攜帶的補給均已用盡，大夥兒餓得發昏。第二天晚上，南方出現一團煙雲，平常在陸地上快如蜥蜴、在水中疾如游魚的奧迪克，立刻半泅半走地渡過湖中蘆葦，回來時帶了八個漁夫，還有三隻野雁、四十顆雁蛋、魚、麵粉、白米和麵包，及時讓大家脫離餓死的危機。

我們在堪姆恰克潘（Kum-chapgan）遇到老朋友，康切勘長老已經過世，不過他的兒子托可達（Tokta Ahun）卻成爲我們的摯友。我們將四頭駱駝和一匹灰馬交代給這裡的長老努梅特（Numet Bek），請他把牲口帶到密蘭（Miran）的草原，不久，我們會有一支旅隊先行前往西藏，屆時再到密蘭取回牲口。

我和徹諾夫、法竺拉、奧迪克搭乘獨木舟返回總部，趁出發之前的空檔，我乘獨木舟很快地重遊了喀喇珂珊湖，湖面的蘆草（其實更像沼澤）比我四年前造訪時更爲濃密，最深的地方勉強只達十七呎。我們輕快地掠過寬闊的湖面，無意中闖入一幕具戲劇性的畫面，令我終生難忘。靠近蘆葦叢邊緣的湖面上躺著一隻已經死亡的母天鵝，牠的配偶一直在附近游動。我們的槳手使勁搖著槳，但覺獨木舟像箭矢似的往天鵝的方向迅速滑近，但公天鵝並未飛走，反而搧動翅膀增加游水速度，然後抵達蘆葦叢邊緣，一頭鑽進乾枯的蘆葦稈中，可是一鑽進蘆葦叢，牠的翅膀再也無法開展，一位羅布人見狀跳進湖中，游泳尾追公天鵝，天鵝雖然潛入水中，由於水底蘆葦叢生，牠只好又在同一個地點浮出水面，羅布人猛撲向前捉住牠，同時扭斷牠的頸子。這一切全發生在短短的一分鐘之內。公天鵝不肯捨棄死去的伴侶，我只有自我安慰牠的悲傷終於可結束了，如此我才不會因牠的死去而太過感傷。

塔里木河在下游岔出一條新的支流什爾吉恰克潘（Shirge-chapgan）河，形成了塔里木河下游的北方盆地，我希望精確畫出這條支流的位置，並且記載它的規模，怎奈沒有船隻。我們還有四頭駱駝留在身邊，於是手下將牠們兩兩成對綁在兩艘獨木舟上，就此把船經由陸地拖到新的河道裡。

於是我們搭乘獨木舟向北行駛，穿越新的水路和湖泊。有一天我們在塔里木河上遇見了徹爾東，他正帶領三十五匹馬、六頭騾子、五隻狗，以及糧食與人手往藏北山脈前進；先前我們已約定好，幾支分隊都將在藏北高原的孟達里克河谷（Valley of Mandarlik）會合。

## 前進藏北

總部的所有東西都整整齊齊地放著，舢舨已經準備就緒，原本搭在前甲板的帳棚已成了一間艙房，是手下用木條和毛毯搭蓋而成。該做的事多如牛毛，如今總部已經發展成羅布地方不折不扣的新首府，當地土著遇有口角會跑來要求我們主持公道，彷彿是當地法庭似的，而我們也著實替他們排解爭端。

現在僅剩的駱駝將啓程到藏北進行新的探險，徹諾夫、伊斯嵐、涂厄都和荷岱騎馬。肚子被一隻野豬嚴重戳傷的小狗尤巴斯，也在其他狗兒的陪伴下同行；尤巴斯雖然傷勢不輕，卻是旅隊横越沙漠抵達藏北山麓時，唯一存活下來的狗。

旅隊啓程出發時聲勢極為壯觀，在叮噹的銅鈴聲中，隊伍浩浩蕩蕩穿過稀疏的樹林，自此「上天營造之屋」便空無一人，成了荒涼的廢墟。所有的商人和工匠都收拾起貨物離開，空蕩的庭院裡只有幾隻烏鴉聒聒叫著，草棚廚房最後一次生火所留下的餘燼仍然揚升裊裊輕煙。

西爾金、夏格杜爾、哥薩克騎兵和其他忠僕仍然跟隨著我，在他們和四個新加入的羅布人陪伴下，我於五月十九日離開總部，此後再也沒有回去過。這地區的所有居民全聚集在岸邊依依向我們道別，塔里木河睽違半年的勁流推動舢舨，將我們帶往下游。

我們走走停停，目的是測量河右岸的湖泊。有兩座湖中間夾著一座沙丘，我測量沙丘的高度，發現它比河面高出二百九十三呎，鄰近的其他沙丘又比它高出四、五十呎。羅布人經常在連接河、湖的水道上建築水壩，這樣魚就被牽制在湖泊裡面，湖水也會變得帶點鹹味，使魚的滋味更可口。漁人使用長達六十潯（一潯為六呎）的曳網捕魚，魚網兩頭各以一艘獨木舟拖曳著。

幾天之後，我們的老朋友獵人戚爾貴也上船來，他號召一群人和整支獨木舟隊伍協助我們橫越新生成的湖區。這裡蘆葦茂密難行，只好放火燒掉一部分才能通過。

五月二十五日，我們到塔里木河右岸的大湖貝格里克湖（Beglik-kol）探勘。我們有兩艘獨木舟，一艘載著夏格杜爾和兩名船夫，另一艘上面是戚爾貴、另一位船夫和我自己。這天湖泊非常平靜，像一面鏡子靜靜地躺著，沙丘的倒影清晰無比，和眞實的沙丘毫無二致。我們向南划了三個小時，進行一些測量工作，熾烈的太陽當空照，大家不時舀起湖水灑在衣服上沖涼。

當天晚上我們抵達西岸中點，休息了一會兒，這時戚爾貴指著湖泊東岸的沙丘稜線，喊出最令人沮喪的字眼：「黑風暴！」

忽然，整片沙丘的上空升起黑暗的線條與紅黃色的雲霧，迅即擴散成一幅帘幕，船夫想要在原地紮營過夜，可是我必須趕回舢舨去爲量測儀器上發條。

「再划出去，拚命划！」

如果我們能及時趕到水道入口便能平安無事，可是在抵達入口以前，我們必須先橫越一處向西延伸的寬闊灣口。

湖的上空目前依然平靜，湖面也像玻璃一樣平滑，船夫跪在船底，船槳在他們用力划動下幾乎彎曲成弓形。如果槳不折斷，我們就能幸運逃過狂飆的風暴，否則兩分鐘之內必然浸滿水而沉沒，到時候我們根本不可能游泳上岸。

「噢，阿拉！」戚爾貴悶聲喊叫。

「風暴已經到達沙丘了！」他補充最新情勢。漩渦似的黑色沙雲即將橫掃湖面。

## 與風暴的拉鋸戰

下一刻，沙丘和整個湖泊東岸都將消失在塵雲之中。

遠方傳來隆隆巨響，風暴來勢洶洶，速度極爲駭人，並挾帶震耳欲聾的怒吼；颶風已經掃到湖面，第一波風勢直朝我們撲來。

「快划，快划！」戚爾貴喊著：「吾信眞神！」

我們的速度加快了，獨木舟像刀子一樣切過水面，船頭經過之處激起嘶嘶響的泡沫。我們全身緊繃戒備著，離北岸還有一哩遠。可是不到一分鐘，整個北岸和西岸都將會籠罩在暴風範圍內。

浪頭以極高的速度向上衝起，掀湧的波峰冒著細白而狂亂的泡沫，獨木舟被波瀾舉起又拋下，一波又一波的猛浪打在船上；我們彷佛坐在洗澡盆裡，積水在船裡前翻後攪，我們的身體也跟著晃動。戚爾貴試圖把獨木舟導向浪頭，希望利用波浪順勢推動船身，而我只看得到這艘船和周遭的滔滔白浪，湖水已經渾濁到近乎黑色了，其他東西在濃烈的風暴中完全消失不見。四周呈現一片黑暗，氣氛詭異，夜晚正逐漸逼近。我把筆記本和儀器包裹起來，開始脫掉身上的衣服，這會兒，再多幾波風浪打來，我們必沉沒無疑，獨木舟狹長的船緣現在只比水面高出兩吋了。

忽然，奇蹟發生了！風浪變小，船身也不再顛簸，阿哈！右弦附近出現一些深色的東西，原來是北岸突出的一塊岬角，上面生長濃密的檉柳，這正是天然的防波堤！我們得救了！上岸停留了好一會兒，把獨木舟裡的積水倒空，之後，我們繼續穿過水道，但天色已經黑透了，擋路的蘆葦稈鞭打著我們的臉部。經過漫長的摸索，幸虧風暴點燃了一場野火，我們湊著火光才很快找回舢舨。

塔里木河的水流繼續托著我們往下游漂，戚爾貴手持長桿坐在我的工作桌前方，他是個開心果，不時會說些好笑的評語和奇怪的故事。天空裡的惡魔再次偃兵息鼓，大地重回寧靜，這時有艘獨木舟以全速向我們駛來，停在我們船邊，從船上傳出輕快的腳步聲，原來是喀什來的信差慕撒，他來到我的桌前，把一大綑要給我的家書放在桌上，以及一些報紙、書籍。那天晚上，我躺著閱讀到凌晨三點。

接下來的日子，風暴經常延誤我們的行程，好不容易等到風勢稍減，大夥兒又得趁夜晚趕路，這時，手下會擎著火把到最前面的獨木舟為我們照路。

又有一位信差意外來到，他只帶來一封信，發信人是裴卓夫斯基，想必是重要的事！原來是俄國和亞洲邊界發生騷亂，這位塔什干總督因此來信命令西爾金和徹諾夫這兩位哥薩克騎兵回喀什軍營，不巧的是，徹諾夫這時已經到達西藏北邊，只能等他返回營地再說。於是，我請一位信差前往追趕他。

## 永無止境的旅程

到達漁村切格里克烏（Chegelik-ui）時，由於水道過於狹窄，我們不得不捨棄那條老舢舨。同時，我們另外造了兩艘小一點的船，做法是將一塊平台架在三艘狹長的獨木舟上，然後在平台上豎起支架，表面覆蓋毛毯；我住在其中一艘船上，另一艘則是西爾金和夏格杜爾的住所。趁著造船空檔，我在大舢舨的暗房沖洗過去幾週來拍攝的照片，這艘舢舨在塔里木河上漂流了九百哩，確實是克盡職責。我把舢舨送給當地居民，任憑他們使用。

新船相當容易操控，不過當水流太湍急時，我們必須不斷把積水舀出獨木舟。最後，我們終於順利抵達古老的捕魚村落阿不旦，也就是這趟河流之旅的終點站。

幾天之後，徹諾夫、涂厄都和穆拉帶著四頭駱駝和十匹馬前來會合，引領我和行李前往山區裡的新總部。出發之前，牲口必須好好休息。天氣燠熱難耐，連陰影下的溫度也超過攝氏四十度，吸血的牛虻到處飛舞。對駱駝和馬匹而言，牛虻是最可怕的瘟疫，白天如果任由牲口在草原上吃草，牠們身上會叮滿成千上萬的牛虻，牲口失血過多就沒救了，因此只要是白天，人們慣常把牲口關在茅草屋裡，等到日落再將牲口牽到河裡洗澡，晚上就可以放心任由牠們在外面露宿。有一天夜裡，我們的駱駝失蹤了，從牠們留下的腳印很容易就推斷出端倪：牠們爲了躲避牛虻而逃回山區，涂厄都只好騎馬去把牠們追回來。牛虻一樣也會騷擾我們，從一間草屋走到另一間草屋的短短距離，就像在鎗林彈雨中冒死突圍。所以，我們無不渴望能快點呼吸到新鮮的高地空氣。

六月三十日傍晚五點鐘，我僅剩的行李都裝上四頭駱駝和兩匹馬的背上，而當我們在捆裝東西的同時，每頭駱駝兩邊各站一個人，只爲了替駱駝殺死牛虻。一切安裝妥當，旅隊開始出發，夏格杜爾負責照顧隨隊的狗兒，也就是瑪西卡、尤達西和兩隻乳狗默蘭基、默其克；涂厄都受命將旅隊帶到喀喇珂珊湖南岸，找到一條最接近山中泉水的東南向道路。走到岸邊這個據點將耗費整個晚上，我自己情願搭獨木舟前往，因此當旅隊消失在暮色中以後，原地只留下我和西爾金、徹諾夫，以及幾名土著朋友。

我把所有信件交給這兩位哥薩克騎兵，並且慷慨酬贈一筆賞金，感謝他們忠誠、周到的服務。在與他們最後一次握手道別之後，他們躍身上馬，帶著一小支旅隊消失在暮色裡，此去，他們將取道且末與和闐，回到喀什營地。我們的離別充滿哀傷與不捨。此刻我孤零零地站在亞洲的心臟地帶，身邊沒有一個隨從，除了口袋裡的東西，也別無其他行李，因此等哥薩克人一離開，我毫不留戀地動身出發。我向阿不旦居民道別，跨進已在等候的獨木舟，船上有兩位羅布人將載我快速順流而下。月亮一升上來便照得河岸通亮，可是才一會兒月亮又沉落不見，此刻河道逐漸變成長滿蘆葦的沼澤，天空漆黑一片。這些船夫究竟是如何在黑暗裡認路的？我實在很困惑。他們並不交談，只是毫不猶豫地往目標划去。星子在盪漾的水面上閃爍，時間一小時、一小時過去，獨木舟一刻也不停留繼續划行，我偶爾打打瞌睡但無法入眠，這是我在塔里木河上的最後一段旅程，漲滿的興奮之情令我無法入睡。

當船夫靠岸時，天色仍然黑暗，他們說這裡就是集合地點。我們走到岸邊等候，一會兒遠方便傳來喊叫聲，那是夏格

西藏

杜爾帶著馬匹抵達了。我們生起營火，開始煮茶吃早點。

黎明時分，涂厄都也帶著駱駝相繼出現，他只道了聲：「主賜平安」，便邁開步伐走下去。我們向船夫道別，隨即翻身上馬跟上涂厄都。

太陽緩緩升起，光線、色彩、熱度隨著日升而灑遍曠野大地，紫羅蘭色的薄雲邊緣鑲著融金的光澤，漂浮在地平線上方，西藏最外側的山脈圍繞沙漠的邊界，好似一塊輪廓清晰的舞台布幕呈現在光影中。幾百萬隻牛虻醒來了，牠們像子彈一樣嗡嗡叫著飛過我們身邊，當牠們迎著陽光飛舞時，身體裡透露出偷來的血色，好像是一顆顆鮮紅的紅寶石。

我們在丹格里克紮下第一個營地，這裡的高度已經超出湖面六百五十呎，不見人煙，不過我們發現一口泉水，以及可以放牧馬匹和駱駝的草地。

# 第三十八章

## 西藏東部探險

離天亮還有幾個小時，我們開始為這天橫越貧瘠之境冗長勞頓的旅程作準備，待牲口都喝足了水，我們為自己和狗兒的銅罐裝滿飲水。腳下的大地非常堅硬，遍地是碎石頭和粗砂礫，北方的湖泊此刻看起來像是色調黯淡的緞帶，此外，極目皆是黃灰色的土地。山脈的形狀越來越清晰，突出的岩石、河谷的入口、凹陷的罅隙一時變得清楚可見。

經過七個小時艱困的跋涉，我們通過了一堆石頭地標。

「我們已經完成一半路程了。」托可達宣布。

酷熱加上乾渴使得瑪西卡和尤達西萎靡衰弱，我們停下來好幾次，餵水給牠們喝，但牠們仍是遠遠落在旅隊後面；這次，大家又停下腳步等候牠們追上來，可是等了許久仍舊看不見小狗的影子。難道牠們自己跑回湖邊了？夏格杜爾帶著一罐水騎馬回去找牠們，他回來時只見尤達西臥在馬鞍上；他說瑪西卡喝完水後就斷氣了，好像是中風致死。尤西達被包裹在毯子裡，牢綁在一頭駱駝的背上，看起來極端無助。兩隻乳狗躺在另一頭駱駝背上的籃子裡，駱駝行走時搖搖晃晃，小狗也被前後拋來甩去。

最後我們終於來到一座河谷入口，那裡有一條潺潺的小溪流，大夥兒停下來休息。我們第一件事就是把三隻狗放掉，牠們幾乎站不起身，可是一聽到汩汩的水流聲，便一溜煙衝上前去暢飲一番，體力馬上恢復許多。狗兒喝了一頓水，停下來咳咳嗽、清清喉嚨，接著又繼續喝水，最後乾脆躺在小溪裡歡暢地打滾。可憐美麗的瑪西卡沒有能夠支撐到這裡。再往河谷上游走一段，到處長滿豐美茂盛的檉柳，當晚我們在塔特里克泉（Tatlik-bulak）水井邊紮營，這裡標高六千三百呎。

第二天，我們翻越這群山脈的前兩座，分到是烏斯登山（Astin-tagh），和阿卡多山（Akato-tagh），在阿卡多山的山口，我們看見位於南方的第三條山脈祁漫山（Chimen-tagh），我們站立的位置和祁漫山之間有一處長條型的開闊河谷，谷中有一座小湖，晚上，大夥兒就在小湖邊紮營。

抵達底穆爾里克（Temirlik）水井時，海拔已經達九千七百呎，在這片荒涼的西藏高原上，我們正攀向越來越高的峰頂。白天在那裡盤桓、讓牲口休息時，一支規模相當大的旅隊攜帶玉米前來，原來是我們先前在羅布泊西南方的小鎮婼羌所訂購東西。

## 具神秘感的艾厄達特

孟達里克總部也來了信差，他們表示預先建立的總部一切安好，其中一位信差名叫艾厄達特（Aldat），是伊斯嵐所雇用，原因是他對這個區域的了解無人可及。艾厄達特擁有阿富汗血統，通曉波斯語，長了個鷹鉤鼻，短短的落腮鬍，眼神充滿憂鬱。他的職業是獵捕犛牛，一年到頭獨居在山中，平常以生的野犛牛肉爲食，渴了則喝雪水，除了身上穿的衣服、一件皮袍、一把步槍和子彈外，可說身無長物；夏天來臨時，艾厄達特的兄弟會帶著驢子上山來收取他宰殺的犛牛毛皮，然後賣到克里雅的市集上。艾厄達特總是獨來獨往，頭仰得高高地，姿態宛如君王般尊貴。

我問他：「如果打獵失敗，你怎麼辦？」

「那就餓到找著下一頭犛牛爲止。」

「冬天夜裡那麼冷，你在那兒睡覺？」

「峽谷和山洞裡。」

「你怕野狼嗎？」

「不怕，我有步槍、撥火棒、打火石和火種；晚上都會生火。」

「當暴風雪狂肆時，你難道不會被雪深埋嗎？」

「會，可是我總能設法跑出來。」

「老是孤單一人，你難道不感到難受嗎？」

「不會，除了父親和兄弟外，我沒別的人可想，而他們每年夏天都會上山幾天。」

艾厄達特的神秘感頗具吸引力，他好像神話故事裡隱姓埋名的王子，不管問他什麼問題，他的回答必定是簡短而精確；若不是問他話，他就一個字也不吭。我們從來沒見他微笑或開口大笑，也不曾看過他與旅隊裡其他成員交談，好像要逃出沉重的悲傷，也彷彿是爲了對抗野狼和暴風雪，而必須以孤獨、危險、艱困來鍛鍊自己。不過他終究是個凡人，偶爾還是會渴望見其他的人類，因此當我問他願不願意和我到荒僻的西藏旅行時，他竟然答應了！我派給他的任務是打獵，以及帶我去看翻越山脈的秘密山口。

七月十三日，旅隊所有的小隊在孟達里克的泉水與樹叢間再度集合，我們在那裡建立起第二個大型總部，作為我們未來探險之旅的起點。

## 探勘藏東高原

七月十八日我們展開第一次探險，我的計畫是繪製藏東高原的局部地圖，這裡過去從來沒有人探勘過。我們攜帶足夠八個人吃兩個半月的糧食，徹爾東擔任我的貼身隨從和伙夫；涂厄都帶領七頭駱駝；穆拉照顧十一匹馬和一頭騾子；另外，能幹的羅布人庫曲克（Kuchuk）擔任船夫，一旦發現任何湖泊，他就能派上用場；我們的十六隻綿羊交給克里雅來的金礦工人尼爾斯（Nias）看管；艾厄達特擔任嚮導和狩獵；托可達則協助照顧馬匹。至於狗兒尤達西、默其克和一隻蒙古犬（為東邊某游牧民族的營區所遺棄）也和我們一起出發。

翻越兩道山口之後，我們在標高一萬三千呎處紮了第一個營地，營地四周有許多鄰居，包括野犛牛、野雁、土撥鼠和松雞。炎炎夏日在幾天前才被我們拋諸腦後，如今冬天已悄悄降臨，氣溫下降到攝氏零下五度。七月二十二日我們在紛飛的大雪中拔營，暴風雪徹夜肆虐，我們騎著馬在雪地辛苦跋涉。

破曉時分我被營地裡激烈的騷動吵醒，徹爾東向我報告：尼爾斯和十二隻綿羊不見了，整個營地只留下四隻綿羊。每個人都趕出去搜尋，連徹爾東自己也騎馬去找尋。大約十點鐘，尼爾斯回來了，他僅帶回一隻綿羊，滿臉悲傷的表情，他說其他羊隻都被野狼咬死了，牠們渾身是血的屍體七零八落地倒在雪地裡，只有一隻綿羊逃過狼口。原來尼爾斯昨晚睡在毛氈下，半夜突然被噠噠的腳步聲和羊叫聲給驚醒，他跳起身來，看見三頭野狼正逆著風勢在偷襲羊群，愚蠢的羊群在驚慌中跑向野地，尼爾斯搶出去追趕，一時忘了要叫醒其他同伴，野狼在半路攔截羊群得逞，並展開大肆殺戮，結果只有一隻綿羊倖免於難。狡滑的野狼利用暴風雪作掩護，由於風雪的呼嘯聲過大，使得營地裡的狗沒有察覺到異狀。

野狼可能會等到我們離開後再回屠殺現場大啖一番，從現在開始，我們必須更依賴艾厄達特的步槍了。隊伍開拔後不久，我們就看見那隻脫隊的綿羊瘋狂而恐懼地跑下一處積雪的山坡，大夥兒對於這隻羊大難不死的欣慰之情，遠勝於哀悼失去的綿羊。

接下來的旅途中，白天我們艱苦長途跋涉，翻越好幾座遍布積雪的山脈，挖金礦的工人和獵犛牛的獵人稱它們作祁漫山、阿喇山（Ara-tagh）、卡爾塔阿拉根山（Kalta-alaghan）；

出生一、兩個星期大的野驢

我們攀越的卡爾塔阿拉根山山口標高一萬五千呎，從那裡向南方遠眺，有分屬四支不同山脈、積雪終年不消的山峰，再過去，靠近地平線的是阿克山（「遠山」），是幾年前我歷經千辛萬苦才征服的山脈。

我們在卡爾塔阿拉根山的南坡往下轉進一座地勢開闊的河谷，在那裡沿著河谷地形向西走。目前我們所在位置仍然屬於俄國旅行家、邦伐洛特、李陀戴爾等人探勘過的區域。我們保持在河谷中央行進，途中到處是土撥鼠，牠們在洞穴外探頭探腦、吱吱啾啾，等到狗兒竄出追趕，便立刻一頭鑽進洞穴中。

河谷中有一群爲數三十四頭的野驢在吃草，徹爾東和艾厄達特騎馬去追捕，一頭母驢帶著剛滿四天大的小驢留在原地，其餘的野驢全逃逸無蹤，最後做母親的也不得不獨自逃走。艾厄達特將小驢放在馬鞍上帶回來，後來我們又捉到另一頭小驢，並將牠們裹在毛毯裡，安置在一頭駱駝背上，我們打算用麵粉糊餵養牠們，直到牠們可以自己吃草爲止。小驢果眞舔光了麵粉糊，可是卻顯得有些憔悴，我要手下將牠們釋回原來那片大草原，讓牠們的母親能找回孩子。托可達向我保證，一旦人類的手碰觸過小驢，母驢就會憎惡小驢，假如此話當眞，那麼小驢必然會淪爲野狼的祭品，所以我們決定殺了牠們。大夥兒意外發現，小驢的肉質相當柔嫩、可口。

包圍這座大河谷的南方山脈在山腳處是界限分明的飄沙地帶，沙質地形依著整個山脈的基座延伸，上面有相當高聳的沙丘。這裡經常可見一種馬蠅，叫作「矣拉」(ila)，牠們有個壞習慣，喜歡棲息在草食動物的鼻孔內；我們的馬匹被這些愛折磨人的馬蠅嚇壞了，牠們會突然打噴嚏、甩動頭部，不管身上的負載和騎士，嘆聲氣就倒在地上扭曲翻滾。野犛牛、野驢、羚羊應付馬繩的辦法是白天爬到沙丘上，那裡很安全，到了晚上才到河谷吃草，這樣馬蠅就無法騷擾牠們了。離日落還有一段時間，我們注意到有三十頭壯碩的犛牛正漫步離開沙地，朝河谷方向姍姍走來，這時牠們看到旅隊，便停在一座高聳的沙丘頂上，立時排成一長列站在沙丘上，鼻子不斷嗅著，頭則高高揚起，毛色漆黑的犛牛襯著背後黃灰色的沙子，搭配永不消融的雪原作背景，構成了一幅美妙壯觀的景致。

我們已經接近普哲瓦爾斯基所發現的小湖巴什勘湖（Bash-kum-kol，意思是「上沙湖」，the Upper Sand Lake）。湖畔有十四頭犛牛正低著頭吃草，徹爾東摸上前去攻擊牛群裡的一隻老公牛，可是老公牛沒有這麼容易被嚇住，牠定定地看著徹爾東，甚至向徹爾東逼近幾步，事實上，轉身逃跑的反倒是我們的獵人。旅隊成員全都站在一旁津津有味地觀看，徹爾東想要挽回顏面，便轉身追趕一頭幼狼，隨後將牠帶回營地；手下在幼狼的脖子綁上韁繩，牠就此成爲我們的砧上肉。托可達深信，萬一幼狼受到傷害，牠的母親一定會對我們的最後一隻綿羊進行報復，沒想到狡滑的小狼也不簡單，牠趁夜裡用牙齒啃斷繩索逃跑了。手下期待牠頸子上的繩圈會使牠窒息，我倒是感到懷疑，而且相信母狼一定有辦法爲牠的孩子掙脫繩索。

一群「奧朗果」（Orongo）羚羊

## 翻山越嶺路迢遙

攀上阿克山峰頂的路程迢遙又艱辛。我們在巨大且錯綜複雜的山脈間行進，天上時而下雨、時而下冰雹，出太陽時卻又相當暖和，這時毛茸茸的大黃蜂便會出動，牠們嗡嗡飛舞著，像在演奏風琴樂曲。走在河谷地，有時會驚嚇到大批羚羊，我很難想出還有什麼比得上這群敏捷、優雅的動物，牠們閃亮的羊角像刺刀似的在陽光下閃爍生輝。

艾厄達特對於地形的熟悉僅止於此，因此我遣涂厄都騎馬上阿克山峰頭找尋登山的山口，小狗尤達西跟著他一起去，途中尤達西看見一隻羚羊，迅即穿過一條隘道追了過去，當涂厄都原路折返時，尤達西卻失蹤了。我們繼續前進，心想牠會自己找到我們的旅隊。一場豪雨忽焉而至，我們立刻停隊紮營，可依舊遲了一步，每個人渾身濕透。尤達西還是沒有出現，一條山口和傾盆大雨阻斷了牠與旅隊，涂厄都騎馬翻過羚羊和小狗消失的山脊，終於找到孤零零的尤達西；牠找不到自己的足跡，於是跑到一處我們從未經過的支流河谷尋找我們的蹤影。

我們經由標高一萬七千呎的山口翻越阿克山，下到一座長形的大河谷，四年前，我就是在這谷地中發現二十二座湖泊。現在伸展在我們眼前的南方是未經探勘的處女地，我們即將橫越的路線過去只有兩位探險前輩親歷其境；能夠踏上這片新的處女地，讓我油然興起一股滿足感。除了野犛牛、野驢和羚羊以外，地上沒有任何足跡。艾厄達特獵殺兩頭羚羊，我們因此好幾天有肉可吃，而不必犧牲旅隊中剩餘的綿羊。

夜晚的山林仍然呈現莊嚴的崇峻之美，鑲著亮邊的薄雲飄過月亮，南邊冰河延伸而成的大片積雪在月光中輝映出銀色光芒，霎時四周充滿了壯闊的孤絕與寂寥感。

旅隊的牲口開始感到疲累了。在如此高海拔的山上，牧草少得可憐，每逢夏季便脫毛的駱駝在雪地裡冷得發抖，由於山裡的西風強勁，形成了厚重的雲朵，每天不是下雪就是下雨，而且風雨中挾帶冰雹，所幸氣候嚴寒也促使駱駝提早長出厚厚的長毛。

我們從北到南跨越西藏高原，必須翻過所有東西向的平行山脈，每攀登一座峰頂的山口，我們都可以望見南方新的山脈，以及山脈間宏偉、寬廣、沒有盡頭的河谷。眼前又有一座新的山脈，看起來相當平坦，我一馬當先走在前面，貧瘠的地面濕濕的，像玉米糊一樣軟，我下馬牽著馬匹前進，馬兒每走一步腳就陷進一呎深，駱駝也搖搖擺擺地慢慢跟進，蹄子走過之處陷下極深的凹洞，不過馬上又被水填滿了。我們實在不能繼續在這危險的爛泥巴裡走下去，在好不容易登上標高一萬七千二百呎之後，大夥兒頹然往回走。來到一處長著稀疏青草的河谷，我們讓牲口休息兩天，夜裡用毛毯蓋住駱駝以防牠們被風雪凍僵。徹爾東的馬兒死了，這個哥薩克好漢悲傷不已。他教會這匹馬好多把戲，馬兒會聽話躺下；徹爾東叫牠時會乖順地跑向他；當徹爾東用兩手頂著馬鞍倒立時，馬兒還會又優雅又謹慎地走步。

八月十二日，我們試圖走另一條路越過那片討厭的爛泥地，地面和上次一樣濕滑危險，駱駝和馬匹一走過，泥巴花蹉蹉、稀哩哩猛響，每個人的腳都浸濕了，一顆心也懸在半空中，好似隨時會爆炸，最後終於攻抵一萬六千八百呎高的峰頂。

峰頂上有一頭孤獨的野狼正伺機守候獵物。就在我們攀上山峰之際，冰雹正好挾著雷鳴呼嘯而來，大地為之撼動，聽起來好像戰艦的砲彈齊鳴，或是一群巨人在玩擊柱遊戲 ❶

（skittle）。我們的位置非常高，因此有一部分雲朵事實上落在我們下方的河谷裡，現在我們正好在風暴的中心點，冰雹打得人發疼，能見度是零，沒有人知道要從哪個方向往下脫離這個可怕的山脊。我們別無選擇，只好在風雨中紮營，駱駝被聚攏排成半圓形，身上覆蓋毛毯；每樣東西盡是濕答答地，帳棚、毛毯、行李全滴著水。旅隊中有一頭駱駝在攻頂時倒斃，其他駱駝正好大啖牠遺留在馱鞍裡的塡充乾草。

我們又把一座山脈拋在身後，崇峻山嶺開展成巨大的高原，這裡的土壤很適合旅行。在遠處的南方出現一座鹹水湖，我們走到那裡紮營在西北岸邊。有一天深夜，手下聽到遠方傳來奇怪的聲音，他們感到很不安，因爲那聽起來像是人類的叫喊聲，艾厄達特則認爲是狼群，之前他射傷一頭羚羊，最後還是被牠逃脫了。後來艾厄達特發現羚羊被野狼啃得精光，只剩下一把骨頭。我們的確需要肉類，不過至少還有足夠的白米和麵包。

## 享受難得的平靜

八月二十二日，庫曲克和我划船渡過湖面，目的地是湖泊南岸的一處山坡，晚上旅隊將到山坡上和我們會合，並生火引路。天氣好極了，湖水很淺，因此有好幾個小時庫曲克只需拿槳在湖底推，就能使船前進。湖底有一層硬實的鹽層，再深入一些，可見這座湖最深的地方，深度只有七呎半，看來這座湖是淺淺的盆地上所積聚的一灘極薄的水。今天的天氣晴朗，湖面平靜無波，日光下湖水的色彩奇妙無比，靠近小船的湖水爲淺綠色，較遠一點則呈海藍色，不論是天空、湖水、雲朵或山脈，都在天上灑下來的光暈裡煥發出變幻莫測的深淺色調。天氣相當暖和，我們一身的濕氣全都乾了。湖水的鹹度很高，沾上什麼東西都會變成白色的，從各方面來看，它都像是死海（Dead Sea）❷，只不過我們位在海拔一萬五千六百呎的高度。在水上划行的前幾個小時，我們可以見到旅隊在湖的左岸移動，但是後來距離太遠就看不見了。

白天退去，暮色逼近，我們依然在湖上，既沒有火光，也不見駱駝或馬匹。登岸之後，我們站在山坡上東張西望，地上有一塊野驢的頭顱骨，還有一隻熊剛印上的足印。庫曲克和我大聲吼叫，卻得不到一點回應，心想旅隊肯定出事了，否則至少該有一、兩位手下先騎馬帶些糧食、溫暖衣物和被褥過來接應我們。

趁著天色尚未全黑，我們收集了一些燃料，唯一可用的是犛牛和野驢的乾糞便。晚上九點鐘，我們生起一堆火，坐著聊了一小時，然後準備睡覺，庫曲克用船帆將我裹起來，再拿一隻救生筏當枕頭；可折疊的船身翻過來，一半覆在我身上，如同一口鐘，而我像是躺在棺木裡的屍體。庫曲克並且用雙手捧起沙子堆在我的身體四周，藉此擋住冷風，他的動作不禁令我想起掘墓人爲墳墓覆土的樣子。庫曲克自己則蜷縮在另外半隻船下，一場大雨打在繃緊的帆布船底上，聲音十分吵人；也許那是為我們送葬的鼓聲。無論如何，我還是很快就在這個「墓」穴裡入睡了，一直到太陽升上地平線才又復活過來。

東方吹來新鮮的微風使我們的精神馬上為之一振。我們沿著湖泊的南岸急切地向西前進，想知道我們的人馬到底發生了什麼事。庫曲克和我把折成兩半的船重新組合起來，架起帆柱、撐起船帆，之後三個小時的鹹水湖之旅，令人心曠神怡。船身嚴重顛簸，庫曲克暈船，終於我們看見岸上的帳棚了。徹爾東和艾厄達特踩進淺水裡把我們拉上岸，飢餓的我們渴望吃一頓早餐，幸好艾厄達特獵到一頭野驢，所以我們又有肉可吃了。

原來旅隊被一條注入鹹水湖的河流阻擋了去路，河水寬一百九十呎、深十呎。我們一起回到那河岸，這次我們利用繩索渡河，經過十四次的接駁，終於把所有的行李接到對岸。馬匹可自行游泳渡河，但駱駝就麻煩了，最後我們想出用船來牽引牠們的辦法，駱駝到了水中便像死了一樣趴著不動，直到雙腳踩到堅硬的地面才又游起水來。

過了河之後我們繼續向南走，幾天以後來到另一座鹹水湖邊，其源頭是南邊兩座景色優美的淡水湖。這裡風景極為迷人，我很樂意地騰出一個星期來，讓駱駝和馬匹在湖岸上盡情吃草，我自己則利用這段時間朝不同方向橫渡幾個湖泊，測量湖水深度、描繪湖岸線條，更在垂直聳立的懸崖下捕捉魚鮮；庫曲克和我曾在風暴裡經歷過多次狂野的冒險，但是後來都平安脫險。

九月二日我朝南騎了十七哩路，經過之處有許多野犛牛、野驢、羚羊、野兔、田鼠、土撥鼠、野雁、野狼和狐狸，有些山坡上，犛牛甚至多到密密麻麻的地步。

當我們回到營地集合時，艾厄達特又獵到一頭小犛牛和四頭羚羊，這一來足足有兩個星期不用愁沒肉吃了。不過我們已經離開孟達里克總部有一個半月之久，剩下的糧食僅夠一個月，因此我們拿一部分麵粉餵食旅隊的牲口，自己以肉類爲主食。目前一切都還順利，可是我們必須繞一條更偏西的路徑回去，那裡也是未曾被人探勘過的領域。我的計畫並未包括深入西藏，因爲我想在今年冬天結束之前，再次拜訪羅布沙漠的古城。

【注釋】

❶類似保齡球，但只有九個球瓶。

❷位於以色列和約旦之間的鹹水湖，面積約一萬零四十平方公里，水平面比海拔低三百九十五公尺，是地球上最低的水面。

# 第三十九章

## 在死亡陰影中撤退

我命令涂厄都帶領旅隊順著巨大冰川的北側朝西走，我自己則在徹爾東與艾厄達特陪同下繞行著冰川南側；我們三人所攜帶的糧食足夠維持三個星期。

在我們的第二處營地附近，有一頭孤獨的犛牛在山坡上吃草，艾厄達特像貓似的潛過峽谷與凹地，逼近離犛牛只有三十步的距離，我以望遠鏡追蹤這場獵捕行動。只見艾厄達特冷靜地把步槍架在一枝帶有缺口的木棍上，然後扣板機發射子彈。犛牛蹦跳起來，走動幾步，停下來，跌倒，又站起來前後搖晃幾次，再次跌倒，之後就一直維持臥倒的姿勢；艾厄達特握著步槍一動也不動，我和徹爾東手拿刀子走近犛牛，確定犛牛已經斷了氣，才加入剝皮、割肉的行列。我們割的犛牛肉都是最好的部分，包括通常由我獨享的舌頭、牛腰和牛心。

第二天早上，艾厄達特回到犛牛倒斃的地方多割了一些肉。我們眼下的位置是海拔一萬六千八百七十呎，西風極為強勁，而西邊的一條山口已經隱約可見，我們必須翻過這條山口才能和涂厄都所帶領的旅隊會合。艾厄達特一去不返，徹爾東出發前去尋找，發現艾厄達特病奄奄地趟在他自己的獵物旁，徹爾東扶著他回到營地。年輕的艾厄達特患有嚴重的頭痛，鼻血流不停，徹爾東和我爲馬匹裝載好，將艾厄達特裹在他自己的毛皮外套裡，然後幫助他坐上馬鞍。

地上的土壤在馬匹的重壓下深深凹陷，馬兒步履艱辛地攀登那座高達一萬七千八百呎的山口。艾厄達特病得很厲害，他在馬鞍上前後搖晃得十分劇烈，我們只好用繩子將他綁在馬鞍上。

又過了一天，我們和前來搜尋我們下落的涂厄都及庫曲克不期而遇，他們引導我們抵達他們搭建好的營地，之後，我們再次合爲一支旅隊向西前進。艾厄達特躺在駱駝背上；我們用背袋和毛毯爲它做了一張駝背上的床，平常沉默寡言的他此刻卻躺著唱起波斯曲兒哩。有一陣子，一頭像煤炭一般黑、毛縫很長的老犛牛一直走在旅隊前面，看起來像是披掛著喪服的戰馬。

我們又朝西北方走了七天，天氣對待我們極端殘酷，每天風雪不斷，積雪已有一呎深。土撥鼠的洞穴像陷阱似的埋在雪裡，馬兒經常因誤踩這些洞穴絆倒。夜裡紮營的地方，牲口努力找尋埋在雪地裡的稀疏荒草，卻總是徒勞無功。

艾厄達特的病情更形嚴重了，他的雙腳變黑，我爲他按摩雙腳幾個小時以促進血液循環，並且拿溫水浸泡他的腳部，如此可以減緩痛楚。我們理當爲他多停留一會兒，可是糧食已經快吃完，而唯一能供應我們新鮮肉類的又只有獵人艾厄達特；徹爾東的槍法雖然很準，可惜他帶的彈匣太少，最後一發子彈射倒一頭年輕的犛牛，讓我們又多了幾天肉可吃。

九月十七日上午我被營地裡的嘶叫和吵雜聲驚醒，我即刻衝出去，看見一頭熊，牠被狗兒追逐著，正在帳棚之間鑽來鑽去。

兩天後，我們回到那片討厭的泥濘山脈，也就是不久前，我們在東邊費盡力氣好不容易越過的同一座山脈。一頭駱駝因深陷爛泥巴而跌倒，我們必須將牠背上馱載的東西卸下來，然後用力將牠的腳一隻一隻挖出來，再覆上毛毯保暖，假如不這麼做，這頭駱駝必死無疑。利用帳棚支柱和繩索，我們終於將駱駝挖了出來，牠站在地上，看起來像是泥塑的模型，大家得用刀子將牠身上的深灰色泥巴刮下來。

兩個月來，我們沒有見過一絲人煙，現在離底穆爾里克還有兩百四十哩，我們的主要旅隊受命在那裡等候我們前去會合；每個人都渴望能儘速到達那裡，脫離這片可惡的殺人高原。

在一處營地上，艾厄達特病情惡化，因此我們多滯留了一天。徹爾東用艾厄達特的步槍射殺一頭犛牛，後來又在營地附近殺了一頭羚羊。這時隊上的回教徒用新的療法爲艾厄達特治病，他們剝掉羚羊的皮，把病人脫得精光，然後將仍然溫暖的羊皮裹緊艾厄達特的身體。

小狗尤達西封死一隻土撥鼠回洞穴的路徑，一名手下馬上抓住這隻小傢伙，然後將牠綁在帳棚之間的一枝棍子上；我們原想馴養這隻土撥鼠，希望多一隻可以逗弄的新寵物。但這隻土撥鼠一直沒被馴服，如果把一根棍子或帳棚支柱伸到牠面前，牠會張口用鋒利的門牙把棍子咬掉一大塊，每到一處營地牠就開始挖新的地洞好逃走，但是每每洞穴還挖不到一呎深，我們又出發找尋新的營地了。

晚上艾厄達特更加虛弱，他的呼吸急促，脈搏微弱到難以察覺，體溫也降得極低，第二天早上我們準備離開時，大夥兒盡可能將他舒適地安頓在駱駝上，正當駱駝作勢站起來的那刻，艾厄達特被曬傷的臉上掠過一片奇怪的灰白色澤，他睜開眼睛，就這樣嚥下最後一口氣。我們默默、哀傷地站在他旁邊，他僵直而驕傲地躺在那兒，未瞑目的眼神直勾勾地瞪著西藏的天空。

雖然隨從們都希望趕快讓他入土，可是我實在無法驅使自己立刻埋葬艾厄達特，他的身體仍有餘溫；旅隊的部分人馬已經動身上路，我也讓艾厄達特的駱駝起身追隨旅隊的足跡，這趟旅程瀰漫著哀傷與悽惻，沒有人開口說話或哼歌，只有銅鈴聲噹噹作響，彷彿教堂舉行葬禮時所敲的喪鐘。兩隻大烏鴉在我們頭上盤旋，犛牛、野驢、羚羊凝視著我們，牠們比平常靠得更接近，似乎了解荒野的狩獵家已經辭世。

我們停在一座鹹水湖附近的小河谷紮營，這裡的湖岸未曾有歐洲人涉足過。墓穴掘好了，艾厄達特的身體被放入墓穴，底下墊著他的外套，身上蓋著他的毛皮毯子，然後我們將土填進墓穴，沉重的西藏土壤落在艾厄達特的胸膛上，他的臉被轉向麥加的方向。我們也將他射殺的最後一頭犛牛尾巴綁在墳上作標記的柱子頂端，柱子上釘了一塊小墓牌，我寫下艾厄達特的名字、去世的日期，以及他為探險隊犧牲生命的事實。

九月二十四日，每個人都迫不及待地想離開這個被死亡陰影籠罩的幽谷，等駱駝的裝載就緒、一切準備妥當後，我們走到艾厄達特的墳墓前，每位回教徒全跪下來祈禱，然後我們便離開這處傷心地。攀上鄰近的山脊時，我從馬鞍上回首眺望，犛牛尾巴迎風撲打，艾厄達特在卓絕的寧謐與孤獨中永眠；我掉轉馬頭繼續前進，艾厄達特的墳墓就此消失在身後。

沒有草！沒有野生動物！一匹馬氣絕倒地，其他的馬匹也都憔悴不堪；駱駝半睜著眼睛走路，彷彿在夢遊。我們剩下的玉米只夠吃兩天，而且還得犧牲一份米糧分給牲口。這天紮營地點標高一萬六千八百呎，夜裡我熄滅蠟燭後，帳棚突然猛地裂開來，頃刻間，一陣新的暴風雪挾帶漩渦狀的雪雲捲進帳棚裡來。

我們一一攀越來時的山脈，只不過上次是從東邊，這次改在西側。有一座山脈拔高聳立在我們的路線上，我們緩緩攀上山口，高度超過一萬七千呎，可是北方的坡度非常陡峭，從山脊上望下去，堅實的地面似乎已經到了盡頭，無垠的太空填滿我們的眼前和腳下。河谷裡一場暴風雪正在肆虐，雪花沿著山側翻滾，好像巫婆熬毒藥的鍋鼎，馬兒坐在雪地上直溜下山去，可是駱駝需要小心帶領。

西藏荒地上的艾厄達特之墳

在最後一處營地，我們宰殺了最後一隻綿羊，感覺上像是謀殺旅隊的隊友一樣。我們繼續向北前進，尤達西追上一頭年輕的羚羊，並殺了牠，因此我們又有口福吃肉了。眼前又得攀越另一個山口，兩匹馬在半路上倒地身亡，另外兩匹在我們到達山頂前也不支氣絕；其中一匹是我穿越沙漠到且末、穿越羅布沙漠和古城到六十泉時所騎的小灰馬。第二天早上，又有一匹馬倒斃在兩頂帳棚間。

我們又回到了熟悉的地區。十月八日氣溫降到攝氏零下十八．三度，隊上糧食只剩下六塊麵包和四天份的白米。我們穿越被花崗岩懸崖包圍的河谷，谷地中散列金礦工人留下的物件，大夥兒均徒步前進。第二天晚上又死了一頭駱駝，牠勇敢撐到最後一刻，臨死仍然很有尊嚴而聽天由命，現在牠放棄找到水草的希望，除了一死別無選擇。其他的駱駝分食牠所遺留下來的馱鞍。

## 一線生機

河谷向下沉降，我們來到比較低的區域，在標高一萬三千三百呎的位置紮營。我在一塊岩石的表層發現到雕刻的痕跡，描繪的是手拿弓箭在追逐羚羊；此地還有一座蒙古人用石頭搭建的「歐玻」。徹爾東用艾厄達特的步槍獵殺一頭野驢，我們再度得救。然而最值得喝采的事發生在次日早上，穆拉在營地看管吃草的牲口時，見到兩位騎著馬來自東土耳其斯坦的獵人，便趕緊向他們打招呼，並把他們帶到我的帳棚；八十四天了，我們沒有見過其他人類，大夥兒全爲這樁巧遇興奮不已。我劈頭就買了他們的兩匹座騎和一小袋麵粉，接著我委託其中一位獵人騎馬去底穆爾里克，親自帶我的口信給伊斯嵐，命令他速速帶糧食和十五匹馬前來奧援。我交給這個獵人兩個空罐頭作爲信物，這位名叫拓格達信（Togdasin）的獵人說不定會把我已經買下的座騎偷走，然後消失無蹤，可是我信任他，後來證明他也信守承諾，完成我的託付。

十月十四日，我們滿懷希望拔營向東走，因爲伊斯嵐的救援隊伍今天就會與我們碰面了。旅隊走了一整天，天色漸漸由灰轉黑，但是我們仍然沒有停歇。

「遠處有火光！」忽然有人大叫。

我們加快速度，因爲每個人都餓了；奈何火光卻消逝，大夥兒拼命吼叫，還以手槍發射出幾顆子彈，可是沒有回應。冷颼颼的夜晚寒凍入骨，我們停留半個小時生火取暖，接著又繼續往東走了一小時又一小時，穿越底穆爾里克和總部所在的同一座谷地。

火光再度出現，我們持續走了一會兒，當火光又消失時大家已筋疲力竭，牲口也疲累不堪，牠們都只剩下皮包骨了；我猜想也許我們見到的只是鬼火，罐子裡還殘留一些茶水，我就著茶水吃了一塊烤野驢肉充當晚餐。

這裡水草和燃料都很充裕，於是我們在這裡停留一天，並在附近發現一口水井，由此可見，昨天夜裡的火光是想要避開我們的獵人所起。或許拓格達信眞的背叛我們了。

稍晚，徹爾東來到我的帳棚，他說好像看到一隊騎士正從西邊朝我們接近。我帶著望遠鏡衝趕出去，我見到的是野驢嗎？還是巫婆在這座被施了魔咒的河谷跳舞？不管是什麼，谷地中閃爍的空氣讓我覺得自己所見是某種離地漂浮的東西，群聚著晃動起伏。但是他們越來越接近，形影越來越大，我看見他們揚起的塵雲，果不其然，他們眞是一隊騎士！確是伊斯嵐率隊抵達營地，他向我報告總部一切安好，除了十五匹馬之外，他還帶來一頓豐盛的晚餐，已經挨餓許久的我們很快便狼吞虎嚥地吃將起來。昨天夜裡，我們取暖的火熄滅之後，他們和我們擦身而過，繼續往西走，直到發現我們的駱駝腳印，才修正路線回來找尋我們。

伊斯嵐隊伍中的卡得爾（Kader Ahun）是艾厄達特的哥哥，他說有一天晚上，他做夢夢到自己在一片荒野，遇到了我們的旅隊，可是旅隊裡獨獨缺少弟弟的蹤影，他醒過來之後就明白，艾厄達特已經死了，他把這個夢告訴伊斯嵐和其他人，我們推算日子，發現他做夢那天正與艾厄達特去世同一天。我們把艾厄達特的步槍還給卡得爾，也把該給艾厄達特的酬勞交給他，另外再加上艾厄達特的衣服和獵得的犛牛皮所值的錢。

兩天之後我們抵達底穆爾里克，當初出發時所帶的十二匹馬現在只剩下兩匹，七頭駱駝僅存四頭，而艾厄達特也一去不返了。

在底穆爾里克休息的這段期間，我利用一個山洞把拍到的照片沖洗出來。十一月十一日，我又展開為期一個月的探險，目標是一座名為阿雅克庫木湖（Ayag-kum-kol）❶的大鹽湖，這次我的隨從包括徹爾東、伊斯嵐、涂厄都、托可達、獵人郭台（Khodai Verdi）、拓格達信，至於牲口則有十三匹馬、四頭騾子和兩條狗。

我為這片不為人知的新土地描繪地圖，新的山口跨越了這些亙古屹立的山脈。徹爾東和拓格達信又去獵捕野生綿羊了，他們瞥見附近有一群野綿羊，立刻把馬拴了，徒步在下傾坡道上追趕那群羊，可還是給羊群逃脫了。忽然，拓格達信砰一聲摔倒在地，他抱怨胸口好痛、頭也疼。當天晚上他們兩人徹夜留在野地，到了第二天早上才近乎衰竭地返回營地，從那時起拓格達信就病了，等我們回到底穆爾里克總部後，我遣人將他送到婼羌就醫，不幸的是他還是失去雙腳，我給了他一些銀子作為補償，然而這與他的遭遇相比，所能彌補者實不及萬一。拓格達信雖然失去雙腳仍然樂天知足，很感謝我的贈與。

托格達信和我在寬廣的阿雅克庫木湖上進行幾次長途旅行，以便測量湖水深度，我們發現最深的地方為七十五呎。隨後我們走另一條

西藏的野生綿羊

新路返回底穆爾里克河谷的總部。

## 拉薩之旅暫緩

在我們離營期間，來自焉耆地區一支龐大的蒙古朝聖隊伍抵達底穆爾里克，並在那裡盤桓數日，隊中有七十三位喇嘛和兩個尼姑，隨隊並帶著一百二十頭駱駝和四十匹馬，另外還有七匹特別美麗的駿馬，是準備送給拉薩達賴喇嘛的禮物。這些旅人和通曉蒙古語的夏格杜爾聊了很久，他們對我們的總部顯露出高度的興趣。在準備送給達賴喇嘛的禮物中，還包括一百二十個銀錠（約值一千二百英磅）；這筆錢就像以前教徒奉獻天主教教宗的稅金一樣（Peter's Pence），虔誠的教徒必須致贈錢財給喇嘛教地位最崇高的領袖，藉此有幸親睹達賴喇嘛聖顏、握到達賴喇嘛的聖手，並獲得他的祝福。這批朝聖隊伍攜帶的糧食有肉乾、酥烤麵粉和茶葉，他們要翻越高山、跨過唐古拉山（Tang-la），然後順著那曲河而下，他們準備在那裡捨棄駱駝，改騎雇來的馬匹繼續前往拉薩。根據夏格杜爾的轉述，那曲總督要求每個朝聖者必須備妥自己的護照，並且在當地實施最嚴格的管制，以防歐洲人矇混其中滲透到拉薩。這支朝聖旅隊對我們造成的傷害相當大，我雖然沒有對任何隨從透露，但早已暗地計畫第二年要喬裝混進聖城拉薩，現在這批朝聖客搶在我們前頭，到了拉薩之後必然會向當局報告見過我們，如此通往那曲的所有道路勢必管制得更爲嚴密。有一會兒，我心裡盤算著要帶一支輕裝馬隊，從更靠西邊的路線搶先朝聖客抵達拉薩，可經過一番仔細思量，我決定選擇沙漠古城，放棄拉薩。一六六一年，兩名耶穌教會教士古魯博（Grueber）和多維爾（D'Orville）曾經造訪過拉薩；十八世紀中葉，嘉布遣會（Capuchins）❷在拉薩建立傳教站，還維持了數十年之久，其中最有名的修士要算裴納（Orazio della Penna）和貝里嘉提（Cassiano Beligatti）。此外，耶穌會教士戴西德利（Ippolito Desideri）和弗瑞耶（Manuel Freyre）於一七一五年到過拉薩；二十年後，荷蘭人普特（Van de Putte）同樣來到這裡；一八四七年，兩位拉紮爾修會（Lazarists）❸約軻修士與嘉別（Gabet）修士拜訪拉薩，並撰文留下紀錄。一些英國學者和俄國布里亞人（Buriats）也陸續帶著儀器和照相機來到拉薩，因此我們可說相當了解拉薩這個地方。

可是一九〇〇年三月我在沙漠裡發現的古城，卻是打從開天闢地以來，歐洲人從未涉足過的地方，比較起來，明知有危險還硬要喬裝前往拉薩，就變成相當任性的行爲，是賭博色彩強烈、錦上添花的冒險。相形之下，有系統的探勘沙漠古城對於科學的重要性更是難以估計，因此我決定利用下一個冬天察勘沙漠，探尋沙漠的神秘遺跡，至於拉薩之旅可以延到明年夏天。在後文的章節中，我會解釋這隊蒙古朝聖客如何成功地阻礙我的計畫。

【注釋】

❶位於底穆爾里克西南方，祁漫山西北麓。

❷天主教方濟會之下的一支修會。

❸天主教修會，又稱遣使會。

# 第四十章

## 穿越戈壁沙漠

在我的指令下，徹爾東、伊斯嵐、涂厄都和幾名手下將我們的總部遷移到小鎮婼羌，並在那裡等候我第二年春天前往會合。

眼前伴隨我的是哥薩克騎兵夏格杜爾、回教徒法竺拉、托可達、穆拉、庫曲克、荷岱、郭台、阿海默得（Ahmed），還有另一位與托可達同名同姓的男子，他是個通曉中國話的獵人，爲了不和托可達混淆，我們叫他李羅爺（Li Loye）。在牲口方面，我們帶了十一頭駱駝、十一匹馬，還有小狗尤達西、默蘭基和默其克，在出發前，所有的牲口得到充分休息，體能維持在最佳狀態。我的計畫是走兩百四十哩路，越過烏斯登山與安南壩（Anambaruin-ula，東方的山群）之間平行的山脈，然後向北穿過戈壁沙漠，轉西走到六十泉，最後由西南取道羅布泊到婼羌的路線，抵達古城。

我們於十二月十二日啓程，剛開始幾天有些麻煩，因爲阿卡多山的狹仄谷地盡是柔軟的板岩土壤（slate-clay），過去從未有人足登此地，我們希望借道連當地土著都不曉得的狹谷攀上登山山口。山脈的側邊坡度幾乎呈垂直，高度有好幾百碼，河谷底部乾燥得像是火絨，地上連一株草也沒有。走在黃色的步道上，駱駝頸上叮噹的銅鈴激盪出美妙的回音，有好些地方發生土石坍方，不過落石並未阻止旅隊的前進，話雖如此，我們仍然有被新發生的坍方所掩埋的危險。谷地越來越窄，最後駱駝背上的包袱甚至刮擦到兩旁的峽壁，駱駝努力擠過去，揚起陣陣的土塵。我趕到前面去勘查路況，發現谷地下沉了兩呎，到末端僅餘一條垂直的裂縫，連貓都不可能擠過去。

除了撤退折回，我們一點辦法也沒有，同時還得暗暗祈禱千萬別在這節骨眼上發生坍方，否則我們很可能就要葬身此處了。

經過完整的地形偵查之後，我們終於克服這群山脈，接著往東方和東北方穿過路況良好的台地。

除夕夜，也就是這個世紀的最後一夜，天氣寒冷卻晴朗，月光皎潔如弧光燈（arc-light），我朗誦了一段瑞典每一所教會在除夕夜都會宣讀的文字。我獨自一人在帳棚裡，等待新世紀的降臨。這裡除了駝鈴之外，聽不到其他的鐘聲；除了持續的風暴怒吼之外，也沒有任何管風琴音樂可聽。

一九〇一年元旦，我們在安南壩河谷紮營，我決定繞行這整群山脈一圈，幅員廣達一百八十六哩。途中，我們驚動了十二隻正在攀爬近乎垂直的峭壁的野綿羊，牠們敏捷的動作和猴子不相上下。當夏格杜爾設法潛伏到野綿羊的下方時，牠們凝視著我們，獵人開了一槍，一頭相貌高貴的公羊應聲從二百呎高的絕壁上摔下來，羊角之間已呈扭曲的頭顱在著地時撞擊到地面，瞬間結束了性命。

## 深入戈壁沙漠

一星期之後，我們來到布倫艮湖（Bulungir-gol），拜訪周邊大草原上一些蒙古薩當（Sartang）族人的帳棚村。我們選擇經由北方山群回到安南壩，這裡的深谷延伸至戈壁沙漠，谷地裡散布無數的泉水和冰原，水草也相當豐饒，因此我們選在老柳樹下紮營，由於燃料充沛，一點也不在乎天寒地凍；氣溫現在已經降到攝氏零下三十二．七度。谷地中尚有許多松雞，我的晚餐因而多了些美味的佳餚。路上我們向兩個蒙古老人問路，後來他們還賣了些駱駝和馬匹的糧秣給我們；最後我們又來到先前紮營的安南壩湖，再次在此搭起帳棚。

我派遣托可達和李羅爺返回婼羌總部，並將六匹疲累的馬和我收集到的一些標本帶回去，此外，我也寫了一封信請他們帶回去給伊斯嵐，命令他派一支補給隊到羅布泊北岸，在那裡建立一處補給基地，同時從三月十三日起，每天早晚生起營火，因為我們大約會在那個時候從古城出發穿越沙漠。

其餘的人則攜帶六只裝滿冰塊的袋子，啓程向北進入荒涼的戈壁沙漠。我們走過廣袤高聳的沙丘地，穿越飽經風霜的花崗岩小山，路經泥土沙漠和大草原，最後踏上一條古味十足的道路，唯有靠久經時間錘煉仍然靜坐路旁的石頭堆，我們才得以辨識出古道的存在。此地偶爾會出現野駱駝、羚羊和野狼。在一片求之不得的凹地上，我們挖掘一口井，這口井的出水量相當充足，沒多久，所有的容器均已注滿了水，駱駝和馬匹也解了渴。

有了足夠人馬維持十天的存冰，我們開始向北方出發，準備穿越一座不為人知的沙漠，這裡可見到越來越多野駱駝的腳印，沙漠平坦得像是湖泊。過了一會兒，一座台地向上拔高，我們翻過一些遭風霜磨蝕的低矮山脊，此處看不見一滴水，即使挖掘也徒勞無功。於是旅隊轉往西南方和西方，憑藉羅盤的指引朝六十泉前進。

接下來的一星期，我們走了很長一段路。記得去年帶領我們前往六十泉的老友艾布督爾曾經提過，在六十泉的東邊有三個鹹水泉；現在駱駝已經十天沒有喝水，這期間，牠們只克難地湊著一個罅隙吃了幾口雪。二月十七日，我們的處境開始變得岌岌可危，大家迫切地想尋找艾布督爾所說的鹹水泉，這一天和接下來的一整天，我們辛苦搜尋水源卻毫無所獲，連台地也開始與我們作對，腳下的泥土沙漠被風刻蝕成深二十呎、寬三十五呎的深溝，兩旁盡是漫長而近乎垂直的泥土坡脊；這些深溝從北向南延伸，在我們跨越這些障礙之前，必須漫無止境地走著。紮營時，由於找不到任何一根柴火，我們只好犧牲帳棚支柱了。

二月十九日，駱駝已經十二天沒有喝水，再找不到水，牠們恐怕是性命堪虞。我率先動身，馬兒跟在我身後像條小狗似的，尤達西陪我一起走。眼前出現的一條低矮山脊迫使我繞到西南方向，我走到乾枯的山腳下，發現沙質的底部有將近三十頭野駱駝的新腳印，尤其右邊地形開展成一條小峽谷，所有的駱駝腳印都在那裡呈輻射狀散開，彷彿一面展開的扇子，那裡一定有口井！我往峽谷裡走，很快就在地上找到一大塊冰，約有四十呎長，厚度爲三吋，駱駝終於得救了！駱駝進入谷地之後，我們把冰塊敲成小碎塊餵給牲口，牠們咬嚼冰塊的樣子和吃糖沒有兩樣。

接下來幾天，我們又發現其他兩口井，井邊並環繞著蘆葦地，最後一口井附近有十頭野駱駝正在吃草，夏格杜爾悄悄接近牠們，可惜射程太遠，駱駝聽到槍響即像風一樣，一溜煙消失得無影無蹤。

## 追尋歷史遺跡

我們預計在二月二十四日抵達六十泉，目前距離還有二十八公里。這個小綠洲應該在西南方六十度之處，因此第二天早上我很有自信地向手下保證，天黑以前，我們將可在檉柳與蘆葦密生的六十泉紮營。

強勁的東北風適時助我們一臂之力，不過強風捲起的塵霧卻遮天蔽地。如果我們錯過了小綠洲怎麼辦？我朝著沙漠裡的某個定點前進，可是塵雲卻阻礙了我的視線。

現在我們已經走了二十八公里，我開始擔心綠洲已經和我們擦身而過，這時我隱約看見一些東西，有個乾草黃的東西在我正前方發光，那是蘆葦！還有十四頭駱駝！我停下腳步，夏格杜爾則悄然掩近野駱駝，他成功撂倒了一頭年輕的母駱駝，當我們走過去時，牠仍然倔傲地站立著。夏格杜爾並且擊中一頭較老的公駱駝，我們利用幾天時間處理牠的骨骼，這套完整的野駱駝骨骼至今仍陳放在斯德哥爾摩高中（Stockholm High School）的動物博物館（Zoological Museum）裡。

根據我的估算，我們距離六十泉為二十八公里，可是後來證明應該是三十一公里，這項誤差（每一千四百五十公里誤差三公里，也就百分之〇・二）並不算太離譜。

在這段艱苦的跋涉之後，我們放縱自己好好休息了一番，爾後，我留下一個隨從、所有馬匹和幾頭疲憊的駱駝，讓他們在草區多停留一會兒，至於旅隊其他成員和我自己則繼續朝南方走；我們帶走了所有的行李和九只裝滿冰塊的袋子。

三月三日，我們在一座泥土塔樓的基部紮營，這座塔樓高度為二十九呎。我們把冰塊放在一條土坡的陰影下，然後調遣一名手下帶著所有的駱駝回六十泉，預計六天之內，牠們將

樓蘭一間屋舍的遺址

裝載更多冰塊返抵我們現在的地點，我們允諾在第六天生火充當引路的指標。

現下我們可說與整個世界完全隔絕了，我覺得自己宛如睥睨天下的帝王君臨首都一般，地球上再無他人知道這個地方了。不過我得好好把握這段時間，首先必須爲這地方作天文定位，然後描畫營地附近十九間屋舍的平面圖，我提供十分吸引人的懸賞金額：第一個發現人類筆跡（形式不拘）的隨從可以獲得賞金。我的手下們只找到毛毯破片、幾塊紅布、棕色的人髮、靴子底部、家畜的碎骨頭、幾節繩子、一個耳環、中國錢幣、陶製器皿的碎片，以及一些零零碎碎的東西。

所有的屋舍幾乎都是木製的，牆壁則是用一束束的柳枝糊上泥巴構築而成，有三處地方的門框依然挺立不倒，還有一扇門是敞開的。一千五百多年前，古城裡的最後一位居民推開門扉離去，自此之後，這扇門想必就保持這樣的姿態至今。

夏格杜爾成功找到去年奧迪克所發現的地方，也就是奧迪克爲了找回鏟子意外發現的遺址。我們還找到一間佛寺遺跡，當年它一定是棟美麗的建築。這座古城原本位於舊羅布泊湖畔，後來由於庫魯克河改道，羅布泊便向南遷移；無疑地，佛寺佇立在一座園林中，而園林南方正是羅布泊延伸過來的寬闊水域，那時到處都看得到屋舍、塔樓、牆垣、花園、道路、商旅和行人，如今整座古城裡則只有死亡與沉寂。

我們的挖掘頗具成果，發現的遺物包括一尊三呎半高的佛祖立像外框、刻有佛祖盤坐姿

樓蘭一座古寺廟的木板雕飾

勢的水平壁飾、雕琢極富藝術色彩的佛祖立像的木柱、木刻蓮花與其他種類的花朵飾品。此外，我們也找到一些不完整的半身像，全部是木雕，而且保存得很好。夏格杜爾終於拔得頭籌，找到一小塊鐫刻有印度佉盧文的木板，贏得賞金；我答應接下來若有類似發現也能領賞，因而手下全都賣力挖掘，直到荒野上的最後一絲日光隱沒爲止。

幾天過去了，每天黎明我們即開始工作，在每一間屋子裡進行挖掘，最後只剩下一間被太陽烤乾的泥巴屋，形狀像馬廄，裡面有三道秣槽向外開展。穆拉在最右邊的秣槽裡發現一張紙，上面寫有中國表意文字，因此獲得了賞金；這張紙埋在兩呎深的沙塵下。我們往更深的地方挖掘，用手指把沙子和塵土過濾掉，結果一張又一張類似的紙片接連出土，總共三十六張，每一張上面都有文字；另外我們找到一百二十一根小木棍，棍子上鐫滿篆刻的銘文。除了這些古老文件之外，我們只找到一些破布、魚骨頭、少許麥子和米粒，以及一小張卍字型設計的地毯，色澤還相當鮮明，我推測，它很可能是世界上最古老的地毯。我們所找到的東西看起來像垃圾堆，可是我有個直覺，它們對於世界歷史的釐清必定具有若干程度的貢獻。其他兩個秣槽並沒有埋藏任何遺物，截至我們所定最後期限三月九日這天，我繪製完成屋舍的平面圖和測量工作，也詳細勘查一座仍相當堅固的泥土塔樓。發現物當中有兩枝筆酷似今天中國人寫字用的毛筆。其他還包括一只完整的陶土罐，高度二又三分之一呎；另一只小一點的罐子，以及大量的錢幣與各種小東西。當地仍然屹立的一間屋舍，其柱子丈量所得的高度是十四．一呎。

黃昏時分，兩名手下帶著所有的駱駝

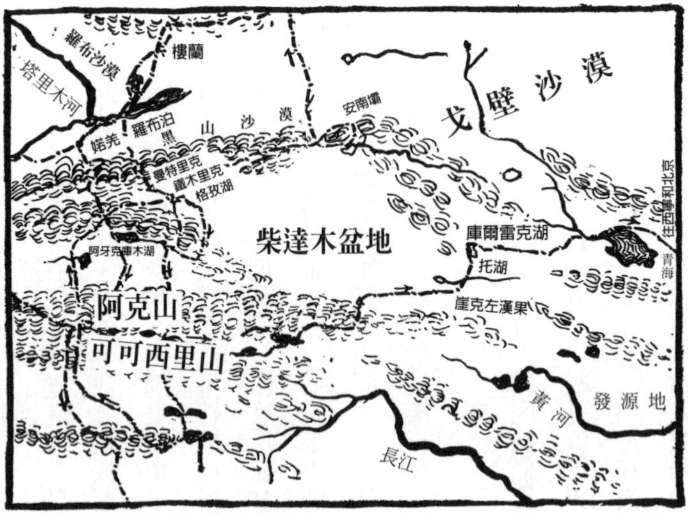


西藏東部與戈壁沙漠區域圖

從六十泉回來，他們同時帶回十個袋子和六只充氣羊皮，裡面鑵滿了飲水。太陽在西方沉入地平線，我們在古城的工作至此劃下句點。

# 第四十一章

## 沉睡之城樓蘭

若要詳盡描寫樓蘭和我僥倖在樓蘭遺址的發現，恐怕得用上一整本書的篇幅，可是在此僅能挪出幾頁來敘述這座沙漠裡的古城。

回到瑞典的家中，我把發現的所有手稿和遺物交給德國中部威斯巴登（Wiesbaden）市的辛穆利先生（Mr. Karl Himly），他發表了首篇關於這些歷史遺物的報告，指出這座古城叫作樓蘭，西元第三世紀時相當繁榮富庶。辛穆利去世後，這些遺物轉交到萊比錫（Leipzig）的康拉德教授（Professor A. Conrady）手中，他不僅將所有文件翻譯出來，最近更出版了一本專書討論這些發現。❶

手稿中最古老的是史書《戰國策》的部分書頁，年代爲東漢（西元二一五～二二〇年）。中國人是在西元一〇五年發明紙張，由此推算這部分手稿的年份應該是在西元一五〇～二〇〇年，可謂現存最古老的紙張和最古老的紙張手稿，這比歐洲最老的紙張手稿至少早了七百年。

至於其他紙張和木簡上的文字，則是西元二七〇年以後才完成，其中有許多押有日期，因此可以確知文件的完成年代；這些文件是當時中國通用的公文體裁和書信體裁，內容包括行政、商業、報告、產品、農業、軍事組織、政治和歷史事件、戰爭等主題，清楚呈現出一千六百五十年前樓蘭人生活的樣貌。

寫在紙上的信件折疊起來，上下各用一片木片夾住，再以繩子繫緊木片，外面寫上寄信人某某緘的字樣。

木簡上的文件包括書信、報告和兵部、倉場（糧食局）、郵遞單位所寫的告示與收據，這類木簡同時用以象徵官府的權威。從發現的兩枝毛筆可證明，中國人早在西元二世紀就開始使用這種文具了。

爲了讓讀者明瞭一千六百五十年前的人們寫些什麼，我在此抄寫兩段康拉德教授的譯文。

在私人信簡上寫著：

「超濟白超等在遠弟妹及兒女在家不能自偕乃有衣食之乏今啓家詣南州彼典計王黑許取五百斛穀給足食用願約勑黑使時付與伏想篤恤垂念當不須多白超濟白」

「陰姑素無患苦何悟奄至禍難遠承凶諱益以感切念追惟剝截不可爲懷奈何」

由一小片木簡上的文字，可知羅布泊和流入該湖的河流：

「史順留……爲大涿池深大又來水少許月末左右已達樓蘭」

## 沉睡之城——樓蘭

我們在樓蘭挖掘到的小東西包括許多錢幣，這項發現彌補了過去闕漏的魏晉錢幣制度，其中一枚錢幣的鑄造年代是西元七年，另一枚爲西元十四年，也就是耶穌基督在世的時候。

出土物還包括：獵箭、戰箭和火箭。所謂火箭（fire-arrows），指的是「可以點火」的箭簇；魚網用的鉛錘和石錘；錢貝（cowry shells）；耳墜；項鍊；一只雕有希臘神話中赫耳墨斯像的古董寶石；產自敘利亞或羅馬的玻璃；銅製湯匙、鑷子、髮簪；一條鐵鍊；木製湯匙和其他木製品；幾塊各式色澤的絲綢；一條床罩；一張羊毛地毯；麻布；鞋子等。

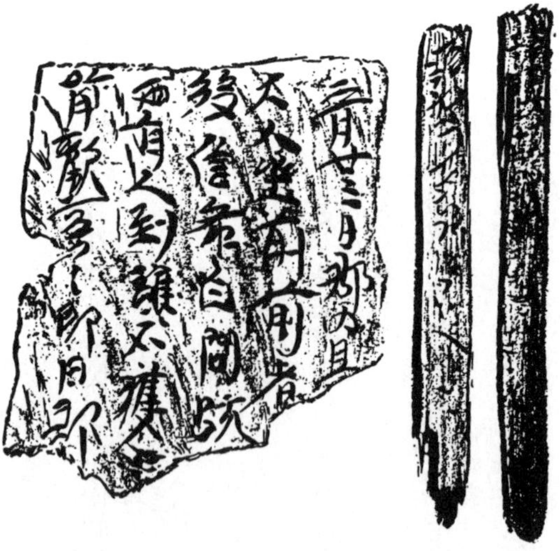

在樓蘭出土的紙張和二片木簡

從書簡和物件本身看來，樓蘭官府擁有自己的倉庫，當地還有一間客棧、一家醫院、一棟主管郵遞事務的建築、一間寺廟、私人住宅，以及窮人住的草棚；和羅布地區的現代蘆葦草棚一樣，這些不經久的古代草棚必然早已化爲煙塵。遺物中不乏進口品，特別是當地人民使用的中國絲綢，更證明樓蘭的人口眾多。在較爲講究的屋子裡，堅硬的陶土地板上鋪著蘆葦草蓆，上面再墊一層珍貴的羊毛地毯。大型陶罐立在院子裡，用來盛裝家居用水；當地人們使用的碗盤上雕飾印度和波斯風格的獅子頭像；至於玻璃則來自敘利亞，它是當時世界上最接近樓蘭的玻璃生產國。

樓蘭受教育的階級擁有著名的文學作品。根據康拉德教授的說法，樓蘭盛行的文化揉合了野蠻、中國、國際等三種特色，現代感十足。樓蘭城因地處前線要塞，是古代亞洲心臟地帶的門戶，也是防禦堡壘，屹立於偉大的絲路上，向東通到中國，向西可達波斯、印度、敘利亞和羅馬。遠近旅人競相前來。農人收割完農作物便裝上牲口和馬車，運到樓蘭讓官府照價收購。這裡官兵領的軍餉都是穀物，他們也會到當地市集採購毛氈裁製冬衣。有時樓蘭城裡人聲鼎盛，所有的客棧都住滿了客人。

文件裡並提到：逃稅者及其懲罰、郵遞信差、御史大夫馬大人帶著扈從出巡的情景、游牧民族如何爲患的敵對狀態、買賣絲綢的商旅（他們頭上飄揚著官旗，用吃苦耐勞的西藏驢子馱運商品）、征戰的細節（騎兵隊、持矛、弓箭手、戰車、攻城與防守的器械）、軍隊補給隊伍、各式各樣的武器、軍營統領、將軍、將軍參謀、檢查戰車的督察、檢查軍品補給的督察、軍醫和其他官員等等。由於樓蘭的地理位置特殊，中國政府在這裡屯駐重兵。其中也述及文官制度，包括丞相、州太守、書記、縣令、都水使、治粟都尉、驛站總辦和四個特派員（the director of posts and his four deputies）、掌管不同倉房與驛站的官吏、各級御史等。其他見諸文件的尚有法令執行、刑事法則、稅捐、居留權、徵幕、通行令、以穀物交換絲綢（雖然當時已有固定的錢幣制度）等，以及許多林林總總的事物。

康拉德教授指出，樓蘭的社會組織和行政機制極爲精確而有效率，顯示在西元三世紀之前，已經有長達數百年，不，應該是數千年的進化過程。

但從樓蘭出土的書簡也可以很清楚看出，城裡城外瀰漫一股動盪不安的氣氛，嚴重的動亂和戰爭顯現在文件裡。當時中國政府在此地的統治結構已經鬆動，且瀕臨瓦解，樓蘭的緊張情勢一觸即發。在一封書信上甚且指出戰事將近，漢人因爲內部的黨亂導致勢力削弱，外鑾趁勢坐大，中國終至四分五裂，因而被外來征服者統治了數百年之久。

樓蘭沒落的時間爲西元四世紀初，象徵了中國本身的衰敗。正如康拉德所言，這處小小的遺址見證了一場意義非凡的悲劇，像是一座紀念碑。而我所發現的書信中，作者用他們的一筆一畫，爲這些歷史事件留下豐富的紀錄。

然而，樓蘭的官吏並未逃避自己對國家的職責，即使整座樓蘭城籠罩在陰霾之中，每個人仍舊恪守本分。當城牆外的戰鼓擂起，塔樓上烽火沖天之際，他們依然堅守崗位，處變不驚地寫完他們的報告；他們循禮寄發賀年書簡、悼唁信件給友人，不容許迫在眉睫的危險干擾到正常作息。當我們閱讀這些書信時，不禁對這些中國人盡忠職守的毅力和勇氣肅然起敬，也深刻了解到，何以亞洲一直掌握在這個了不起的民族手中。

這樣的評語絕非來自幻想或神話，而是赤裸裸的事實。這些在泥沙中沉睡了一千六百五十年的書簡還傳達了一項訊息：當年寫下這些文字的人曾經有過的煩惱、悲傷、歡樂，都將長存於人世。

## 發現樓蘭意義非凡

樓蘭與龐貝古城（Pompeii）❷呈現出相同的實體論（realism），這從我們發現出自兒童手跡的算術演練可以證明，如「2×8=16，9×9=81」之類簡單的筆算乘法表，即是其中一個例子。

康拉德稱樓蘭書簡的故事爲一幅田園風景，可視爲抗衡世界歷史蠻強、黑暗背景的類型圖像（genre picture）。

我在描述發現前兩座沙漠古城時曾經指出，我個人不是考古學家，因此能把這些出土文物交到康拉德教授這樣的專家手中，著實值得慶幸，他的詮釋百分之百證明了發現樓蘭的重要性。在我一九〇〇年初訪和一九〇一年重訪樓蘭之後，陸續有人前往樓蘭挖掘，更足以確認其事實。例如：一九〇五年的美國地理學家杭廷頓（Ellsworth Huntington）、一九〇六年的史坦因爵士，以及一九一〇年的日本橘瑞超博士（Dr. Tachibana）；後來史坦因又分別在一九一四和一九一五年兩度造訪樓蘭。這些學者當中尤以史坦因爵士最爲重要，他的三次樓蘭之旅使我的發現得以發揚光大；由於得到我所繪製的地圖相助，旅行者仍可在沙漠中央找到樓蘭遺址。因此史坦因在他的鉅作《西域》（*Serindia*，第一冊）裡有這麼一段描述：

我也感謝赫定博士繪製的卓越地圖，雖然與我們的路線有若干出入，而且完全缺乏指引地標，但這些地圖使我們準時抵達遺址，一天也未延誤。後來我們也針對這些地區進行平板儀測量，經由天文觀測與三角測量驗證地圖方位，遠達且末西南方的山脈。在經過完成比對之後，我極爲感激，因爲我發現赫定博士對此處（樓蘭）的地理定位與我們的測量結果相去極微，只在經度上差距一·五哩，至於緯度更是完全符合。

《地理雜誌》（一九一二年，第三十九期，頁四七二）上有位評論家稱我的樓蘭之旅爲：「地理科學上眞正的勝利」。

至此讀者應可理解，我何以認爲完整的樓蘭（我的夢中之城）探勘比前往拉薩重要，直到今天，我仍喜歡幻想樓蘭在西元二六七年左右的耀眼風光；同一時期的歐洲，正是蠻族哥德人（Goths）攻擊雅典，卻被歷史學家戴克西帕斯（Publius Herennius Dexippos）❸擊退的年代，也是羅馬皇帝華利瑞恩（Publius Licinius Valerian）❹成爲波斯大帝沙普爾（Sapor，又作Shapur II）階下囚的時候。

我還記得，當我發現現存瑞典刻有北歐古文字的石頭（rune-stones）中，沒有任何一顆年代比我在樓蘭發現的脆弱木簡或紙片更古老時，那驚異之情莫可名狀。當馬可孛羅於一二七四年穿越亞洲，完成著名的中國之旅時，這座城市已經在沙漠裡沉睡了一千年，被人們所遺忘。一轉眼，馬可孛羅的偉大旅行已經過去六百五十年，可是樓蘭的幽靈卻在此時重見天日，古老的文件和書簡爲逝去的歲月與人類神秘的命運點燃新的曙光。

【注釋】

❶原書注：《赫定於樓蘭發現的中國手稿與各式碎片》(*Die chineschen Handschriften und sonstigen kleinfunde Sven*

*Hedins in Lou-lan*)，全書一九一頁，五十三張全頁的中國手稿，其中有些是彩色插圖，出版者爲斯德哥爾摩的瑞典陸軍參謀部印刷所(Lithographic Institute of the General Staff of the Swedish Army)。

❷義大利西南部坎帕尼亞那不勒斯省一座已毀的古城，位於維蘇威火山南山腳下，那不勒斯東南二十公里。西元六十三年被一次強烈地震所毀。西元七十九年維蘇威火山的強烈噴發，使得整個城市覆蓋上一層六至七公尺的火山和浮石。從十八世紀開始進行考古挖掘，已顯現一座橢圓形的城市。

❸約西元二一〇～二七〇年，希臘將軍兼歷史學家，西元二六七年成功擊退蠻族入侵希臘，曾撰寫羅馬與哥德人的戰爭史。

❹西元二五三～二六〇年期間的羅馬皇帝，與波斯交戰時被俘，後死於獄中。

# 第四十二章

## 重返西藏高原

三月十日，我將旅隊分成兩組，自己帶著夏格杜爾、庫曲克、荷岱、郭台，和四頭駱駝上路，其中一頭載運所有行李和八日份的糧食，另外三頭則馱載冰塊和蘆葦；另外一組由法竺拉率領，帶著旅隊的其他成員，以及駱駝、馬匹、所有沉重的行李，連同在樓蘭挖掘到的所有文物，準備從西南方穿過沙漠，抵達羅布泊沼澤，最後與我們在阿不旦會合。

我打算帶一支準尺和望遠鏡去測量沙漠，將北方的凹地準確描繪在地圖上。我和三名隨從徒步出發進行測量，郭台則領著四頭駱駝跟隨我們，到黃昏紮營時他們剛好可以與我們碰面。可是，當天我們完成工作後，郭台卻失蹤了，夏格杜爾走回去找他。晚上，我們生起一大堆營火作指引，不久郭台出現在營地，原來他迷失方向，後來又被法竺拉的營火誤導，走到西邊去了。第二天早上颳起一陣兇猛的沙暴，這會兒輪到夏格杜爾不見了，不過到中午他奇蹟似的順利返回營地。

接下來幾天，我繼續進行水平測量的工作，只是經常被沙暴阻撓。儘管風力形成許多深溝，沙漠幾乎還是平坦一片。到三月十五日，我們測量了九哩距離，高度往下降了一呎，位置上已經接近羅布泊；我們先前與托可達約定，他自三月十三日起在羅布泊北岸保持營火燃燒，可是我們到現在仍然找不到。三月十七日，我們平安抵達湖岸紮營，在這段八十一．五公里的距離中，沙漠的地勢沉降了二千二百七十二公尺，換算成英制則是在五十哩內下降七．五呎。在沙漠的北部區域，我確實證明了這裡曾經存在過一座湖泊，在這處凹陷的地區仍然可見蘆葦殘株和貝殼，過去樓蘭就是位在這座湖泊的北岸，如此看來，中國的古代地圖，以及李希霍芬男爵根據這些古地圖所提出的理論都是正確無疑。

我們的下一項任務是找到托可達和他的救援隊。因爲我們的糧食補給已經快告罄，庫曲克只好在湖邊釣魚，可惜運氣不佳，所幸夏格杜爾每天都射到野鴨，救了大夥兒的性命。營地一安頓好，我立刻派遣荷岱沿著湖岸朝西南方去尋找托可達的隊伍。這天晚上颳起一場激烈的風暴，而且持續了兩天三夜，這期間我們依舊癡癡地等待，直到三月二十日才決定拔營向西南方前進。

沒走多遠，我們就在一大片水澤前停下腳步，這裡曾經是寸草不生的沙漠，現在卻必須繞路才能經過新形成的湖面。我們兩度看到荷岱的腳印，他還在一處地方游泳渡過湖水歧出的支流。

三月二十三日，我派夏格杜爾出去搜索，過了一會兒，我們看見他現身在遠處，並招呼我們快過去，等我們趕到時，他指向西南邊，嘴裡喊著：「騎士！騎士！」我們隱約可見兩個騎馬的人隱在一團塵霧中，正快馬加鞭地奔馳而來。

## 患難夥伴回歸旅隊

我們停在原地等候，來人讓我驚喜萬分，原來是去年夏天曾伴隨我探險的哥薩克摯友徹諾夫，由於亞、俄邊界的騷亂，他與同袍西爾金奉塔什干總督的命令返回喀什，他的意外出現其實已經解釋了一切：四位哥薩克騎兵是沙皇親自調派給我的，塔什干總督無權調回任何一位。當時，我寫了封信向沙皇抗議，徹諾夫和西爾金回喀什之前，我把這封信託他們帶回去，不久沙皇收到我的信，便發電報給裴卓夫斯基總領事，要求他立即將西爾金和徹諾夫遣回我的營地。徹諾夫告訴我，那個星期六下午，他們一接到命令心中無比喜悅，這下子，他們可以重返亞洲心臟地區回歸我的旅隊。他們兩人要求星期日再出發，可總領事說沙皇的命令不容延誤，因此兩人立刻套上鞍轡，帶著給我的信件、照相機、玻璃照相版和二十七個銀錠出發；在他們到達婼羌時，托可達已經在那裡了，伊斯嵐於是組織救援隊，由徹諾夫與托可達領隊前來羅布泊北岸找尋我的下落。

徹諾夫與托可達攜帶大批物資，浩浩蕩蕩順著湖岸前進，直到被新形成的水體擋住去路爲止，他們在那裡搭建草棚和補給站，還養起綿羊和家禽，建造獨木舟和捕魚網，儼然一座生氣蓬勃的農場在孤寂的湖岸於焉誕生。每天晚上，他們固定在一個山坡上生起巨大營火，可是氤氳的靄氣太重了，我們一直沒有見到火光。有一天，荷岱突然出現在他們營地裡，他整整五天沒有吃東西，人已經餓得半死，於是他們要他帶路，立刻前來尋找我們。

現在他們總算找到了。再次看到徹諾夫令我欣喜若狂。他們的袋子裡裝滿所有的好東西，連我的家書也在其中；當時我們雖置身在中國的一個省境，可是已經發生一年的義和團事件，卻是透過來自斯德哥爾摩的信件才知曉。

我們集體前往阿不旦，踩過了法竺拉的足印，發現一頭死馬，從留下的跡象判斷，已經斷糧的法竺拉和同伴必定曾取食馬肉解饑，而從阿不旦到營地總部婼羌只有三天路程。

接下來的時間主要是工作與準備，我們租下一間怡人的商旅客棧，我的毛氈帳棚就搭在客棧花園裡的桑樹和李樹下，婼羌總督詹大鑼（Jan Daloy）贈送我一隻馴養的鹿，平日在花園裡走來走去。馬廄的秣槽邊站滿了一排排的馬匹和騾子，我們原本已經有十八頭駱駝，這次又新購二十一頭，不過有三頭是小駱駝。其中最小的一頭出生只有幾天，連站都站不太穩，牠很快就變成大家的寵物，後來不幸葬身西藏，而另外兩頭小駱駝早已捐軀許久了。

我們採購的補給可以維持十個月——白米、麵粉、酥烤麵粉是主要糧食，一袋袋食物安裝在輕巧的馱梯（pack-ladders）上，如此即可輕而易舉固定在駱駝的馱鞍上。我們攜帶了充足的毛皮取暖，也為牲口帶足禦寒的氈墊。

我沖洗出很多相片，也寫了許多信件，最長的一封是寫給父母親的家書，洋洋灑灑長達兩百六十頁。我同時寫信給瑞典國王、俄國沙皇、諾登舍爾（他在過世前幾天收到這封信），以及當時的印度總督寇仁勳爵（Lord George Nathaniel Curzon）❶。所有蒐集來的標本都打包裝箱，包括樓蘭尋得的文物、骨骼、礦物、植物等等，整整裝滿八載駱駝，我命伊斯嵐和法竺拉負責押送到喀什；五月五日，他們在呼嘯的沙暴籠罩下出發。

幾天之後，旅隊大部分人馬在徹諾夫和涂厄都的帶領下離去，他們帶了大約二十五名手下，隨後在阿不旦添購五十隻綿羊，再取道最好走的路線前往阿雅克庫木湖西岸。這支旅隊是我探險以來規模最大的一支，當隊伍從婼羌出發，看起來極爲壯觀，叮噹的鈴聲不絕於耳。但這支旅隊只有五分之一牲口活著抵達拉達克（Ladak）❷，最後到達喀什一站，更是一隻牲口也不剩。

我們向布卡拉來的商旅領隊朵弗雷（Dovlet）雇用七十頭騾子，用牠們來馱載旅隊牲口吃的玉米，這些騾子將跟隨涂厄都的小隊，然後在兩個月內折返，因爲那個時候玉米也該吃完了。朵弗雷則和另外十個人抄近路前往山區。

爲了安排一切事宜，我在休息期間反而忙碌不堪；訪客不斷上門來，其中兜售牲口和糧食的商人不在少數。有位小紳士經常到我的毛氈帳棚來串門子，他是詹大鑼六歲大的兒子，一個很討人喜歡的孩子，彬彬有禮、舉止合宜，很合乎中國禮教的標準；他送我一些蜜餞，還爲我的座騎帶來苜蓿草。有一天夜裡，我得知他染上天花死了，內心感到悲痛與遺憾，他那哀傷的父親從遠地趕回來，沒想到兒子卻在他回家前一天嚥了氣。

龐大的旅隊已經啓程，留下來陪伴我的只有西爾金、李羅爺、穆拉等人，院子裡的馬也只剩下十二匹。八條狗跟著旅隊，只有尤達西跟著我，不久前還喧嚷有生氣的院子，如今空寂蕭條，彷彿被人遺棄了一般。

## 籌備拉薩之旅

在抵達婼羌後不久，我交付夏格杜爾、徹爾東和兩位具蒙古血統布里亞地區的哥薩克騎兵一項重任，要他們騎馬到焉耆去買幾整套蒙古人的裝束，從衣服、毛皮、帽子、靴子，到行李箱、烹飪用具、罐子等，一樣也不能缺，而且所有的東西都必須是如假包換的蒙古貨，還要足夠四個人穿用。採購這些東西全是爲了我的旅行計畫——我準備喬裝蒙古人混進拉薩。另外，他們還要設法雇用一位通曉西藏語言的喇嘛，以便充當我們的通譯；我期待他們能在一個月內完成任務歸來。

結果，他們的表現遠超乎我的預期，夏格杜爾回來時荷包還剩下一半的錢，因爲不需要這麼多。五月十四日，他們帶著所有的蒙古裝備回來，同行的尚有從烏蘭巴托來的喇嘛薛瑞伯（Shereb Lama），他二十七歲，身穿紅袈裟，肩搭一條黃帶子，頭上戴著一頂中國小帽。我們倆一見如故，立刻結爲朋友，因而馬上開始蒙古話的課程，可是我時時忘記剛學到的字句。喇嘛向夏格杜爾描述拉薩的奇聞趣事，他曾經在拉薩唸過書，很渴望舊地重遊。

夏格杜爾還帶回我們的好朋友奧迪克，他央求我帶他一起去西藏，至於徹爾東很快就加入龐大的旅隊行列。

五月十七日，一切準備就緒。前天，有一團從塔爾巴戛臺山（Tarbagatai Mountains）❸來的蒙古朝聖客抵達婼羌，一行共有十人，他們的目的地是拉薩，在得知我們也正要去西藏高原時，每個人皆臉露狐疑；這些人和去年的朝聖客一樣，注定要破壞我們的大事。正當我和西爾金、夏格杜爾、穆拉、李羅爺、薛瑞伯喇嘛，連同一名嚮導帶著十二匹馬和十頭馱運玉米的騾子準備上路那天，這群蒙古朝聖客恰好路過，一雙雙眼睛緊盯著我們不放。

我們往婼羌河谷的上游前進（我從來沒有走過這條路線），將東土耳其斯坦的酷暑遠遠拋在身後，翻過一條難走的山口，很快又回到西藏高原，在那裡迎接我們的是膽怯的野驢、蓊鬱的森林，以及從天空飄降的白雪。我們在一處谷地裡遇到十八個牧羊人，便向他們購買十二隻綿羊，順道雇了新的嚮導。

有一天，大夥兒在休息之際，我向薛瑞伯喇嘛透露我要前去拉薩的計畫，他非常吃驚，因爲帶歐洲人去拉薩的喇嘛是要砍頭的，如果夏格杜爾在焉耆時向他說明白，他絕對不會加入我們的旅隊。我告訴他夏格杜爾是奉命不得洩露計畫，一切行程都必須保密。接下來，我們整整花了一天的時間在商量這件事，最後薛瑞伯喇嘛同意和我們一起走到阿牙克庫木湖，如果他願意，可以從那裡返回焉耆，不過屆時他必須告訴我他的決定是什麼，而且不論發生任何事情，他都是完全自由的。

六月一日我們抵達阿牙克庫木湖左岸，在那裡停留幾天等候我們的龐大旅隊，由於他們走的路線比我們遠得多，至今音訊杳然。六月四日，薛瑞伯喇嘛瞥見一大隊人馬，共分六支小隊，現在已經來到東北邊的山腳下；沒錯，遠處深色的線條逐漸擴大，兩位哥薩克騎兵一馬當先，他們向我報告旅隊一切平安，緊接著是騾隊姍姍步入營地，而不遠處駱駝頭上晃動的銅鈴聲也越來越清晰。接連抵達的是布卡拉的朵弗雷和七十頭馱載玉米的騾子。途中有一頭野驢插進他們的隊伍，幸好朵弗雷及時發現不對勁，使得野驢像驚弓之鳥似的一溜煙逃進沙漠。馬匹和五十隻綿羊也逐漸走近，在這一大群牲口當中，第二年隨我進入喀什的只有一隻來自庫車的繫鈴閹羊，我管牠叫凡卡，其他的綿羊都以凡卡馬首是瞻；就一隻綿羊而言，牠所展現的權威和自信是很罕見的。

我們的營地氣勢壯觀，尤其晚上營火照耀整個湖岸時更加美麗。我將多餘的人手遣回，因爲人馬越少，消耗的糧食就越少，時間相對地可以撐久一點，雖然如此，留下來的人數已足夠爲營地生活帶來豐富的色彩與多元性。隨從當中以回教徒占大多數，與他們混在一起的則有布里亞哥薩克騎兵（信奉喇嘛教）和信奉東正教的哥薩克騎兵，還有一位則是著鮮紅色袈裟的薛瑞伯喇嘛。至於所有的牲口裡，最受矚目的是三頭小駱駝和綿羊凡卡；那隻馴養的鹿已經死亡，我們尙留著牠的骨骸。先前在婼羌我們曾經買一頭俊美的大駱駝，一八九六年沿克里雅河旅行的那一次，牠就已經加入旅隊，是我特別偏愛的一員老兵。

## 屋漏偏逢連夜雨

一旦集合起來往南前進，我們的旅隊看似一小支準備發動侵襲的軍隊，人人均負有個別的任務，哥薩克騎兵則負責維持旅隊的嚴整紀律。營地分配圖已經作好規畫，每天旅隊就根據這份紮營計畫執行，好似當年希臘史學家色諾芬隨軍出征的情況。營地裡休息的駱駝排成眾多長形列隊，涂厄都和他手下的帳棚就搭建在牠們旁邊；不遠處是廚房，徹爾東在那裡爲我準備餐點；西爾金、夏格杜爾、薛瑞伯喇嘛三人共用一頂小毛氈帳棚。薛瑞伯是個神學博士，他唯一的任務就是當我的老師，但只要有需要，他總是多盡一份力。徹諾夫和徹爾東所住的小帳棚緊臨我的營帳；我自己的帳棚位居整個營地的最側邊，由小狗尤達西和尤巴斯擔任警戒工作。薛瑞伯喇嘛在阿牙克庫木湖畔下定決心，他聲稱願意跟隨我到天涯海角。

我們再次來到阿克山，跨越那片濕滑的泥巴地，把所有的牲口累得半死；有兩頭駱駝走得筋疲力竭，還有一頭遠遠落在隊伍後面，硬是留在一片草地上，不肯再走一步。也許朵弗雷正暗自盤算著，當他和騾子打道回府時，如果這頭駱駝還活著，他就可以據爲己有；不過他的如意算盤勝算不大，因爲有一天九頭騾子相繼暴斃，還有一天甚至死了十三頭。

一天晚上，我們紮營在一座河谷入口處，地上結了厚厚一層冰，當營地安頓好了，徹諾夫指著冰層的方向說：「有一頭熊正朝營地走來。」

我們隨即把所有的狗拴緊；果然，一頭熊蹣跚走過冰層，看起來又老又疲憊，中途停頓了好幾次，然後走到冰層邊緣，一步步筆直地走向死神。哥薩克騎兵早已埋伏好，三聲槍響之後，老熊倉皇竄逃，迅速跑過帳棚爬上一處山坡，這時又傳來兩聲槍響，這次老熊直接滾到山腳下。這隻熊的牙齒有著很大的蛀洞，生前想必牙痛得厲害。顯然牠剛吃下一隻土撥鼠，因爲牠的胃裡躺著一隻連皮帶肉的土撥鼠，土撥鼠的毛皮朝內捲成球狀，看來老熊一口就把這隻獵物呑進肚裡了。我們和過去一樣，保留了熊的骨骼。

接下來幾天路況更糟，我們不斷派人先到前面探勘；沿途水草少得可憐，冰雹夾帶雪花打在我們頭上，從西方呼嘯而至的風暴更是席捲整片西藏高原。旅隊中有一頭駱駝本性堪稱樂天知足，卻有個拒攀陡坡的頑固習慣，我們稱牠「山口世仇」(Pass-hater)，即使眾人合力將牠推上坡，牠仍死硬不動如山，因而嚴重耽誤到旅隊的進度，後來我們不得不拋下牠不管。

我告訴布卡拉的朵弗雷，現在他可以帶著倖存的騾子回去，爲了減輕留下牲口的負擔，我送給他相當多糧秣。

在攀登阿卡山標高一萬七千呎以上的山口之前，我們來到山口下毗連的谷地，截至目前已經有五頭駱駝脫隊，等到我們往山口攀爬時，一陣空前狂烈的暴風雨開始襲擊我們，首先是吵雜的冰雹，接著是遮天蔽地的紛飛大雪，讓我們伸手不見五指，除了眼前搖搖擺擺的駱駝之外，我什麼也看不見。隔一陣子就聽到一聲驚叫：「又一頭駱駝累倒了！」然後大家只有眼睜睜看著這頭駱駝和牠的馭手落在隊伍後面，在漫天旋轉的雪花中，隱然似一幢幽靈。

我和薛瑞伯喇嘛先騎到山口頂，負擔沉重的大隊才緩緩躑躅而來，我們等到整批隊伍通過，發現三十四頭駱駝中只有三十頭順利登上峰頂，其他的不是力竭而死，便是被我的手下殺死以助其解脫痛苦。

由於駱駝的傷亡，使得存活的牲口負擔加重，於是我們任由牠們吃玉米，甚至拿白麵包餵食兩頭小駱駝；旅隊的成員也不斷有人生病，我拿奎寧讓他們服下，藥到立刻病除，因此藥箱是每次紮營時必須的用品。在西藏高原旅行千萬難，畢竟，我們走的可不是野花斑爛的小徑。

## 嚴禁獵殺行爲

六月二十六日，我們紮營的湖畔正好是一年前的營地位置，去年殘留的炭火痕跡依然明顯，結冰的湖水至今未消融；不過氣溫很快就會升到攝氏二十度，屆時可人的夏日微風將拂過被冰封凍的湖面。

我們攀上海拔一萬七千五百呎的山口，這裡的地質是經過風化的磚紅色砂岩；我們好不容易攻上山頂，所有的人都氣喘如牛，紛紛倒地休息。這裡每樣東西盡是紅色的——山脈、土堆、河谷，身穿紅色袈裟的薛瑞伯喇嘛和這裡的背景十分搭調。尤達西在一個水塘邊追上一頭母羚羊和她的仔羊，牠把仔羊咬死，我因此要求西爾金把母羊也殺了，希望能結束母羚羊的喪子之痛，沒想到母羚羊卻脫逃了。我嚴令旅隊成員只有在缺肉吃時才可行獵，更何況現在哥薩克騎兵僅剩下一百四十二個彈匣，必須節省使用。晚上大霧瀰漫整個高原，滿月的黃色光輝映照在黑色的雲朵上。

穿越這段河谷，再朝東走就是艾厄達特長眠之地。接下來我們翻過一座高山山口，然後有幾天時間我們無需翻山越嶺，走的是開闊的緩坡。每天晚上，我會到西爾金的帳棚檢查氣象測量讀數，並試穿薛瑞伯喇嘛和夏格杜爾為我裁製的蒙古衣裝。薛瑞伯喇嘛畫了一張拉薩的平面圖，並標示出許多寺廟的位置；而各小組的領隊也會到這個帳棚來，聽取關於次日行程的指令。由於牲口都已相當疲乏，因此每天我們能走的路程鮮少超過十二哩。

身經克里雅河之旅倖存的老駱駝也顯露疲態，牠流下兩行眼淚，這是個明顯的徵兆：牠已經來日無多了；當我最後一次為老駱駝拍照時，牠用顫抖的腿站立著，像個哲學家似的，對著即將永眠於斯的土地投以漠然的一瞥。

六月八日這天支撐到營地的駱駝只剩二十七頭，我從中挑出體力最虛弱的十一頭駱駝和六匹馬，請徹諾夫和五位回教隊員負責帶領牠們，緩慢小心地走在旅隊後面。我和旅隊的其他成員繼續朝南走，一路上有許多野生的韭菜，所有牲口都吃得心滿意足，尤其以駱駝最為開心。雨季來臨了，每天固定會下一場大雨，牲口、行李、帳棚全被水浸濕而變得沉甸笨重，同時也使地面變得濕軟滑溜。有一處營地旁的水是鹹的，夏格杜爾拿了一個水罐出去找水，不料卻被一頭野狼攻擊，夏格杜爾將水罐往野狼猛砸過去，並趕緊衝回營地，只見他十分抑鬱地抓起步槍跑出去，豈料野狼已經消失無蹤。

緩緩走向營地的熊

在一條寬闊的峽谷中，我們意外捕獲一頭壯碩的老犛牛；狗兒率先撲上去攻擊牠，犛牛高舉著尾巴，把犄角抵著地上，時而靠近這條狗，時而逼近另一條狗。我禁止哥薩克騎兵開槍打牠，可是涂厄都宣告了牠的死刑令，因為我們需要肉食，最後六隻羊必須留下來。還有一次，尤達西驚擾到一隻野兔，野兔立刻跳進洞裡避難，可惜地洞不夠深，夏格杜爾輕易就把那可憐的東西給硬拉出洞來。

「抓住尤達西，把野兔放掉。」我叫嚷著。被釋放的野兔立刻像飛箭一樣逃竄而去，可是還跑不到一百碼，天上一隻鷲鷹霍地俯衝下來，我們搶上前去援救卻晚了一步，野兔的眼睛已經被鷲鷹挖了出來，躺在地上的身體呈現臨死前的抽動。

## 死亡之境——流沙

七月十六日，我們在一條小溪旁紮營，一頭黃灰色的野狼爲牠的膽大妄爲付出了死亡的代價；此外，一頭涉水靠近我們營地的熊也遭到哥薩克騎兵的追趕，一小時之後騎兵回來了，熊安然逃脫，哥薩克騎兵卻撞進一個西藏人的營區，那兒有三個帶著馬匹與步槍，專門獵犛牛的獵人；哥薩克騎兵回來接薛瑞伯喇嘛，因爲他是我們當中唯一通曉西藏話的人。我派薛瑞伯喇嘛和夏格杜爾前往那處營地，可是西藏人已經先行離開，這麼一來，關於我們的謠言勢將口耳相傳下去，一直傳到三百三十哩外的拉薩；游牧民族和獵人都曉得，無論誰搶先向官府通報歐洲人接近的消息，就可以領取一筆賞金。我們放棄追趕這三名西藏人的想法，即使趕上也於事無補，更何況我們的牲口都累了。薛瑞伯喇嘛如今意識到：探險與發現一樣，都很可能帶來焦慮。

第二天，我們把一頭羸弱的駱駝留在水草豐美的原野，我在一根帳棚支柱上懸掛一個空罐頭，然後寫一張搜尋駱駝的命令，萬一後面跟來的手下沒看見駱駝，看到這張字條就知道該怎麼做了。後來發生的情況是，徹諾夫和殿後的小隊繞道而行，他們既沒有看見駱駝，也沒有見到罐頭，因此我們始終不曉得這頭被遺棄的駱駝命運究竟如何。

七月二十日，我們橫越一座積雪的雄偉山脈，在一處冰河邊緣有三百頭犛牛在那裡晃來盪去，因而山坡上零星散布著牠們的身影。冰河另一邊的山谷也有七頭犛牛，狗兒對著牠們狂吠，除了其中一頭之外，其餘則四散逃竄，於是狗兒們集中火力攻擊留下來的那頭犛牛；犛牛好整以暇地把身子埋進河谷的溪流，溪水在牠身邊

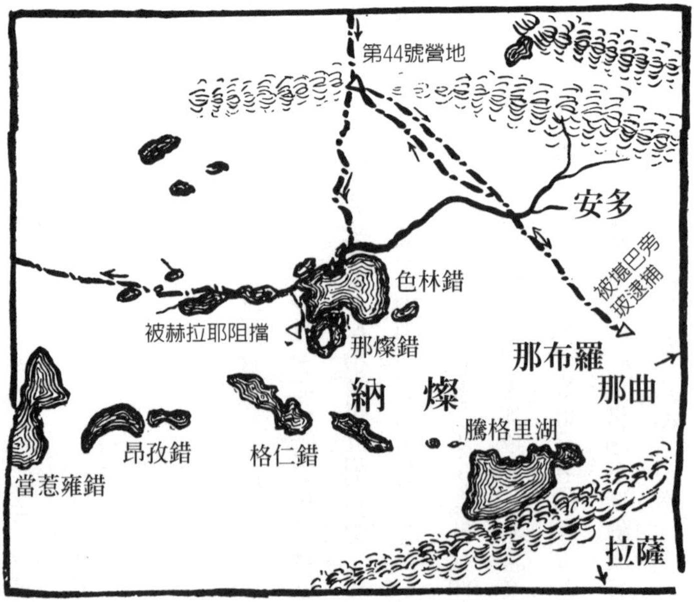


前進拉薩

潺潺流動，不知所措的小狗只能站在岸邊對牠狂吠。

在我們打算紮營的地上草木稀疏，一隻松雞動也不動地躺在草叢中，一位哥薩克騎兵開槍打牠，牠驚跳起來，但隨即落地喪命，在牠翅膀下取暖的三隻雛雞毫髮未傷地跑來跑去找尋母親；破壞這種平凡的幸福簡直是種謀殺，我爲這件事難過許久，假如我能把母雞的命還給這個不幸的松雞家庭，我情願不吃松雞大餐！因此我只好自我安慰：幸好自己不是獵人。

傾盆大雨、沼澤濕地、流沙！可恨至極！我們再度和爛泥巴山脈奮戰。這次有兩頭疲憊的駱駝落在隊伍後面，前進拉薩在馭手的領導下，其中一頭最後終於抵達營地，另一頭則在山口頂上深陷泥巴，大夥兒費盡力氣拉牠出來，均告失敗；幾個手下只好留下來陪伴牠過夜，希望等泥地結冰後可以救牠出來，可是那天晚上牠越沉越深，早晨降臨時，已經回天乏術。流沙是西藏北部最難克服的險境，不過這也是我的駱駝絕無僅有陷進流沙的一次例子。這次穿越藏北之行確實艱苦難行，是不折不扣的痛苦之旅。

在七月二十四日的行程中，我們望見遠處的河谷，那裡有一片多日來罕見的豐美水草。我們朝那片水草前進，並在草地上紮營，這是我和旅隊共處的最後一次。接下來有相當長一段時間，我必須和他們分道揚鑣。

【注釋】

❶西元一八九五～一九二五，英國政治家，曾在亞洲多處旅行，擔任過英國國會議員，內政次臣和印度總督。

❷又作Ladakh，喜馬拉雅山和喀喇崑崙山南麓的山脈區，現在仍屬於中、印未定的疆界區。

❸是新疆西北與俄國的界山，位於塔城北方。

# 第四十三章

## 喬裝朝聖客探訪拉薩

我們的新總部位於海拔一萬六千八百呎高的位置，命名為「第四十四號」（Number 44），我們將從這兒出發進行大膽的拉薩之旅。我原本計畫在這個營地休息一星期，讓牲口好好養精蓄銳，可是西爾金在不遠處發現有一個人與一匹馬的新腳印，於是我改變計畫，指示馬上離營。難道我們已經受到監視？我決定只帶薛瑞伯喇嘛和夏格杜爾隨行，這決定使徹爾東感到難受，畢竟他也是喇嘛教的虔誠信徒，然而我們的總部需要盡可能備妥防衛力量，以防西藏人的武力侵犯。

## 喬裝前往拉薩

我們妝扮成三個布里亞來的朝聖客，目標是拉薩，並且旅隊必須盡量輕裝簡從，機動性越高越好，所以我們只帶五頭騾子和四匹馬，為了這趟行程全都配上新蹄鐵；糧食方面，我們準備了白米、麵粉、烤酥麵粉、肉乾和中國茶磚。我穿的蒙古袍子顏色像牛血一樣豔紅，裡面縫製暗袋，裝著無液晴雨計（aneroid）、羅盤、懷錶、筆記本，還有我在上面繪製路線圖的一本書；我的左腳靴子裡有個裝溫度計的袋子；另外，我也帶了刮鬍子的器具、一盞燈籠、一些蠟燭和火柴、一把斧頭、蒙古鍋盆，以及十個銀碇，大部分東西都放在兩只蒙古皮箱裡。我頭上戴一頂附耳罩的中國無邊帽，頸子上戴一串念珠，計有一百〇八顆，另有一條項鍊繫著裝有釋迦牟尼佛像的小銅盒；腰間懸掛一把匕首、筷子、撥火棒等物。我們還有蒙古人親手做的毛皮和毛毯，不帶床褥，隨身帳棚則挑最小頂的，只夠遮風避雨。

出發前的最後一天晚上，我交代手下事情，西爾金受命指揮總部，並保管開啓裝銀碇箱子的鑰匙，假如我們在兩個半月之內沒有回來，他就帶著整支旅隊返回婼羌和喀什。大約二十隻大烏鴉在我們帳棚頂上盤旋，夜幕低垂，大夥兒都各自睡覺去了。

七月二十七日朝陽初升時，夏格杜爾將我喚醒，我永遠忘不了這一天——前進拉薩！不論成功與否，這趟歷險必然是無與倫比的經驗。若僥倖成功，我們將可見到聖城。歐洲人最後一次踏進拉薩已是五十四年前的事，那一次是一八四七年，法國修士約軻與嘉別在拉薩逗留了二個月。萬一失敗了，那麼我們幾個人的命運將完全任由西藏人宰割，不但會成爲階下囚，恐怕連刑期何時終了都無從得知。儘管如此，當夏格杜爾叫醒我，我還是充滿渴切之情躍身而起，迎向這次偉大的探險；不到一刻鐘，我已經搖身一變，成了一個徹頭徹尾的蒙古人。

到最後一刻，我才臨時決定讓奧迪克與我們同行一、兩天，以便在營地看管牲口，如此我們在開始通宵守夜之前可以睡個好覺。我騎的是自己的白馬，夏格杜爾則騎他的黃馬，薛瑞伯喇嘛騎一頭體型迷你的騾子，奧迪克在其他馬匹中挑選一匹當座騎。小狗默蘭基、尤巴斯和我們一同前往；尤巴斯曾經被一頭野豬戳傷過，牠是狗群中個頭最大、性格最粗野的一隻。

當一切就緒，我們都已端坐在馬鞍上那刻，我問薛瑞伯喇嘛是否希望留在總部。

「不要，絕對不要！」他堅決回答。

接著我們向旅隊同伴道別，留下來的隊友都認爲他們再也見不到我們了；西爾金把頭轉開流淚，這雖然是很嚴肅的一刻，可是我堅信神會保佑我，因此內心仍然平靜鎮定。

我們迅速走下河谷，看得出來最近溪畔有獵人紮過營，一頭犛牛的骨架尙留在地上，還有一頭熊四處翻找食物的痕跡。我們向東南方繼續前進，當天晚上在一處露天的泉水旁搭棚，牲口也都被放開吃草，由奧迪克在一旁看管。我們很感激明月照亮了寂靜的荒野，不過每個人早早就縮進了狹小的帳棚睡覺。

第二天我們騎行二十四哩路，走過相當平坦的地表，直來到兩座小湖邊才歇息。這兩座湖一個是鹹水湖，另一個是淡水湖，我們的帳棚就搭在在兩座湖之間一條狹窄的空地上。夜色很美，大夥兒坐在露天的營火前。我欣然享受夏格杜爾和薛瑞伯喇嘛的服務，夏格杜爾爲我剃光頭髮和鬍髭，那時，我的頭看起來就像一顆彈珠（billiard-ball）般光滑；薛瑞伯喇嘛用混合油脂、煤灰、褐色染料的膏油塗抹在我身上，當我對著唯一的鏡子——擦亮的懷錶殼端詳自己的模樣時，差點沒被嚇得魂飛魄散。我們的士氣非常高昂，個個像男學生一樣開懷大笑和瞎扯淡。

大家在營火邊吃完飯喝過茶，各自回帳棚就寢，牲口在兩百步外的地方吃草，奧迪克在一旁看守。夜裡颳起一場風暴，約莫半夜時分，奧迪克把頭伸進帳棚來說：「有人來了。」我們拿起所有的武器（兩把步槍和一把左輪手槍）衝出去，風雨呼嘯，月亮在黯淡的浮雲間灑下蒼白的光芒，我們看見西南方的小山坡上有兩個策馬狂奔的騎士，正驅趕著前面兩匹未上轡轡的馬兒，夏格杜爾向他們開了幾槍，但見他們慢慢消失在漆黑的夜色中。

強盜來襲偷走了我們最好的兩匹馬

現在該怎麼辦？我們先點數牲口，數量只剩下七頭，我的白馬和夏格杜爾的黃馬都失蹤了。從腳印判斷，應是其中一個偷馬賊先摸上最外側的馬匹，受到驚嚇的馬匹急往湖岸跑下來，正好被守候在那裡的兩個西藏騎士攔住；這些人像野狼一樣埋伏在我們附近，適時而至的暴風雨又助了他們一臂之力。我對他們偷偷摸摸的突擊十分憤怒，直接反應是不計日夜追蹤他們。可是我們能留下營地和其餘的牲口不顧嗎？也許現在正有一整批強盜包圍著我們也說不定。大夥兒生起火堆，點燃菸斗，坐下來商討直到翌日黎明，如今和平寧靜的氣氛已經消失，我們的手都放在匕首上隨時保持警覺。太陽升起，我們發現奧迪克在流眼淚，因爲他今天要獨自返回總部。我從筆記本上撕下一頁，在紙上命令西爾金務必加強戒備。

後來我們才知道，奧迪克抵達總部時幾乎已呈垂死狀態，他一路上如同貓兒似的緊貼著低地和河床潛行，每個陰影都像強盜，碰到兩頭野驢也以爲是有敵意的騎士，當他好不容易抵達營地，還差點被守衛開槍擊中。留營的其他成員聽說我們才上路兩天就遭強盜襲擊，內心的恐懼隨之升高，他們一致相信我們絕對無法活著回去。

## 輪班守夜

我們繼續向東南方行進，孤單的奧迪克幫我們裝載好行李之後便消失了。在一片平原上，我們遇到一大群犛牛，這是馴養的犛牛嗎？不是，牠們全逃走了。我們在空曠的台地上搭起帳棚，我撿了一些犛牛糞充當燃料。從這一刻起，我們不可以再說任何俄語，只能以蒙古話交談；我命令夏格杜爾扮演首領的角色，我則擔任他的僕人，只要有西藏人在場，他對待我的態度必須像主人吆喝僕從一般。

我睡到晚上八點鐘才醒來。夏格杜爾和薛瑞伯喇嘛把七頭牲口趕到帳棚邊，兩人神情顯得格外嚴肅，因爲他們發現三個把風的西藏人，便立刻將牲口牽過來，拴在帳棚下風處，並且敞開帳棚的入口以便監督。尤巴斯綁在牲口旁邊，默蘭基則拴在營帳的上風處。夜裡大夥兒分三班守夜，我守第一班九點到十二點，夏格杜爾守第二班午夜到凌晨三點，三點過後則由薛瑞伯看守到早晨六點鐘。

我醒來讓兩名同伴去休息睡覺，我站在外面守夜，巡邏範圍從尤巴斯到默蘭基，我在兩隻狗中間走來走去，有時停下來和牠們玩一玩，有時撫摸累壞了的馬匹和騾子。九點半鐘，猛烈的風暴大作，天上烏雲黑得像煤炭，雷電交加，頃刻間大雨霹哩啪啦落下；我躲在帳棚的入口處，大雨打在帆布上，細細的雨絲穿透帆布落入帳內。我點燃菸斗和燈籠裡的蠟燭，拿出揣在懷裡的筆記本，同時每隔十分鐘便起身到兩隻狗之間巡邏一番。大雨單調地拍打著大地，從牲口的鬃毛、尾巴和馱鞍上成串落下的水柱，也從我的皮外套上滴答淌落，中國式無邊帽彷彿膠水一般黏在我的光頭上。

我聽到遠處傳來一聲哀鳴，趕緊衝了出去，我心想：「噢，不過是尤巴斯罷了，牠一定在抗議大雨下個不停。」我的眼皮越來越沉重，一記轟隆雷聲頓時驚醒了我，狗兒正在咆哮，我又走了出去，腳下的泥濘發出啪啦和滋滋的聲響，這幾個小時好像永遠過不完似的，我的輪值任務何時休止？好不容易午夜總算到了，正當我要去叫醒夏格杜爾之際，兩隻狗突然憤怒地狂吠起來，薛瑞伯喇嘛驚醒衝出帳棚，我們三個人即刻抓起武器溜到下風處，此時隱約可聽見躂躂的馬蹄聲，顯然附近有騎馬的人，我們朝著他們的方向趕過去，可是他們已消失，一切再度恢復平靜。大雨仍霹哩啪啦擊打著地面，我和著一身濕衣服躺下，有一會兒，還聽見夏格杜爾踩著水走路的腳步聲，接著便沉入夢鄉。

天亮時我們拔營離去，翻越一條山口的頂峰，進入被人馬踩平的路徑，這裡留有許多營地的舊痕跡，然而不見任何人。這天，我們在兩座小湖間的狹地上紮營，帳棚一搭建好，另外兩個人立刻倒頭大睡。晚上我們用老方法拴住牲口，九點一到又輪到我守夜，無情的雨下了一整夜；一頭騾子掙脫開繩子，小碎步跑向草地，我跟上前去，至少牠能

在傾盆大雨中騎馬前進

讓我保持清醒。牠多次試圖脫逃無效後，我終於拉住了牠的韁繩，將牠牽回營地拴牢。

七月三十一日，我們在滂沱大雨中出發，雨水使我們和牲口濕得徹底，我們身上的水珠滴落地上，與其他雨水匯集成一條條小河。我們跟著一大隊犛牛旅隊的腳印翻過五個小山口，犛牛旅隊在路旁紮營，薛瑞伯喇嘛上前與他們攀談，得知這批旅人是從青海塔爾寺來的唐古特人，正要前往拉薩，他們也向薛瑞伯喇嘛打聽我們的身分和目標。在此同時，我們的狗已開始和他們的狗打起架來了；我眞同情那些和尤巴斯扭打成一團的狗。

## 薛瑞伯喇嘛

再往前走一點，我們在一座峽谷裡搭建營地，地點很靠近一頂西藏帳棚，住在裡面的是一個年輕人和兩名婦女。不久，主人回來了，我們邀請他到我們的帳棚，他抱來滿滿一落犛牛糞，還有一只盛裝奶水的木頭容器；他的名字叫贊珀（Sampo Singi），而這地方則叫貢吉瑪（Gomjima）。贊珀又黑又髒，留著長長的頭髮，沒有戴帽子，也沒有穿長褲，一到我們營地就一屁股坐在帳棚外的濕地上；他吸著薛瑞伯遞上的鼻煙，打了近百次的噴嚏，他問我們難道習慣在鼻煙裡放胡椒粉？贊珀覺得我們很不錯，不辭路遠前去拉薩朝聖。這時，我們離拉薩還有八天路程。

忽然間，夏格杜爾對我咆哮，叫我去把牲口騎過來，我立刻遵命照辦。太陽西沉，月亮悄悄地露臉，不過到晚上又開始下起大雨。我覺得混在游牧民族間讓我感覺相當安全。

第二天，贊珀和一位女眷送來羊脂、酸奶、鮮奶、乳酪粉、鮮奶油和一隻綿羊，他不肯收錢，我們於是送給他一塊藍色的中國絲綢，那名女眷見到這塊絲綢簡直樂歪了。贊珀用手掐死綿羊，然後在羊的鼻子上纏繞一塊布，把大拇指和食指插進綿羊的鼻孔，接著才下手宰割，我們讓他保留羊皮。之後，我們向這些友善的游牧民族辭行，躍身上馬繼續旅程。

一上路天就開始下雨，雨水像瀑布似的從天而降，我們好像騎馬穿過密密麻麻的玻璃板，在雲霧繚繞之間，隱約可見一片廣大的水體，一開始大家都認爲是一座湖泊，等騎到岸邊，才發現那是一條巨大的河流，顏色灰黃的河水夾雜泥土更顯渾濁。翻騰的河水發出空洞而窒悶的怒吼，向西南方滔滔奔流而去，我恍然大悟這是邦伐洛特和羅克希爾（William Woodville Rockhill）❶曾經穿渡的扎加藏布江（Sachu-tsangpo）。我們佇立河右岸遙遙望不到對岸，通往拉薩的路將我們帶到河的右岸，但是渡河的灘頭在哪兒？我還來不及說什麼，薛瑞伯喇嘛已經率先走進河水，他領著馱運行李的騾子過河，夏格杜爾和我尾隨在後。

走到河中央，我們在一片沙岸上停留了一分鐘，這裡的水大約一呎深，我們站在原地左顧右盼，此時此刻河流兩岸都看不見了。滾滾河水在我們周遭嘶嘶價響，水流量很大，由於最近雨勢不斷，河水上升飛快，如果我們停留過久，可能會發生進退不得的危險。薛瑞伯喇

在滂沱的雨勢中橫渡大河

嘛直往前走，當水位升到小騾子的尾巴根時，情勢開始看起來有點不妙，這時有一頭馱載行李的騾子不慎滑倒，兩口綁在牠背上的蒙古皮箱適時發揮木塞靠墊的作用，讓騾子浮在水面上，激流急速沖刷這頭騾子，我心想牠大概沒命了，洶湧的河水裡只看得見牠的頭部和箱子邊緣；然而騾子竟游起泳來，過了一會兒牠又碰到地面，將自己的姿勢矯正過來，並且蹣跚地爬上河左岸。

薛瑞伯喇嘛獨自騎馬過河，河水越來越深，我們沒命地叫喊他，可是薛瑞伯喇嘛仍舊毫無懼色，勇敢地向對岸前進。雨水霹哩啪啦打在河面上，眼簾所及都是水，我騎馬最後一個涉水，並且遠遠落在隊伍後面。我曾見另外兩個人和騾子在河水中載浮載沉，沒多久，即看到同伴們陸續安全登上左岸，我用腳跟踢著馬肚腹，可是巧的是我們涉水的地點在灘頭下方一點，現在越沉越深，當河水湧進靴子裡時，我開始覺得頭暈目眩，水快速漫過我的膝蓋和馬鞍，我鬆開腰帶、扯下皮外套，薛瑞伯喇嘛和夏格杜爾站在岸上大吼大叫，並指指點點，可是河水的怒吼聲實在太吵了，我什麼也聽不見。現在河水淹到我的腰際，除了馬頭和馬頭之外，別的東西全淹沒在水中，我準備從馬鞍上跳下來，讓馬兒自行求生，就在千鈞一髮之際馬兒開始游泳了，我被迫抓住牠的鬃毛，馬兒被激流帶著走，差點被水嗆住，幸好馬兒及時踩到地面，載著我慢慢爬上岸去。我從來沒有在亞洲碰過比這次更危險的渡河經驗，我們沒有淹死眞是奇蹟，因爲夏格杜爾和薛瑞伯喇嘛都是旱鴨子。

走在滂沱大雨中，我們這支小旅隊看起來既可笑又可悲，一直在前面領隊的薛瑞伯喇嘛全然無視於河流的存在，繼續往前邁進；我拔下靴子倒出積水，然後將它們掛在馬鞍後面晾乾。雨勢仍然很大，每樣東西都濕透了，兩只皮箱甚至滲出小河似的水。

我們那可敬可佩的喇嘛終於停下腳步，原來是一處有犛牛糞的平地。我們把牛糞最濕的外層刮除之後，費了好大的勁終於點燃火苗，等火燒旺了，我顧不得雨絲滋滋地打在火燄上，便開始逐一脫掉身上的蒙古衣服，想把水擰乾。這時候，如果有任何的西藏人路過，肯定會對我白皙的身體目瞪口呆。

載運茶葉的龐大旅隊

夜色低垂，雨聲和夜晚特有的神秘聲音交織著；腳步聲、馬蹄聲、講話聲、喊叫聲和步槍發射的聲音，聲聲入耳。半夜十二點整，我叫醒夏格杜爾值勤守夜，自己則溜進帳棚，和著仍然潮濕的衣服倒頭呼呼大睡。我已累到極點，累到迫切希望被人逮捕，這樣就能永眠不起了。

## 雨過天晴

八月二日，天終於放晴了。我們開始進入有人居住的地區，經過兩處游牧民族的帳棚，看得見豢養的綿羊和犛牛，還遇見一支三百頭犛牛的大型商旅，這些犛牛馱載茶磚正要前往知名的札什倫布寺，馭手們將營火生在路旁，當我們路過時許多人圍攏上來，問了好多問題；有個老人指著我說：「白人」。我們所在的地區叫安多默珠（Amdo-mochu）。

我們一直走到一處有泉水的原野，將衣服攤在夕陽下晾乾，孰料忽然又下起冰雹和疾雨，我們趕緊把所有東西收進帳棚；隆隆的雷聲中透著鈴噹似的聲音，詭異的氛圍令我思念起教堂的鐘聲。

第二天早上，我徹底地休息一番，到早上九點鐘才被兩位同伴叫醒，他們要我看看運茶的商隊，那情景實在很逗趣：所有的人徒步走路，肩上扛著步槍，看起來如同強盜一樣，人人黝黑得像是犛牛；他們吹口哨、喊叫、唱歌，花樣百出。

我們在原地逗留了一天，好讓東西晾乾，我用溫暖、乾燥的沙子填滿靴子，藉此除去靴子裡的濕氣。大夥兒趁牲口吃草的當兒輪流睡覺。這天晚上天氣清朗，月兒高掛空中，星辰也閃爍著光芒。

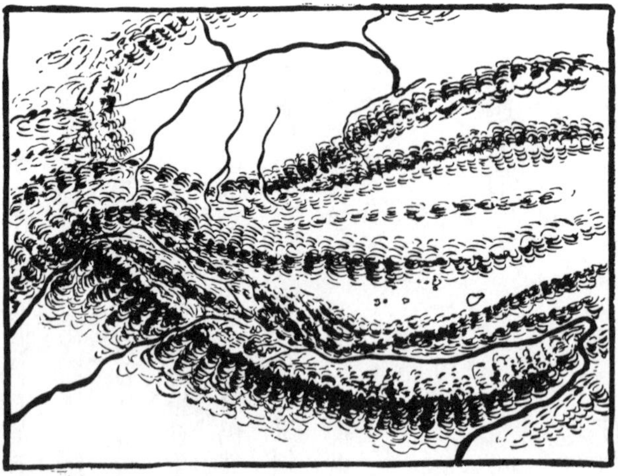

西藏山脈系統示意圖

八月四日，我們踏上前往拉薩的主要道路，一路上不時經過游牧民族的帳棚和牲口，遇到許多大型的商旅。我們也經過神聖的石堆標記「嘛呢堆」(mani，聖牆的意思)。我們停隊過夜，有一個年輕的西藏人特地跑過來看我們。

八月五日我們騎了二十．五哩路，經過帳棚與牲口成群的黑湖（Tso-nek），最後來到一片已搭建十二頂帳棚的平原，我們在此地建立第五十三號營地（Camp No. 53），從旅隊總部到這裡的距離一共是一百六十二哩。

【注釋】

❶西元一八五四～一九一四，美國外交官，出使過北京，兩度前往蒙古和西藏探險。

# 第四十四章

## 淪爲階下囚

黃昏時分，三個西藏人朝我們的帳棚走來，薛瑞伯喇嘛和夏格杜爾出去迎接他們，雙方談了很久的時間，等我的兩位同伴回來時，天色已經完全漆黑。其中有位西藏人用很權威的口吻告訴他們，三天前從北方來了個獵犛牛的獵人，他特地前往通風報信，說他看見一支陣容龐大無比的旅隊正往拉薩行來。

「你和他們一夥兒的嗎？」這個人問薛瑞伯：「說實話，別忘了你是個喇嘛。」

薛瑞伯喇嘛一聽不禁打起寒顫，他實話實說，但沒有提到我；不過夏格杜爾卻堅稱那個官僚十足的西藏人講了好幾次「瑞典白人」，也許是鐵木里克或婼羌來的朝聖客打聽到了我的國籍。可是我相信他們對瑞典一無所知，如同一般人對於中國、英國、印度、俄國一樣，只有模糊的概念。夏格杜爾認爲薛瑞伯喇嘛背叛了我們，相反的，我並沒有這樣的疑心，即使那是眞的，此刻我也已經遺忘而且原諒他了。那位西藏人最後還說：「你們在這裡待到明天。」

當天夜裡我們陷入長時間思考，不知道自己的命運將如何演變；在這同時，西藏人在我們帳棚四周不遠處點燃守望的營火，徹夜未熄。

## 淪爲階下囚

天亮後不久，三個西藏人來到我們的帳棚，我一直都戴著藍色的蒙古眼鏡，新來的人要求看我的眼珠子，當他們發現我的眼珠子顏色和他們一樣深時，感到非常驚訝；他們又要求看我們的武器，我們也很大方讓他們檢查，隨後就走回他們的馬匹站立的地方。

西藏騎士朝我們直衝過來

過了一會兒，一個白髮喇嘛和另外三個人前來拜訪，白髮喇嘛詢問幾個關於我們總部的問題，並告訴我們信差已經奉命去稟報那曲總督堪巴旁玻（Kamba Bombo），在總督下達指示以前，我們將成爲階下囚。

接下來的發展，都不在我們可預期的範圍內。五十三名騎士聚集在離我們幾百碼外的一處營地，他們穿著紅色、黑色或灰色的長袍，頭戴白色的高帽子或纏著紅色布巾，配備長矛、戟、劍和毛瑟槍等武器，另有一些裝飾用的帶子迎風飄揚。他們翻身下馬，全然不顧大雨便在營火邊開會商量事情，接著躍上馬鞍，其中七人騎馬往東走，他們走的是那條通到那曲的道路。另外兩個走南邊的主要道路，這是往拉薩的路線；至於其他人則策馬，筆直朝我們的帳棚急馳而來，同時嘴裡喊著戰爭時殺伐的嘶吼聲，手上的長劍與毛瑟槍高舉過頭。薛瑞伯喇嘛相信我們的末日已到。我們站在帳棚前面，手指頭扣在板機上。這群西藏騎士以大雪崩塌般的氣勢衝過來，馬蹄在潮濕的地面濺起水花，已經逼近到最前面的馬匹踢濺的水花可以噴上我們三個人的身體，忽然他們分成兩支小隊，然後沿著兩道圓滑的大弧線調頭退回起點。

他們重複兩次這種戰術演練，隨即翻身下馬開槍射擊某個目標，他們這麼做分明是要讓我們心生畏懼。最後他們策馬往西北方遠去，我開始懷疑他們是否大膽到會去攻擊我們的總部。

這一整天新來的訪客絡繹不絕，他們送給我們一些小禮物，像是油脂、鮮奶、酸奶等，我們要付錢，卻遭到客人拒絕。有一陣子，外面嘩啦啦下起雨來，正好我們的帳棚裡來了四個訪客，大家坐在帳棚裡面擠得像沙丁魚似的，很快地，雨水匯集成一條水流竄進帳棚來，我把他們請出去，然候在帳棚四周挖掘一條溝渠。夜裡數了一下，發現我們周遭共有三十七處營火，火光透過雨絲忽隱忽現。

第二天又來了新間諜，其中一位送給我們一堆犛牛糞和一個風箱，他告訴我們到拉薩的路程要走五天，不過快馬信差可以在一天內抵達；我們所在的這個區域稱為雅洛克（Yallok）。也許是怕我們逃跑，這些人把我們的七頭牲口全都帶走了。不論朝哪一個方向看，都可以看見騎馬的漢子，有些獨自成行，有些則編成小隊。有時整個營區會擠滿武裝的騎士，彷彿在動員人力似的；相對於這支精銳武力，我方只有勢單力薄的三個人，而且還在偉大的探險途中淪爲階下囚。

八月八日早晨，有五個人送來一隻綿羊，同時有消息傳來，總督堪巴旁玻要親自來看我們，現在人已經在路上。薛瑞伯喇嘛很害怕總督會認出他的身分。過去曾有一個喇嘛因爲怠忽職守，而被懲罰以匍匐之姿從烏蘭巴托爬行到拉薩，換句話說，他必須用自己的身長丈量兩地之間的距離，這項懲罰整整花了他六年的時間。薛瑞伯喇嘛認定他也會遭到類似的處罰。我們被軟禁在這處帳棚牢營裡，一但走出五十步範圍，就會有間諜走上前來監視，其中一個叫班努爾蘇（Ben Nursu）的似乎是間諜首領，他的帳棚離我們很近，經常和我們一坐就是幾個小時，連飯也和我們一起吃。

下午，七個西藏人和我們一起圍坐在露天的營火前，東方忽然有一支馬隊朝我們急馳而來，原來是堪巴旁玻的通譯，不過蒙古話卻講得比我還差，除了這點，倒不失爲一個正人君子。他詳細地盤問我們，最有興趣的話題竟是我們的總部，顯然，他們是誤以爲俄國人發動數千名哥薩克騎兵前來侵略西藏。這名通譯並且告訴我們，達賴喇嘛每天都收到關於我們的報告。我嚴厲地質問他，爲何如此大膽，竟敢拘留俄國沙皇轄下布里亞省來的虔誠朝聖客？我說：「你們的子民晚上偷走我們的馬匹，又對於完全無害的我們，視同強盜來對待。」通譯看來若有所思，但仍然回答：通往拉薩的路對任何人一律封閉，必須擁有恰當的護照才准放行。

## 情勢有了轉折

到了第九天的早上，情況開始峰迴路轉，整個平原上擠滿了騎士與馱獸，不遠處甚至憑空冒出幾座帳棚村。難道如此大費周章只為了我們三個窘迫的朝聖客！有一頂大帳棚是白色綴飾藍帶子，唯有首領級人物才有資格住這種帳棚。

通譯在一小隊騎士的陪伴下來到我們的帳棚，他表示堪巴旁玻已經抵達，正在恭迎我們前往赴宴。一切事情全安排妥妥當當的，我們每個人都收到一條白色的薄紗「哈達」（haddik）❶，這是表達歡迎的象徵。此外，他們還饋贈一些食品，包括一整隻綿羊。

我態度強硬地回絕：「懂禮節的人在邀請客人前去之前，總會先行登門拜訪他的客人。假如堪巴旁玻對我們有所求，請他先大駕光臨。我們沒有什麼好隱瞞的，只想知道往拉薩的路是否能對我們開放，如果不能，堪巴旁玻必須自己承擔後果。」

通譯苦惱極了，整整兩個小時，他就坐在那裡懇求我們去參加宴席。

「如果你不去，我一定會被開除。」他苦苦哀求。

即便人已經上了馬鞍，通譯仍然不死心地想說服我們，最後還是悵然馳馬離去。

又過了兩個小時，總數六十七名的騎士從新建的帳棚村策馬衝出來，他們身穿深藍色和暗紅色的衣服，劍鞘上鑲著白銀、珊瑚、土耳其玉，頸上掛著的佛祖像小盒、念珠，以及玎琮作響的銀飾品都甩到了身側；這一切構成了一幅相當壯觀的景致。堪巴旁玻騎在隊伍中央一頭乳白色牝騾上，他的個子矮小，膚色蒼白，年齡約莫四十歲，一雙眼睛不時惡作劇似的眨動；他穿著一襲紅長袍，裡面是鼬鼠皮袖子的黃色絲袍，上面罩了件紅短襖，足蹬綠絲絨靴子，頭戴藍色的中國無邊帽。

堪巴旁玻在我的帳棚前躍下騾子，接著僕役在地上攤開一張地毯，並在毯子上放了幾個坐墊，堪巴旁玻和另一個高級官員南瑣喇嘛（Nanso Lama）雙雙坐在坐墊上。

我邀請這兩位紳士進入我的帳棚，裡面已經備好兩個以麵粉袋墊高的位子。

儘管我們試圖欺瞞他，也不理會人落在他手上，仍無禮地回拒他的邀宴，堪巴旁玻仍舊很客氣而且仁慈；他重新審問這幾天來我多次

由六十七名騎士陪伴的堪巴旁玻

被詢問的事情，在旁書記則一字不漏記下我回答的內容。我要求他准許我繼續前進，讓我看看聖城，看過聖城我就會返回總部，堪巴旁玻把手伸向脖子，作殺頭狀的動作說：

「不行，你們不許再往拉薩靠近一步，否則你們的人頭——和我自己的頭都會被砍掉，我只是盡我的職責罷了，達賴喇嘛每天都對我下命令。」

他毫不退讓，絲毫沒有轉圜的餘地，不過他的脾氣也完全沒有失控，才一轉眼又恢復莊重、愉快的模樣。我們提到兩匹馬被偷走的事，他笑笑說：「我另外送兩匹給你們，當你們回總部時，我的手下會護送你們到我的轄地邊境，到時候也會有人奉上糧食、綿羊和你需要的一切東西。你只管開口就是了，可是絕對不許往南方再走一步。」

在那個年代，歐洲人根本不可能旅行到拉薩，連普哲瓦爾斯基、邦伐洛特、杜垂爾迪罕、羅克希爾、李陀戴爾等人都遭到相同阻力，終至徒勞而返。兩年之後，寇仁勳爵派遣他的印英聯軍前往拉薩，以武力打開通往聖城的南方道路，造成四千名西藏人在此役中喪生，這是一場所謂的戰爭；然而西藏人唯一的要求不過是和平獨立、與世無爭。當堪巴旁玻的手下以計謀將我們困住，他們採用的強硬手段也不涉及暴力；西藏人不必讓雙手染血就能有效達成他們的願望，甚至非常週到地對待我們。對我而言，能夠盡可能走到探險目標的極限，直到非不得已才停止，這已經讓我很滿意了。最後堪巴旁玻騎馬回到自己的帳棚，我告訴他我計畫翌日便出發返回總部。

第二天早晨，我獨自騎馬拜訪堪巴旁玻，這引起夏格杜爾和薛瑞伯喇嘛一陣驚慌，只是還沒騎到一半路程，突地湧出二十名騎士騎馬把我包圍住，要求我下馬。等了一會兒，堪巴旁玻和扈從出現了，地毯和坐墊如常鋪設妥當，我們坐下來談一些不算敏感的事情。我開玩笑問他，如果只有他和我兩個人一起騎馬到拉薩會怎樣？他笑著搖搖頭說，假如達賴喇嘛允許，那麼伴隨我前去拉薩將是件賞心樂事。

「這樣吧，我們派遣一個信差去見達賴喇嘛，我願意再等兩天。」

「不行，」他很堅決地回答：「我應該一開始就拒絕回答這樣的問題。」

堪巴旁玻的眼睛瞇成一條細縫，指著我說：「薩希布」（Sahib）❷！

我反問他，如果我是印度來的英國人怎麼可能從北邊來，而且是由俄國人和布里亞區的哥薩克騎兵隨侍？我還向他解釋瑞典的位置在哪裡。

此時有人牽來兩匹馬補償我們失竊的馬匹，這兩匹馬看來萎靡不振；我說我不要，於是他們又牽來兩匹完美無暇的駿馬，這次我表示十分滿意。

接著我問堪巴旁玻爲什麼要如此愼重其事，帶領多達六十七個騎士，畢竟我們只有三個人，錯了，現在我是獨自一人，難不成他怕我嗎？

堪巴旁玻說：「不是，絕非如此，那是因爲我得到拉薩的指示，命令我必須以國賓之禮款待你。」

我們再度坐上座騎，堪巴旁玻和他的隨從陪伴我走到我的帳棚前。西藏人檢查我們的武器，並介紹即將伴隨我們出境的護衛，這支護衛隊包括兩名士官和十四個士兵，還有六人負責打理西藏官兵的行李；他們自己帶了十隻綿羊，堪巴旁玻額外送給我們六隻綿羊，還有油脂、麵粉、奶水等物。我們就此互道珍重，這時我們已經成了好朋友❸。

## 被「押解」回總部

我們的隊伍看起來像是在移交囚犯，夏格杜爾、薛瑞伯喇嘛和我三人的兩側、前後，都被騎馬的西藏人團團包圍，即使晚上紮營，他們也在我們的帳棚兩側各搭起一座極靠近的帳棚，並且維持警戒，因此我們整夜都睡得很好，全然無需擔心牲口的安危。西藏人很害怕尤巴斯，因此我們一直拴住牠；護送隊伍裡有兩個喇嘛，他們不時轉動祈禱法輪，嘴裡喃喃念著「嗡嘛呢叭彌哞！」

一頭熊正在刨掘土撥鼠的洞穴

白天的行程分成兩個階段，中間停下來喝茶。西藏人用配劍從地上砍下三塊泥塊，架起一個三角形支架，剛好可將鍋子放在上面生火烹煮；他們的午餐包括烤羊肉、糌粑和熱茶。西藏騎士外表相當英俊，頭上纏著辮子和紅色頭巾，他們的右臂和右肩赤裸，毛皮外套准許搭在肩上並半垂在背後；所有的馬匹一律佩戴鈴鐺頸環，一走動即發出清脆的叮噹聲，使得整座山谷洋溢著歡樂氣氛。

扎加藏布江現在的水位已經大幅下降，我們騎馬涉過河水，護衛隊在此向我們道別，我們又恢復獨行。護衛隊離開之後，我們忽然覺得孤單，夜裡又開始輪流守衛。有一回，默蘭基站在路旁的小土坡上狺吠，我騎馬過去查看究竟，發現一頭熊正在挖掘一個土撥鼠的洞穴，牠很專心地埋頭刨土，直到我相當接近了才察覺；牠盡速離開洞穴想偷偷溜走，兩隻小狗立刻追了上去，這頭熊並不退縮，兩方像玩

拉薩與通往印度的路線

樂似的纏鬥一番，直到雙方都累了才罷休。

八月二十日，我們只差幾哩便可抵達總部，自峽谷中傳來幾響步槍的聲音，那是西爾金和涂厄都出來爲旅隊獵捕獸肉，一見到我們無不興奮地流下眼淚。

我們騎馬回到營地，一切平安無事，徹諾夫已經帶領押後隊伍抵達，結果我們總共只損失了兩頭駱駝與兩匹馬。對我而言，好像又回到了文明社會；我用旅隊的水桶洗了個熱水澡，由於我已經二十五天沒有洗過澡，所以換了好幾次水才總算是洗乾淨了。接著我穿上一身乾淨的衣服躺在自己潔淨舒適的床上；帳棚外手下彈奏起三弦琴、長笛、廟鐘、我的音樂盒和兩隻臨時湊成的鼓，儼然一場音樂會已經開始。雖然我們沒有眞的抵達拉薩，可是卻品嚐到偉大探險令人陶醉的況味，這是以前從來沒有經歷過的。

【注釋】

❶又作khata，絲絹做成的長布條，是藏人與蒙古人用來表達歡迎的見面禮。

❷北印度語，意指主人，是殖民地時代印度人對英國人或其他歐洲人的敬稱。

❸原書注：英印聯軍攻打拉薩時，擔任路透社特派記者的甘德樂（Edmund Candler）在其著作《揭開拉薩的面紗》（*The Unveiling of Lhasa*）裡提及，一九〇四年五月初，一小支英國軍隊遭到西藏人突擊，率領這一千名西藏官兵的指揮官正是三年前在那曲附近攔截我的堪巴旁玻。經過十分鐘的激烈槍戰之後，西藏人被迫撤退，這次戰役造成一百四十名西藏人喪命，英軍則損失五人。我的朋友堪巴旁玻很可能就在這次戰役中犧牲了。誠如我們相見的那種場合，他也是在爲國家盡他的職責罷了。一九〇一年的那次際遇，我並沒有生他的氣，後來一九〇四年發生的事件，更讓我尊敬與懷念這位君子。

# 第四十五章

## 被武裝軍隊攔阻

現在我的計畫是設法穿越西藏，抵達印度，因此我決定帶領整支旅隊向南方推進，唯有遭遇無法抵抗的障礙，才會調頭轉往西邊，朝拉達克山脈前進；中途取道喀什米爾和喜馬拉雅山，最後抵達恆河畔較溫暖的區域。

這是一趟極爲艱辛的旅程，必須翻越許多高海拔的山口，通過未曾經歷、危險萬分的流沙地帶。途中，有好幾匹馬相繼不支倒斃；從克里雅來的隊員卡爾培特（Kalpet）也病倒了，必須騎馬跟著隊伍走。這個地區獵物相當豐富，哥薩克騎兵因此能爲我們提供源源不絕的肉類。有一次，他們射殺一頭野山羊和一頭羚羊，並讓牠們在寒冷的野地上凍成石頭似的冰塊，結冰的兩頭羊依然保持奔逃的姿勢，看起來栩栩如生。還有一次，七隻狗聯手追趕一隻可憐的野兔，最後被尤達西捉住，豈料半路闖出了尤巴斯，一口就把野兔吃掉了。

我們知道旅隊遲早會被攔阻下來，只是它發生得太快了。九月一日，亦即我們才上路一個星期就遇到了游牧民族；當時我們攀上一處山口，往南方的平原

一群「果亞」（Goa）瞪羚

俯瞰，可以見到馬匹星星點點散布著，還有好幾千頭綿羊在吃草。夏格杜爾和薛瑞伯喇嘛騎馬到一頂帳棚去買鮮奶和油脂，可是住在那裡的西藏人卻表明禁止賣給我們任何東西，夏格杜爾勃然大怒，把西藏人嚇壞了，只好悉數賣給我們所需要的東西。隨後夏格杜爾帶了三個西藏人到旅隊營地來，大夥兒拿出熱茶和麵包款待客人，等到我們讓他們離去時，只見他們匆匆忙忙回到馬鞍上，好像有惡鬼在後面追趕似的策馬急奔。

## 全面性攔截

九月三日，六名武裝騎士突然出現在旅隊左手邊，另有七名騎到我們右手邊，並且都保持相當的距離；這些騎士清一色戴著一頂白色的高帽子。沿路有很多帳棚，我們從路上往帳棚裡探看，瞧見這裡的婦女把頭髮紮成小辮子，垂在背上的辮尾均綁著紅色絲帶和珊瑚、土耳其玉、銀幣等飾物。

我們再度來到扎加藏布江，只是離上次渡河地點更臨近下游，這裡的河水匯聚成一條很深的渠道，西藏人坐在岸邊，打算看一場免費表演，當我們把折疊船組合起來並推下水時，每個人全都面無表情呆呆凝視著。待紮營完畢，一位首領帶領手下趨前表示：

「我們奉命阻止你們繼續南行。」

「好啊，你阻止吧。」

「我們已經派遣信差到拉薩了，如果你繼續往拉薩走，我們都要被砍頭的。」

「你們活該。」

「所有的游牧民族都奉命禁止出售任何東西給你們。」

「我們只拿自己所需的東西，而且我們有武器。」

我帶著奧迪克乘船往下游航行了兩天，抵達扎加藏布江匯入色林錯（Selling-tso）❶的地點，西藏人在岸上跟著我們走，偶爾發出狂野的吼叫聲。我們在河口附近和旅隊會合開始紮營，哥薩克騎兵逼迫一些人賣給我們四隻綿羊。

我們繼續沿著湖岸前進，九月七日，共有六十三名騎士亦步亦趨地跟著我們。接下來幾天，我們轉由色林錯西岸挺進，愈走愈接近一座淡水湖北岸。緊跟著我們的西藏人越聚越多，看來一些部落又開始總動員了，每天總有一位首領會前來央求我們調頭改走拉達克方向，或是靜候拉薩下達命令，但是我們不容許自己心有旁騖，我亟欲把這兩座湖的地圖畫出來，心裡必須平靜地評估整個情勢。

這座淡水湖叫納燦錯（Naktsong-tso），景色優美，沿岸有陡峭的岩石，還有湖灣與小島，湖水湛藍，清澈如水晶。

卡爾培特的病情更加惡化了，可憐的他倚在駱駝背上搖晃前進，我們不時得停下來照料他。有一次，大家在湖東岸的一處帳棚村附近停下來時，他要求喝一杯水，再一次旅隊停歇時，他已嚥下最後一口氣。那天晚上我們將他的屍體放在一頂帳棚內，回教徒爲他徹夜守靈。第二天，大夥兒爲卡爾培特舉行葬禮，穆拉在墳前講述死者的行誼與忠誠，其他的人則不斷爲死者祝禱；我們在他墳上豎立一個刻有銘文的黑色十字，他的帳棚、衣物、靴子全部燒掉。葬禮中，西藏人隔著一段距離觀察我們，對於我們竟然爲一個死人費那麼大的工夫，讓他們感到不可思議，他們說：「把屍體丟給野狼吃豈不省事多了。」

我們又恢復正常的作息，以及得面對新日子的不確定感。隨著我們往南的步伐，西藏人的數量日益龐大，現在我們前方又出現新的隊伍，他們在一些黑帳棚與兩頂藍白相間的帳棚前集合；一支騎兵隊將我們包圍起來，要求我們停止前往，納燦地方的兩位總督也隨隊現身，顯然，他們接到拉薩政府的重要指示。我決定在離他們帳棚一百五十步外紮營，其中最大的一頂帳棚裝飾著和闐來的地毯，於是用它來招待客人。

過了一會兒，兩位總督駕到，他們身穿富麗堂皇的紅袍，上面綴飾中國式釦子。我走出棚外迎接他們，兩位總督下馬，很友善有禮地與我寒喧，然後走進帳棚；兩人中以赫拉耶大人（Hlaje Tsering）身分較崇高，他是個無鬚老者，留著一條辮子，另一個是楊度克大人（Yunduk Tsering）。我們開始一場持續三個小時的協商。赫拉耶先開口：

「你上次走東邊的路去拉薩只帶了兩位隨從，後來被那曲的堪巴旁玻攔阻並護送過邊界，現在你來到納燦，但絕不能再往前走一步。」

「你們阻止不了我。」我回答。

「可以，我們有百萬大軍可以阻擋你們。」

「那有什麼意義？我也能向你們動武。」

「這樣一來，你我都得人頭落地。如果讓你們通過，我們都會被砍頭，既然如此，我們不如現在先分出勝負。」

「你們不必擔心我和我手下的人頭，你永遠也動不了我們的人頭，我們有更高的勢力當後盾，而且有可怕的武器。不論怎樣，我們還是堅持繼續往南走。」

「睜大你的眼睛，好好瞧瞧明天我們怎樣阻擋你們的旅隊。」他們激怒地嚷著。

我鎮定地給予反駁：「我才要請你們自己睜大眼睛哩！明天我們一定要向南走。不過別忘了把毛瑟槍準備好，因為火熱的槍恐怕會燙了你們的耳朵，你們還來不及裝新子彈，我們就會撂倒你們，打中你們每一個人的鼻子。」

「別這樣，別這樣，我們不談殺人。」他們又開始展開說服：「如果你們現在走原路回去，我們自會奉上嚮導、糧食、牲口和你們需要的一切東西。」

「聽著，赫拉耶大人——你真的以為我會瘋狂到走回北方的不毛之地嗎？我已經在那裡損失半數的牲口了，我們哪裡都可以去，但是絕對不回那裡！」

「既然這樣，」他說：「我們不會向你們開火，可是我們會讓你們走不下去。」

「怎麼可能？」

「我將派遣士兵，你們的每一位騎士和每一頭駱駝都會被二十個士兵牢牢牽制住，直到你們的牲口全部死亡爲止。我們有拉薩傳下來的特別指示。」

「你拿給我看，」我嘴巴這樣說，不過打開始心裡就明白我們不可能再向前進一步。

「樂意之至，」他們回答，同時掏出一張紙，上面的日期是「鐵牛年六月二十一日」，公文裡並提到蒙古朝聖客，指的是我們的龐大旅隊，結論是：

「速傳此件至那布羅（Namru）與納燦，諭令全民，自那曲以至吾（達賴喇嘛）土全境，均禁止歐洲人行旅至南方。此令送達眾酋長，戍守納燦邊境，務使全國監督嚴密。歐洲人萬無親至聖典之土勘探之必要，亦與二君掌理之地毫無干係，即使歐洲人號稱必須如是，二君即告知彼等不可南行，若歐洲人執意南行，汝將受劊刑（斷頭）。務使彼等撤回來時路。」

## 脫隊遊湖的小插曲

這時候他們轉而對可憐的薛瑞伯喇嘛說重話，指責他「爲我們引路」，薛瑞伯氣忿地反詰他們憑什麼斥責他這個身為中國子民的喇嘛，這場口角爭執越演越烈，我拿出大音樂盒放在爭吵兩方的中間，被打斷的西藏人有很長一段時間靜默不語。

那天晚上我到總督的大帳棚回拜，與他們共進茶點；帳棚裡裝飾著地毯、坐墊、矮桌，另有一座室內神壇，上面供奉神像、油燈和供物。這次我們談得相當愉快，聊天到半夜方盡興而歸。

庫曲克和我乘船在納燦錯湖上遨遊了兩天，度過非常愜意的時光。這座湖形狀渾圓，水中突起的陡峭懸崖，景色優美得像是童話故事。我們划船到狹窄的湖灣，景致如詩如畫，不時可見金鵰（golden eagles）在懸崖上凌空竄起。游牧民族在沿岸的原野上放牧牲口，看見我們靜靜地從湖面上接近，全都目瞪口呆，他們以前從來沒有見過船，嚇得趕緊把牲口驅離湖岸。到了西北岸，我們又發現走陸路的旅隊，於是改成騎馬走到另一座美麗的湖泊楚克錯（Chargut-tso）的東岸，這座湖倚著高山與矮坡，湖裡躺著小島和峽灣。在卡爾培特生前曾經被他騎乘過的駱駝，在前往楚克錯的途中不幸去世，迷信的回教徒咸認為這是理所當然的事。

我們的營地非常壯觀，我們自己有五頂帳棚，西藏人有二十五頂之多，他們的軍隊已經增加到五百人以上，因而湖岸上擠滿了騎士、步兵、馬匹、犛牛和綿羊，士兵的毛瑟槍上繫著的紅色飾帶迎風飛舞。他們為了表達對我的尊崇，特地表演一些軍事操練和野性十足的馬術，陽光在他們五顏六色的制服上和閃亮的武器上耀動時，蔚爲一幅生動迷人的畫面。赫拉耶大人送給我兩匹馬，並讓我隨意取用四十頭犛牛，如此在往拉達克的漫漫長路上，犛牛的供應將源源不絕。我回送給兩位總督懷錶、左輪手槍、匕首和其他物品，我們也變成了好朋友。

九月二十日我搭乘小船出發，郭台擔任槳手，就在我們划離湖岸相當遠之後，忽然颳起一陣西向風暴，激揚的浪頭越來越高，我們輕巧的帆船震盪劇烈，並且往後面的營地逼近，當巨浪托起船身之際，營地的帳棚清晰可見，可是當浪頭落下時，卻連湖岸都看不見。小船迅速接近湖岸，波浪發出陣陣咆哮，再過不久我們就會撞上岸邊，屆時小船勢將被風浪擊碎。在晦暗的天光裡，西藏人群聚岸上等著目擊我們船毀人亡，可另一旁的哥薩克騎兵已經嚴陣以待，紛紛脫掉衣服跳入水中，郭台也跳下水，他們強壯的手臂拉住我和船身，越過翻滾的巨浪，將船拖到乾燥的陸地上，旁觀的西藏人全都驚愕不已。

夜裡風平浪靜，我藉著燈籠的亮光順利地在湖面上測量水深，完成後回到岸邊，從湖面上看岸上營火點點的營地，彷彿是座燈火通明的城市。月光灑遍整座營地，各個帳棚間傳來不絕於耳的談笑喧嘩和優美的絲竹樂聲。

第二天，我又和庫曲克到湖上冶遊，旅隊和西藏人將從陸路走到楚克錯盡頭，也就是湖面延伸向西的終點。湖中央有一座岩石形成的島嶼，我們將船頭朝著這個島嶼划去；從湖心望過去，湖泊北岸框成黑色的長線條，那是我們的同伴和西藏士兵西行的隊伍。

起風了，風勢逐漸增強，我們把槳收離水面，船順勢抵達湖心的島嶼；費了好大一番力氣，我們終於抵達小島東岸的背風處，庫曲克和我把船拉上岸，開始登上島嶼探險。

「怎麼樣，」我問庫曲克：「我們的船綁好了沒有？」

「我想應該有吧。」他很驚奇地回答。

「假如船飄走了呢？我們的食物可以撐三天，可是之後怎麼辦？如果船進水必然會沉沒，其他人可沒辦法過來接我們。缺水倒是好解決，我們有一整座湖的水可以喝，可是沒有步槍就不能射水鳥。」

「到時候，我們就得試試看抓魚吃。」庫曲克建議道。

「沒錯，可是等湖水結冰還要等上三個月。」

「燃料倒是十分充足，顯然犛牛冬天來過這裡吃草。」

「我們應該造一間石屋，並且在秋天來臨前掘一條壕溝防衛。」

「我們可以爬到懸崖上點燃信號煙火，如此旅隊同伴展開搜索時才能發現我們。」

「噢，別瞎扯了，庫曲克，我們還是回去看看船還在不在吧。」

船還在。

在小島的西岸，暴風掀浪翻攪湖水，浪花衝擊巨大的崖石，碎成細濛濛的水霧。我們走到船邊的營地，生起營火煮茶、吃晚餐。之後，我們躺下來傾聽強風在懸崖間打轉的呼嘯聲，暮色沉降，黑夜接踵而至，月亮也緩緩升上夜空。

「等暴風減弱後，我們稍晚划船去西邊吧。」

然而強風持續狂烈地吹襲，迫使我們只好早早就寢。次日陽光普照，可是風暴卻沒有減弱的跡象，我們在島上漫步，撿拾燃料；我在島的西岸靜坐了好幾個小時，對著波濤玄思冥想。日落時分，我站在懸崖上向太陽道別，然後偕同庫曲克再次枯坐在營火前等待。

夜裡風暴突然減弱，我們立刻把船推下水向西划行，目標是另一個岩石小島。天空烏黑一片，我們點亮燈籠，讓小船乘著波浪而行，最後終於觸及小島的岸邊，我們倆把船拖上岸，然後倒頭就睡。

第二天早晨又是個強風呼嘯的天氣，我們的行程又耽擱了，不久天氣轉好，我們趕緊上路。可是才划一小段路，一場新的風暴再度颳起，強勁風力將我們推回岸上。下午風似乎平息了，我們又一次嘗試行進，眼前仍然有一片寬廣的水域，測量水深的鉛錘顯示湖水最深處達一百五十七呎。太陽躲到薄雲之間，西南方一條山脊上的天空轉為黑色，庫曲克和我一人搖著一枝槳，新的風暴吹襲過來，我們就像是奴隸船上的槳手拚著命逆風划槳。波浪越衝越高，船艙裡進了許多水，此時西南方突見高聳的山壁，我們渴望趕到山壁的背風處避風，眼下船身已經有一半進水了。

「準備好你的救生圈，庫曲克，我已經備妥我的了。」

我們渾身被水霧打濕，這時附近水面上出現一塊陸地，我們使出吃奶的力氣及時把船划過去，筋疲力竭的我們趺臥在岸上，我的雙手起了好大的水泡；兩人生起一小堆火吃飯，然後酣然沉入夢鄉。

早上吃完最後一塊麵包，我們開始划過湖泊最西邊的水域，由於看不見旅隊的任何人馬，只好繼續穿過一條窄仄的峽道，直達一座新湖泊安南錯（Annan-tso）。剛在晶瑩的湖水上划了一小段路，一場新起的風暴又將我們推上湖岸，大量的水湧進船艙，我們在浪頭中翻覆。庫曲克和我全身濕透，只好在岸上脫光衣服，迎風吹乾，當我正要出發走向鄰近一頂游牧民族的帳棚時，庫曲克突然大喊：「你看，徹爾東和奧迪克騎馬過來了！」

才幾分鐘光景，兩人已經來到了我們身邊；他們一直騎馬沿著楚克錯和安南錯找尋我們的下落，可是沒有一絲一毫的線索，因此極爲擔心我們已經淹死了。在搜索的過程中，他們遇到好幾支西藏人的巡邏隊和八處哨站營，戍守著通往拉薩的主要道路。稍後，我得知兩位總督懷疑我們要詭計，擔心我們在岸邊暗中備好馬匹，藉此逃過他們的監視，然後騎馬趕去拉薩了。

我們離營期間另一頭駱駝又告死亡，而西藏士兵中也有一人去世，在返回營地途中，我們看見這個西藏人的屍體被拋棄在野地，而且已經被猛禽啄食得面目全非。

赫拉耶大人和楊度克大人欣然見到我回營，熱情地爲我舉辦盛宴。

第二天早晨我們分道揚鑣，一支護衛隊銜命護送我向西行，而兩位總督則分別返回他們轄區的首府；當我目睹他們龐大的隊伍離去時，做夢也沒想到在我後來的亞洲探險中，赫拉耶大人竟然扮演著極爲重要的角色。

【注釋】

❶ 又稱奇林湖，「錯」是藏語湖泊的意思。

# 第四十六章

## 西藏來回印度行

九月二十五日，我們開始穿越西藏內地，走一趟耗時三個月的旅程。護送我們的第一支隊伍有二十二個人，指揮官叫作亞姆度大人（Yamdu Tsering），官方甚且提供我們充足的犛牛，隨著我們前進的腳步，衛隊人員和牲口不斷換新。衛隊的任務就是阻止我們向南進入「聖典之土」，可是我違反這項禁令好幾次，主要目的是避開印度學者喃辛（Nain Sing）、英國探險家鮑爾（Bower）、李陀戴爾等人走過的路線，希望爲這個地區的地圖增添一些新內容。

雖然現在大部分裝備由隨我們支配的犛牛馱運，可是幾乎沒有一天不折損駱駝、騾子或馬匹。駱駝馭手默哈梅得托卡達（Mohammed Tokta）年紀較大，我們讓他騎坐所剩無幾的馬匹中的一匹，負責押趕一隊病號。默哈梅得托卡達每天都開開心心地，生性樂天的他從來不抱怨。他通常是最後一個抵達營地的人。有一次，他的座騎獨自趕抵營地，卻不見他的蹤影，我派遣兩個人帶著一隻騾子去找他，他們發現他躺在路旁的一個洞裡睡覺。默哈梅得托卡達表示他因爲睏極了，不小心跌下座騎，之後就一直躺在落地的位置。搜尋的人將他帶回營地，但見他又在醫療帳棚裡陷入沉睡，沒想到這一睡就永遠沒有醒過來。次日，我們竭盡所能按照回教儀式將他埋葬。

十月二十日，我們來到已經乾涸的鹹水湖喇廓爾錯（Lakor-tso），此地離拉達克還有四百八十哩，如果不是西藏人幫忙，我們絕對不可能到達那裡。四十五匹的騾子和馬，只剩十一匹還活著，而三十九頭駱駝也僅倖存二十頭。寒冷的冬季來臨了，溫度降到攝氏零下十八‧九度，所幸食物倒是隨處可得：我們向游牧民族購買綿羊，哥薩克騎兵負責打獵，羅布人則在波倉藏布江撒網捕魚；我們已經沿著這條河走了好幾天了。在沛蘆澤錯（Perutse-tso），我們遇到進入西藏以來的第一處樹叢，於是在那裡停留四天，讓牲口享受一下水草，並且生起熊熊營火。

在羅多克（Rudok）地區邊境，一個魯莽而傲慢的首領要求檢查拉薩政府發給我們的護照。

「我們沒有護照，」我回答：「我認為有西藏人護送我們就足夠了。」

「不行，沒有護照你們就不能向西邊再踏出一步，也不能通過我的轄區。待在這裡，等我派個信差去拉薩報告再說。」

「要等多久才有回音？」我問他。

「兩個半月。」

「好極了，」我狂笑說道：「這正合我意。我們就回到沛蘆澤錯，那裡既有水草又有燃料，我們就在那裡建立一個供應站，等到春天你就會接到拉薩來的白絲繩。你儘管保重，等你人頭落地時可不要怪我。」

他突然變得客客氣氣的，把他的手下從邊界撤回，開放羅多克地區讓我們通行。距離拉薩愈遠，護送我們的西藏人也愈大膽。有一次，新護衛人員遲遲不來，舊班底已經等不及要回去，他們打算棄我們不顧，沒有護衛也沒有犛牛。我們接收了他們的犛牛，將行李裝載好之後繼續前進，這時舊有的護衛隊爲了謹愼才跟了過來。

十一月二十日，還有兩百四十哩的路程，溫度計顯示氣溫已經降至攝氏零下二十八・二度。我們的一隻老駱駝死了，牠曾經伴隨我們穿越到且末的大沙漠，也曾兩度與我們去樓蘭探險。每一天，我都得面對與這些幫助過我征服亞洲廣大內陸的老朋友別離，像堪巴旁玻送我的一匹馬在占噶夏河（Tsangarshar River）的冰層上陷入冰洞，我們費盡力氣才將牠救了出來，用火將牠烤乾，還以毛毯覆蓋牠的身體，可是第二天早上這匹馬還是倒斃在營火餘燼旁；還有一天接連死了四匹馬，現在唯一剩下的就是我的座騎了。

## 在冰湖上乘雪橇

過了寺廟村諾和（西藏西方臨近喀什米爾的村落）之後，我們來到美麗的淡水湖昂玻錯（藏文原意爲「藍色湖泊」），這座長而窄的湖泊望不見盡頭，兩側夾著高聳陡峭的山壁，我們經過時，銅鈴的叮噹聲引發悅耳的回音。昂玻錯由四個湖塘組成，彼此間以短小的地峽相連，第四個湖塘尚未完全結冰，北岸的山壁以極陡峭的角度插入湖中。我們眼前所遭遇的障礙，論險惡兇猛並不亞於西藏地區。

十二月三日，絕大部分湖面結滿薄冰，然而我們要行走的部分較深水處仍未凍結；空氣寒冷，乾淨而平靜。夜裡薄冰延伸到整個湖面，直達湖畔的山腳下，第二天下午冰層已有五公分厚，我決定建造一種雪橇或筏子，材料是駱駝的鞍梯和帳棚支柱，外面披覆毛氈墊，然後利用這種交通工具將駱駝逐一拉過結薄冰的湖面。

首先我們對雪橇進行測試，讓體重加起來相當於一頭駱駝的幾個人一起站到雪橇上，接著兩個人很輕易地拉著雪橇沿著凍凸的湖面走，然而因爲冰層太薄，在不堪負荷眾人的體重下，冰層開始起伏波動，雪橇上的人見狀紛紛閃跳，當每一位英雄變成懦夫躍下時，立刻

測試冰層厚度

博得眾人的捧腹大笑。冰層閃耀著光芒，透明似玻璃，我們可以看見深水裡魚兒的背鰭，好像在水族館一樣。又過了一晚，冰層厚度增加了兩公分，現在所有的負重可以安全渡湖了；

等到冰層結到九公分厚時，連駱駝都可以乘著雪橇橫渡湖面。

昂玻錯最西邊延伸出一條支流，流向更西邊的班公錯——一座山中的鹹水湖，兩側由高聳的岩石山壁環抱，看起來像是龐大的河谷。湖泊邊的每一處半島所延伸出去的地形景致，實非筆墨所能形容，它們絕對是地球上數一數二最壯觀的風景。這裡的山脊和峰頂積雪終年不消，群山厚實的本體像背景布幕似的，峰峰相連，越遠越模糊，直融入西北方的遠山。

我們沿班公錯的北岸前進，湖畔的山麓一般而言相當平坦，但有時候，我們必須跨越低矮但陡峭的山脊，有時山腳下則堆疊巨大的圓石。由於湖水很深，所含的鹽分又高，因此湖水結冰的情況並不理想，我們試圖將最後幾頭駱駝拉過湖面時，經常碰到棘手的難題。

駱駝隊行過班公錯北岸的巨石

我派遣兩位信差先去拉達克首府列城（Leh）宣告我們即將到來。十二月十二日，我們在西藏與拉達克的邊界欣然遇見一支援助隊伍，由兩位拉達克人安納爾（Annar Joo）和古倫（Gulang Hiraman）領隊，爲我們帶來十二匹馬、三十頭犛牛，許許多多的麵粉、白米、玉米、水果、醃漬食物以及活的綿羊，我們付了一些錢給最後一批西藏衛隊，將他們打發回去。接下來展開在我們眼前的是個新局面。

## 進入印度

當天晚上，我們營地裡充滿了活力與歡樂氣氛，只有尤達西不太高興，那天晚上，牠和平常一樣睡在我的腳邊，可是隔天早上，牠抖了抖身子，用鼻子在地上刨了一會兒，然後飛快地跑向東方，沿著班公錯湖岸消失不見了。尤達西跑回了西藏，因爲牠與游牧民族的母狗談戀愛，從此再也沒有回來過；自從我離開歐希之後，這條狗就一直是我的室友。

我們在班公錯的西緣翻過一道低矮山脊，站在山脊上，可以瞭望印度河流域；過去兩年半以來，我們所遊歷的地方完全是內陸，沒有任何可通達大海的河流。

十二月十七日，我離開旅隊策馬急奔列城，迫切地想發送祝福的耶誕電報給家人；我已經有十一個月沒有收到家人的隻字片語了。小鎮上已經有好幾疊信件等著我，另外寇仁勳爵寄給了我一封至爲誠懇的邀請函，希望我到加爾各答去拜訪他。

這一年的耶誕節，我和仁慈的摩拉維亞傳教會教士一起度過，包括黎巴賀（Ribbach）、海塔西（Hettasch）、修威博士（Dr. Shawe）、貝絲小姐（Miss Bass）等人，見到睽違已久的耶誕蠟燭在基督教會裡閃爍，那感覺有些奇怪。

西爾金和我的九位回教徒助手取道喀喇崑崙山口回家，其他人則留在列城等我回來會合。我只帶了一名隨從前往印度，那就是夏格杜爾。從列城到喀什米爾首府斯利那加（Srinagar）的路程有兩百四十二哩。一九〇二年元旦那天我們離開列城，徒步跨越危險的冰封山口宗吉隘口（Zoji-la），花了十一天的時間抵達；之後，駕駛小型雙輪馬車前往拉瓦平第（Raval Pindi）。

限於篇幅，我無法一一詳述印度的神奇美妙。到了拉合爾（Lahore），一位英國裁縫師將我從頭到腳重新打點過，之後我經由德里、亞格拉（Agra）、勒克瑙（Lucknow）、貝那拉斯（Benares）等城市抵達加爾各答，這些城市都像夢境一般擄走我的心。寇仁勳爵與夫人在加爾各答市政廳熱忱款待我；世界上研究亞洲的學者比他更熟知亞洲的只有極少數幾位，而勳爵夫人則是最美麗、最迷人的美國女性之一。在我停留期間，英國金融家兼慈善家科索爾爵士（Sir Ernest Joseph Cassel）❶正好在寇仁勳爵府上做客數日。

我那了不起的哥薩克護從夏格杜爾像做夢似的四處遊蕩，他簡直不敢相信自己親眼看見的美好事物——這裡和西伯利亞東部寧謐的森林多麼不一樣啊！不過夏格杜爾卻患了傷寒，我經由特殊安排將他送回喀什米爾。

我自行前往德干高原海德拉巴德（Hyderabad）附近的玻拉嵐（Belarum）拜訪麥席威尼上校；之後，又成了孟買總督諾斯寇特爵士（Lord O'Henery Stafford Northcote, 1846-1911）的座上客；我還騎大象從哲坡爾（Jeypore）旅行到安伯（Amber）廢城遺址。另外，我在卡浦塔拉（Kapurthala）大君府上叨擾數日，最後再回到喀什米爾首府斯利那加。病體已經好轉的夏格杜爾與我一起返回列城，這時的宗吉山口積雪太厚，山腳下狹窄的深谷另闢了一條冬季道路，道路上方的高山幾乎每天都會崩雪，使得這條路線異常危險；在日出之前經過這條狹路，最是凶險。我們雇用六十三個扛行李的腳夫，一共花了四天時間才翻越宗吉山口和那個地區；我們步行一段路後換乘犛牛，最後再改騎馬匹。

三月二十五日回到列城，夏格杜爾的病情再度惡化，我將他送到教會醫院治療，除非他脫離險境，否則我不能離開。經過三個半月的休息，九頭倖存的駱駝都養得肥胖而豐腴，我將牠們賣給一位從東土耳其斯坦來的商人。四月五日，我帶著旅隊其餘的成員再次穿越西藏。這到底是何道理？爲什麼我不直接在孟買搭輪船回家？不行，我不能任由哥薩克騎兵和回教徒助手在異地飄泊，我對他們不也擔負著責任嗎？唯一留下來的是夏格杜爾，因爲他需要休息兩個月；我留給他一筆充足的旅費和通行證明，當我向他道別、致謝，並祈求上帝保佑他時，他轉過頭去哭了起來。過了許久，我得知他經由歐什平安回到家裡。

## 首途返回家園

五月十三日，我與老友裴卓夫斯基、麥卡尼、韓瑞克神父在喀什重逢。公羊凡卡與我們一起抵達喀什，牠對我們的忠誠並不亞於一條狗，我將牠與所有忠實的回教隨從都留在喀什，至於小狗默蘭基和默其克則留在歐什。稍後我和好朋友徹諾夫告別，他即將返回威諾宜（Vernoye）❷。當我抵達裏海岸邊的培特羅夫斯克（Petrovsk）時，適逢與徹爾東、薛瑞伯喇嘛揮手道別，他們二人先一起到窩瓦河口的阿斯特拉罕，然後徹爾東要回外貝加爾湖區的赤塔，薛瑞伯喇嘛則打算到卡爾梅克人（Kalmucks）❸居住的地方，找一間喇

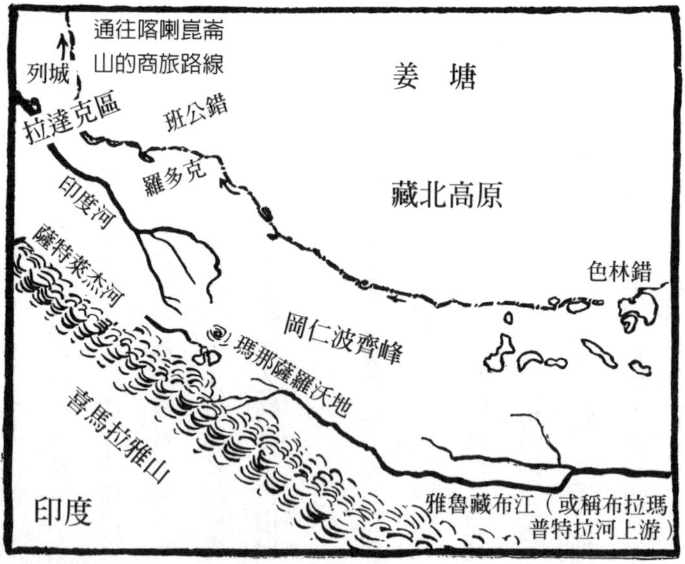


穿越西藏通往拉達克之路

嘛廟棲身。與夥伴、牲口一次又一次的離別，令我極爲感傷。

最後，我又是孤獨一人，穿越俄國抵達聖彼得堡，謁見了沙皇。沙皇聽到我讚美哥薩克騎兵非常欣慰，決定授予聖安娜勳章以表揚這些騎兵，並送每人兩百五十盧布的獎金。這天，沙皇也下令頒發皇家勳章給西伯利亞所有的陸軍哨站，藉此彰顯四位哥薩克騎兵在這次漫長而危險的探險旅程中，爲他們自己與國家爭取崇高的光榮。後來，瑞典的奧斯卡國王也頒發金質勳章給這四名哥薩克騎兵。

六月二十七日是我一生中最快樂的一天：我終於在這天返抵家園！

【注釋】

❶一八五三～一九二一，英國金融家兼慈善家，曾經資助瑞典、墨西哥、美國興建鐵路，貸款給墨西哥與中國政府等。

❷或Vernoyi，即今之阿拉木圖（Alma Ata），靠近新疆與吉爾吉斯邊界。

❸又作Kalmyks，蒙古人的一支，信奉喇嘛教。

# 第四十七章

## 對抗四國政府

接下來，我在斯德哥爾摩的家中閉門三年，絕大部分時間都在撰寫上次旅行的完整報告，最後集結成六冊文稿，書名是《中亞之旅的科學成果》（*Scientific Results of a Journey in Central Asia*），另有兩冊全部是地圖。

## 構思新旅程

在埋首整理這部書的過程，我的腦袋裡充滿狂野的計畫，想再進行新的旅程，探訪未曾被人探勘過的亞洲內陸。沙漠的風暴在我耳邊誘惑地呼號：「回來吧！」然而這次特別吸引我的卻是西藏！地圖上仍然有三大塊空白的地區，分布在這處世界最高、最廣山脈的北方、中央和南方；其中，最重要的是雅魯藏布江的北方疆域。廣袤的雅魯藏布江谷地位於喜馬拉雅山北方，並與喜馬拉雅山脈平行；過去曾有兩支探險隊伍穿過此區，分別是一八六五年印度學者喃辛的隊伍，以及一九〇四年英國人賴德（Ryder）、羅林（Rawling）、伍德（Wood）、貝利（Bailey）的探險隊。不過，這兩支探險隊和其他隊伍都沒有穿越雅魯藏布江北方的遼闊土地，這裡在地圖上猶是一片空白。幾乎可以確定的是，這個地區矗立著巨大無比的山系，因為少數幾個探勘過藏西與藏東的旅行家都必須征服高聳入雲的山口，因此，位於東西兩翼之間的寬廣地帶必然也是高峻雄渾的山脊。在賴德所繪製的路線圖上，甚至用三角形標示了幾座高峰，但是沒有人到過那裡；皇家地理學會的會長馬克漢爵士說得對，雅魯藏布江以北的山脈「從騰格里湖到瑪那山口（Mariam-la Pass）之間，就我們所知……從來沒有人跨越過那裡……在亞洲所有的地理探險中，沒有任何一項比探勘這群山脈還要重要。」（《地理雜誌》第七冊，頁四八二）

我所計畫的新旅程，主要目標就是探索這片不爲人知的疆域，順便追溯印度河的發源地。最新的西藏地圖刊登於一九〇六年皇家地理學會出版的《地理雜誌》，在雅魯藏布江以北的一大塊空白上只寫著「尙未探勘」，我的野心就是要把這幾個字從西藏地圖上刪除，改塡上正確的山脈、湖泊、河流名稱，並且從不同的方向橫越這塊空白地區。

關於這項計畫，我手裡握有一張王牌，那就是印度總督寇仁勳爵的高度興趣，他在一九〇五年七月六日從西姆拉（Simla）回覆我一封信：

得知閣下接受我的建議，在完全停止一生精彩的旅行之前，準備採取行動再次進行偉大的中亞之旅，這使我相當高興。趁我仍在印度之便，如有任何能協助閣下之處，我將十分榮幸爲閣下出力，唯一遺憾的是閣下在結束此番偉大的探險之前，我將早已離開印度，因爲我計畫於一九〇六年四月離開此地。談到閣下的計畫，我猜測明年春天閣下才會抵達印度，屆時吾等或許仍可相見，我將安排一位優秀的本地探測員伴隨閣下，同時尋找一名嫻熟天文觀察及氣象記錄的人員供閣下差遣……我難以預料閣下抵達印度時西藏政府將持何種態度，假如西藏政府如同目前一樣友善，吾等自當爲閣下爭取必要之通行許可與保護。在此我要向閣下保證，能在任何方面襄助閣下之計畫，將是我莫大的榮幸。寇仁　謹誌。

情況不可能比這更順遂了。在英國人控制印度之鑰的一百五十年裡，喜馬拉雅山以北的未知疆域靜臥在神秘的沉寂之中，並未被英國人碰觸過。現在印度的總督竟然慷慨允諾給予我最大的支持與協助，另外，兩位大方的贊助人奧斯卡國王與諾貝爾也已將必要的探險經費撥給我，這次我的儀器將比過去更完備，唯一的陰霾是我必須與摯愛的家人分離。

一九〇五年十月十六日，我悲傷地辭別雙親與家人，再度踏上旅途。我先穿越歐洲抵達君士坦丁堡，然後跨過黑海到巴統，之後經由高加索與裏海直達德黑蘭。然而，巴統和其他幾個地方的革命運動正進行得如火如荼，通往提弗力斯的鐵路橋梁被炸毀，我只好改變路線，從小亞細亞海岸線上的翠比松（Trebizond）搭乘馬車出發，波斯大帝阿布都哈米德二世借給我六名騎兵護送我走這條路，我們經由埃爾祖魯姆（Erzerum）和巴亞齊得（Bayazid）到達波斯邊界，然後不帶扈從，獨自取道大不里士（Tabriz）和喀茲文抵達德黑蘭。

波斯的新任大帝慕沙法艾丁熱忱接待我，並協助我穿過他的國土展開漫長旅途。我購買了十六頭壯碩的駱駝，招募隨員，並採購帳棚、行李箱、糧食等。一九〇六年元旦，我坐在駱駝背上開始四個半月的旅行，在這段期間，我兩度穿越危險重重的波斯鹽漠，在西斯坦逗留一個星期，目睹正在當地肆虐的瘟疫。隨後我騎著腳程很快的單峰駱駝橫越整個俾路支（Baluchistan），到達努什基（Nushki），連上印度鐵路。由於篇幅的限制，我無法細述這趟刺激而饒富趣味的旅程。我們必須趕快進入未知的西藏。

## 陷入困境

我在炙人的酷暑中（五月底的氣溫高達攝氏四十一・七度）穿越印度平原，到達海拔七千呎的西姆拉，我徜徉在高貴的喜馬拉雅山濃鬱的樹林間，新鮮冷涼的山區空氣令人深感暢快。楊赫斯本爵士親自到火車站迎接我，明托勳爵（Lord John Elliot-Murray-Kynynmond Minto，1845-1914）與夫人更是熱情好客，讓我得以在他們的總督官邸叨擾。融洽的氣氛籠罩著我，人人都樂意幫助我順利完成旅行，三位本地助理已經在德拉敦（Dehra Dun）等候我；印度陸軍總司令吉青納（Horatio Herbert Kitchnerof Khartum，1850～1916）也提供二十位武裝的廓爾克士兵任我差遣。從臥室的窗戶，我可以看見喜馬拉雅山稜線上永凍的雪原，山脈的那一頭就是西藏，雲朵堆砌成無法穿透的帷幕逐漸沉降，很快便遮掩住北方的夢想之土。

英國政府走馬換將，新政府首相爲坎博班納曼爵士（Sir Henry Campbell-Bannerman，1836-1908），寇仁勳爵跟著離開了印度，繼任的明托總督盡力完成寇仁勳爵允諾我的事情，不過另一個握有大權的人卻對我構成極大的障礙，他就是主管印度事務的國務大臣摩爾利子爵（Viscount John Morley of Blackburn，1838-1923）。印度外務大臣丹恩爵士（Sir Louis Dane）通知我摩爾利的決定：倫敦的英政府拒絕讓我經由印度邊界進入西藏！先前給予觀測員、助手、武裝扈從等承諾悉數撤銷。幾個月來，我接連經歷了革命、沙漠和瘟疫，但我並沒有被擊倒，然而在抵達亟待探索之境的前一刻，卻讓我碰上比喜馬拉雅山更棘手的障礙。

我發電報給首相，吃了個閉門羹；明托勳爵也發了好幾封電報給他，一樣遭到拒絕。裴爾西勳爵（Lord Percy）爲我在國會裡提出質詢，卻只得到這樣的答覆：「帝國政府已決定隔離西藏與印度」。他引用吉卜林[1]（Joseph Rudyard Kipling）的詩表達自己的想法：

大門由我開啓，
大門任我關閉，
我爲舍下樹立規矩，
白雪夫人如是說。

老天！當時我是多麼痛恨摩爾利！只要他說一個字，大門就能夠打開，可是他卻當著我的面砰然將門摔上！英國人居然比西藏人更壞。不過卻因此更激起了我的野心，我心想：「走著瞧吧，看看是你還是我在西藏吃得開。」幾年之後，史普林萊斯爵士（Sir Cecil Spring-Rice）在一次致詞中對我說：「我們關上門不讓你通過，你卻翻過窗戶進去了。」當時我並不明白自己其實應該更加感謝摩爾利動爵，不過，後來我有機會得以在公開場合向他致謝。

這些談判與徒勞無功的努力都很耗費時間，而我也並非一無所獲，這次經驗讓我贏得一位終身摯友，那就是明托總督的私人秘書鄧洛普史密斯上校（Colonel Sir James Dunlop-Smith），我們兩人往返的書信足以集成一大冊。我與明托勳爵氣質高雅的家人共度難忘的兩個星期，勳爵將他一生的故事告訴我。一百年前，他的祖父也曾是印度總督，由於旅程艱辛，祖父把家人留在英國，等到任期屆滿，祖父搭船返回位於蘇格蘭明托鎮的老家，卻在距離老家只有一站時中風去世。勳爵的祖父在印度任職期間與妻子魚雁往來，他的妻子在書信中曾形容他是個：「可憐的傻子」（Poor fools）。至於勳爵本人年輕時則當過軍官，參與過進攻阿富汗的軍事行動；一八八五年，他與羅伯茨勳爵（Lord Frederick Sleigh Roberts，1832-1914）同遊聖赫勒納島（St. Helena），兩人與姜森總督（Governor Johnson）漫步在通往囚禁拿破崙的朗伍德宅邸（Longwood）路上時，有兩位老婦人驅前走近，姜森總督低聲對客人說：「仔細看看靠近我們這邊的婦人。」兩位老婦走過之後，客人的評語是：「她的側面看起來和拿破崙好像。」總督回答：「沒錯，她正是拿破崙的女兒。」明托勳爵向來極崇拜拿破崙這個出身科西嘉（Corsica）的大英雄，他還娓娓道來另一樁關於拿破崙的軼事：當拿破崙第一次被放逐到厄爾巴島（Elba）時，羅素勳爵（Lord John Russell，1792～1878）曾經前去探訪，他譴責戰爭的殘酷不仁，拿破崙面帶微笑聽著，等羅素說完，他才說道：「但它（戰爭）是個美麗的遊戲，一種迷人的職業。」

後來明托官運亨通，在老羅斯福（Theodore Roosevelt，1858～1919）擔任美國總統時，擢升爲加拿大總督。明托告訴我許多關於老羅斯福的爲人和習慣，他們兩人不論哪一方面都有天壤之別。美國總統的權力固然比較大，但明托卻是個修養與氣度都難得一見的君子；當寇仁勳爵退休時，明托被任命爲新任印度總督，統治三億兩千萬人口。

吉青納勳爵也是個令人難忘的人物，他對於自己的政府不肯在我的事情上讓步感到很憤怒，他與明托總督所舉辦的官宴和舞會，排場之豪華遠勝過歐洲與美國的宴會，席間印度國王穿戴珍珠、寶石飾物，閃閃發光。吉青納勳爵的官邸入口懸掛著一些旗幟，是他征戰蘇丹時從回教領袖與托缽僧手裡奪來的；另外，還有一些戰利品則來自南非。吉青納的屋子裝飾著亞歷山大大帝和凱撒大帝的半身像，以及戈登將軍（Charles George Gordon，1833-1885）的畫像，更別提大批康熙和乾隆年間出窯的瓷器珍品了。吉青納的參謀長湯森（Charles

Vere Ferrers Townshend，1861～1924）也是我的朋友，他於一九一六年領軍征戰美索不達米亞，後來我在巴格達見到他時，他因古特（Kut-el-Amara）城被攻陷而淪為土耳其人的俘虜；關於這件事我還有很多的後續可說，但是現在我們還是快到西藏去吧。

一切的嘗試都徒勞無功！我決定走一條摩爾利管不到的路徑去西藏，那就是北方的中國領土。我告別西姆拉的朋友，前往喀什米爾的斯利那加；表面上，我的目的地是東土耳其斯坦。喀什米爾大君非常親切地接待我，而他的一位心腹達雅（Daya Kishen Kaul）則親自協助我組織旅隊。我們向潘趣（Punch）首長購買了四十頭騾子，另外採購現代化步槍、彈藥、帳棚、鞍件、工具、糧食等物，由於朋友安排的扈從無法實現，因此我又雇了兩位印度剎帝利階級武士——干帕（Ganpat Sing）和畢孔（Bikom Sing），與兩位住在印度北部的阿富汗人——霸斯（Bas Ghul）和海魯拉（Khairullah Khan）。我請了歐亞混血的羅伯（Alexander Robert）擔任我的秘書；從馬德拉斯（Madras）來的印度天主教徒馬紐耶（Manuel）擔任伙夫。我帶了九千金盧比和兩萬兩千銀盧比，銀盧比上鑄著維多利亞女皇（Queen Victoria，1819～1901）的肖像，西藏人不接受國王肖像的盧比，原因是女皇戴著皇冠與珍珠項鍊的肖像看來像尊佛，而國王肖像只是個頭像，連頂皇冠都沒有。

我從倫敦買來一條折疊船，還有一口非常美麗的銀色鋁箱，裡面裝了成千上百粒效用不同的藥錠，那是倫敦布羅斯維爾康製藥公司（Burroughs Wellcome）贈送的禮物；不論是船或藥箱，預計到了西藏都會扮演頂吃重的角色。

## 柳暗花明

我一抵達斯利那加便收到駐紮官皮爾斯上校（Colonel Pears）的親筆函。他信上說：「印度政府建議阻止閣下通過喀什米爾與西藏間的邊界，倘若閣下擁有中國護照，可改道東土耳其斯坦，否則宜打消此念。」又來了新的布達！我當然沒有進入東土耳其斯坦的中國護照，因爲我本來打算從印度進入西藏。我發電報要求倫敦的瑞典公使藍格爾伯爵（Count Wrangel）出面交涉，向中國使節索取一份前往東土耳其斯坦的護照，結果此舉奏效，中國使節很快就批准並立即寄發這份護照；我在抵達列城時收到護照，便把護照拿給當地的英國官署看，當地官員隨即發送電報給印度政府。情勢變成：我人在列城，手持通往東土耳其斯坦的護照，因此我可以經由喀喇崑崙山口進入東土耳其斯坦，問題是我並不打算前去東土耳其斯坦，所以這份護照並非必要；一旦出了英印官方的勢力範圍，我就打算離開攀登喀喇崑崙山口的商旅路線，向東轉往西藏內地。這樣的如意算盤英國官方也預料到了，我離開列城一個多星期之後，西姆拉傳來對聯合政府的指示，表明總督收到倫敦來的命令，必須阻止我前進，如果我堅持往西藏前進，必要時可動用武力。這封信沒有及時抵達列城，是出於我的一位友人的「疏忽」，他將電報擱置了好幾天，等到我安全通過邊界之後才將電報發出。這位友人已經辭世，在此姑且隱其名，但是我永遠感謝與懷念他。印英聯合政府對這封電報的回應是：「此人早已消失在山間，找尋他無異大海撈針。」我當時大可將通行東土耳其斯坦的中國護照燒毀了事，後來萬分慶幸我並沒有那麼做。

## 列城旅途的點滴

現在我再花些許篇幅講述我到列城的旅程。

我於七月十六日離開斯利那加，第一個營地設在甘德保（Ganderbal），夜裡在營火照耀下，我們也許會被誤認爲正在召開一場東方會議，因爲我的隨從來自馬德拉斯、拉合爾、喀布爾、拉齋甫坦那（Rajputana）、潘趣和喀什米爾。我們在斯利那加街頭撿了三隻奄奄一息的乳狗，給牠們起了很簡單的名字，分別叫小白、小黃以及馬紐耶之友（Manuel's Friend）。我們分成幾組越過松南瑪格（Sonamarg），其中一組由一長列雇自喀什米爾的馬匹所組成；我們經由宗吉山口前往卡基爾（Kargil），當旅隊抵達該地時，我已經掂出幾個手下的斤兩：兩個阿富汗人老是惹麻煩，而潘趣與喀什米爾來的人則是烏合之眾，一點紀律也沒有，我將他們全數開除，整支東方聯軍僅留下羅伯、馬紐耶和兩個印度剎帝利階級的武士。

我大幅改變計畫，重新組織旅隊，這次一共找來七十七匹馬和一組新人手。我們的新旅隊熱熱鬧鬧地進入拉馬玉如寺（Lamayooroo），那裡的僧人以驅魔舞和音樂招待我們。

到了列城，英國、德國籍傳教士和當地居民全都熱忱歡迎我們。我們在這裡採購前往禁地西藏的裝備。楊赫斯本建議我務必雇用艾沙（Mohammed Isa），因爲他曾伴隨許多知名的歐洲旅行家深入亞洲內陸，例如凱瑞、道格利緒、杜垂爾迪罕、葛瑞納（Grenard）等探險家，也與楊赫斯本到過拉薩，並隨同賴德到過嘎托（Gartok，現名噶爾）。艾沙通曉土耳其語、印度斯坦語和藏語，個子高大健壯，當他出現時大夥兒都忍不住微微發抖。艾沙還是個紀律十分嚴謹的人，不過他在個性上其實也是活潑、愛說笑的。

艾沙見到我時招呼道：「您好，大人！」

「你好！你想來領導旅隊嗎？路程很艱苦的哦。」

「當然想，可是您要上哪兒去？」

「我暫時保密。」

「可是我得知道要準備多少糧食。」

「爲隊員和牲口準備三個月份的糧食，不管需要多少馬匹，盡量去買，雇人的時候記得要挑有經驗的。」

艾沙開始動手打點一切，他的手腳很快，並且得到當地大君，尤其是大君之子古南拉索

（Gulam Razul）的鼎力幫助，一下子就雇好二十五個人手（其中九名回教徒，十六名喇嘛教徒）。艾沙自己是回教徒，可是他的親兄弟澤仁（Tsering）卻是喇嘛教徒；此外，旅隊中還有兩個印度教徒、一個羅馬天主教徒，以及兩個基督教新教徒（羅伯與我）。我把整支隊伍集合在我住處的庭院裡，並請拉達克地區的聯合專員（Joint Commissioner）派特森上尉（Captain Patterson）向他們發表行前演說。這些手下每個月可得到十五盧比薪資，事先給付半年，等到旅途結束，每人再加發五十盧比，前提是他們的工作成績必須令我滿意。隊裡最資深的元老是六十二歲的古法儒（Guffaru）；三十三年前，他曾經隨福賽斯（Forsyth）的探險隊前往喀什，並親眼見過阿古柏本人。這次他帶著兒子和壽衣一起加入我的旅隊，萬一不幸在旅途中身亡，至少可以辦一場風光的葬禮。還有一位蘇卡·阿里（Shukur Ali）是我一八九〇年在楊赫斯本的帳棚裡就見過的；至於其他團員，我將在後文中隨故事的發展陸續介紹。

我那勇猛的領隊艾沙還買了五十八匹馬，其中三十三匹來自拉達克，十七匹來自東土耳其斯坦，四匹是喀什米爾產的，最後四匹是桑斯卡（Sanskar）來的。我們爲所有的馬匹編號，在未來的旅程中，馬匹若有死傷均必須列入紀錄；後來牠們全數死於西藏。我們旅隊出發時，總共納編三十六頭騾子、五十八匹馬、三十匹借來的馬，以及十頭借來的犛牛。

等到糧食採購齊備，帳棚、鞍件和其他物品都準備妥當之後，我命令宋南（Sonam

Tsering）帶領大部分旅隊先行前往穆格立（Muglib）。

【注釋】

❶ 一八六五～一九三八，英國小說家與詩人，生於印度。

# 第四十八章

## 狂風暴雨下的水路航程

在離開列城之前不久，我拜訪了思托克大君（Rajah of Stogh），他是個中年人，仁慈而富理想色彩，若非一八四一年被喀什米爾征服，他今天應該是拉達克的國王。歷任大君居住的堅實城堡聳立在小鎮上空，大老遠就瞧得見。八月十四日，當我們朝印度河方向前進時，城堡的高聳外牆消失在充滿野性的懸崖峭壁後面，不久，我們離開這條滔滔不絕的大河，我心裡默默祈禱：有一天，我一定要到從未有歐洲人涉足的印度河發源地紮營。

我們的營地看來壯觀非凡，人馬雜沓、騾獸成群，眞像個巡迴各地的小社區。我哀傷地看著這些健壯、豐腴、正值青春年華的馱獸，現在牠們輕鬆地站在那裡，從糧袋裡翻出草秣盡情咀嚼，可是我心裡很清楚，過不了多久牠們將因體力衰竭而陸續倒斃。每天晚上旅隊會宰殺一隻綿羊，我的團隊成群圍坐在火堆前用餐，等到人和牲口都睡著了，四下只聽得見守夜人哼唱小曲的聲音。

## 進入西藏地區

長長的隊伍緩慢爬上標高一萬七千六百呎的昌喇山口（Chang-la），這是我第三次跨越這山口，山的另一邊就是以前去過的小村莊德魯古布（Drugub）和譚克西（Tanksi）。我們在譚克西製作一頂西藏風格的大帳棚，並且仔細檢查所有馱鞍，確定它們不會使牲口瘀傷。

當天晚上還舉辦一場宴會，有音樂和女性舞者助興。離開譚克西之後，我們接連六個月沒有見過樹木。

過了班公錯，我們來到最後一處有人居住的地方——波卜仁（Pobrang），我們在此採購三十隻綿羊、十隻山羊和兩條狗。每天晚上營地生起九堆營火，根據我們的組織規畫，大隊長宋南負責照顧騾子，古法儒照料馬匹，艾沙的弟弟澤仁是小隊長，負責照管我的帳棚和炊事。小船由一頭借來的犛牛馱載。我們帶了很多糧食，穀物與玉米足夠支持六十八天，麵粉有八十天份，白米也可以吃上四、五個月。第一場雪引起小狗的憤慨，牠們對著雪花吠叫，還張口去咬落下來的雪；印度人跟小狗一般吃驚，因爲他們這輩子從沒見過從天空飄下的雪花。

馬爾西米克山口（Marsimik-la）附近積雪達一呎深，旅隊走在刺眼的雪白大地上，好似黑色的長絲帶蜿蜒。還未走到山脊（一萬八千三百呎），第一匹馬就衰竭而死；下了山頭，我們再度走進荒野的山谷，兩側是雄渾的山脈，山頂覆滿皚皚白雪。我們在昌辰末（Chang-chenmo）河谷搭建的營地相當令人心曠神怡，遍生的矮樹叢提供我們絕佳的燃料。目前的確沒有人限制我的行動，可是我在西姆拉時曾經口頭榮譽保證過，絕不沿著這條河谷前往行程五日外的拉那克山口（Lanek-la），而這條路卻是通往藏西的理想道路，假如我從來沒有保證不走拉那克山口的話，不但牲口不必費那麼多精力，我也可以節省可觀的時間與金錢；事已至此，我被迫繞遠路穿越藏北，忍受它惡劣的氣候與廣漠無邊的無人地帶。

我們在昌辰末河谷對轉眼即逝的夏天說再見，開始攀爬高山、面對冬季。到了昌隆亞瑪山口（Chang-lung-yogma Pass）腳下的一座河谷，我們動手紮營，這裡沒有名字，我們便取「第一營地」為名；這趟旅程，我總共編了五百號營地。艾沙在通往河谷的入口處立了一個石頭人，目的是指引列城來的信差，讓他知道我們的去向，可是這個信差永遠也沒找到我們。

我們轉了幾百個彎，呈之字型攀上陡峭山坡，每一匹馬上坡都需要好幾個人在下面推著，警告與催促的吶喊聲在山谷間此起彼落。我騎馬超前旅隊，來到山口的鞍部地帶，這裡的高度一萬八千九百五十呎，令人咋舌；為了找一個不受阻擋的觀景點，我又向上騎了好幾百呎。

這番辛苦很有代價，因為呈現在眼前的無疑是舉世數一數二的壯觀景色。起伏的山群像大海一樣包圍著我，而這些山脈是地球上最高聳的；而在南方與西南方，則是凌空聳立的喜馬拉雅山，白雪罩頂的山頭閃耀著刺眼的光芒，冰河的表面好似綠玻璃一般，在巨大的雪罩下透出亮光。天空清朗而明亮，間或有一兩朵小小白雲航過天際。我們腳下正是喀喇崑崙山的主峰，向西北方和東南方延伸，所有從這裡流往南方的水系都匯集到印度河，然後流進溫暖的大海。我再度跨上馬鞍向北騎，將印度世界拋在身後，不管大權在握的官方怎樣禁止，未來的兩年零一個月，我鐵定是要待在西藏了。

現在我們置身在粗獷荒涼的西藏高原，水文完全不通外海；我們跨越一處寸草不生的地區，旅隊的腳印踏在柔軟潮濕的土壤中，看起來好像一條高速公路。往東南方望去，一堆藍黑色像鉛塊般沉重的雲朵下隱約可見喀喇崑崙山的山脊，偶爾雲朵會因爲劈出閃電而大放光明，雷聲隨之在山脈間咆哮起來。天開始下雪，我們很快就會被籠罩在遮天蔽地的濃密雪花中。我騎在騾子後面，放眼只見得到最靠近的幾頭騾子，其他的牲口則只剩下朦朧的身影，走在旅隊最前面的根本就看不見了。風勢猛烈，將雪勢吹成與地面平行。那天晚上，我們的營地寂靜無聲，一切冷颼颼的；有一頭騾子在夜裡死了。

第二天我們見著了第一頭羚羊，天氣已經轉好，我們通過阿克賽欽平原尋找水源。走了十八哩路後，來到一處含有化石的砂岩腳下，我們發現相當豐美的水草，艾沙又在岩石上豎起一堆指引石標。我們在這裡挖到了水；這處營地編號第八號，當時我沒有想到日後會再到這裡來紮營。

我們繼續向東走到阿克賽欽湖，並且在湖岸上紮營，這個地方曾經有幾個白人到訪過，美國人克羅斯比（Crosby）便是其中一位。向東去是平坦而開闊的疆域，一座縱谷的北方被巨大的崑崙山系所阻斷，圓拱狀的山脈峰頂終年積雪不消。地上是砂質土壤，長著勉強還算豐盛的水草；儘管如此，我們仍然在一天之內折損了三匹馬，一頭野狼乾脆趴在附近等著坐享其成。就像在沙漠一樣，所有的馱鞍裡全塞滿了乾草，一旦牲口不幸夭亡，馱鞍就逐漸變成其他牲口的糧草。

翻越過一條小山脊，我們發現東邊有一座大湖，那是魏爾比上尉（Captain Wellby）於一八九六年發現的，他爲這座湖取名叫「萊登湖」（Lighten）；我們在西岸搭起第十五號營地。這時我們的旅隊有了若干變化，我開除了那兩名印度剎帝利武士，艾沙頗有見解地說，這兩人的用處比不上隊裡的小狗：他們受不了寒冷的天氣和稀薄的空氣。由於我們向拉達克人租用的三十四匹馬當中死去四匹，他們要求趁早回頭，於是我們託他們順便把這兩名印度人帶回去，另外也請他們帶回一大綑書札，其中最重要的是寫給鄧洛普史密斯上校的信。從瑞典來的信件全部送到總督府，我請求派一名可靠的信差將我的信送到當惹雍錯（西藏中部大湖）南岸，按照預定計畫，我們將在十一月底到達那裡。其實這風險相當大，因爲我根本不能確定自己能否走那麼遠，那座湖離我們目前的位置還有五百一十哩遠。我在印度的友人深知，儘管有官方禁令，我還是會從北方進入藏南，至於這些信件的下落，我很快就會在後文中交代。

在第十五號營地，我們的旅隊規模大幅縮減，隊裡的馬匹死了七匹，爲了減輕行李的負擔，剩下的牲口都饗以充足的玉米和穀物。我們休息的地方安排如下：艾沙、澤仁和我的廚房位在同一頂大帳棚裡，我的二十二口箱子也堆放在裡面；拉達克人的黑色西藏式帳棚搭建在一圈糧袋後方；羅伯住在一頂小帳棚裡，我自己則住另一頂小帳棚。

## 探測湖泊

下一處營地紮在萊登湖北岸。九月二十一日，艾沙帶領整支旅隊走到湖東岸，並在夜裡生火作爲指標。我自己帶著槳手雷興（Rahim Ali）橫渡萊登湖，目標正對著南方。這天天氣相當宜人、平靜，湖面像鏡子般平滑晶瑩；湖泊南岸矗立著一座高大的山脈，火紅的顏色，上面覆蓋萬古亙存的冰雪。我測量了湖水的深度，量線只有兩百一十三呎長，在湖中心丟下鉛錘時根本碰不到湖底；在我測量過的西藏湖泊中，萊登湖是最深的一座。

「這座湖沒有底，」我那可靠的槳夫

夜晚航行過一座奇異的湖泊

抱怨道：「太危險了，我們回去吧！」

「繼續划，很快就到對岸了。」

湖水的顏色和天空一模一樣，紅褐色調的山脈倒映在湖面上，四周景色美不可言。當我們靠岸之時，這一天已經過了大半。我們重新下水出發已是下午三點半以後的事了，這次目標是和旅隊會合的東岸。

我們離岸邊還相當遠，湖面依然平坦如鏡，雷興看起來很擔心。他突然說道：「西邊有暴風雨，來勢洶洶！」

坐在船尾舵邊的我回過頭，看見西方的山口上厚厚的黃色塵雲一路翻捲過來，雲層越來越密，並且向天空中竄升；雲朵彼此糾纏、碰撞，然後結合成一大團氣勢磅礴的雲堆，直朝湖泊的西方奔來。不過此時湖面依舊平靜。

「豎起船桅與船帆，」我大聲喊叫：「如果情況不妙我們就靠岸。」

船帆才剛剛豎起，風暴便開始在我們的耳邊咆哮，下一刻，清澈的湖面彷彿一張玻璃板霎時被擊碎，一陣風襲來，船帆立刻鼓脹起來；一波波浪頭向上躍起，輕盈的小船像隻野鴨般被風吹過湖面。船頭邊湖水翻騰，船身經過之處湧起了千萬個氣泡。

「前面有塊沙地！」

「是淺灘！」

「船如果在那裡觸礁會粉碎，這只是帆布船！」

我把全身的重量壓在船尾，船身被洶湧的浪頭拋起，恰恰與沙地的岬角擦身而過。萬一眞的撞船，這艘小船勢必如石頭一樣沉入水裡，因爲船上有一塊鋅製的活動船板，所幸我們還有兩個救生圈。

暴風的力道更強了，船桅緊繃得像一把弓，帆腳索切進我的手掌，可是這當兒想繫緊它無異是蠢事一樁。

「前頭又有一處岬地！」

「我們得試試停靠在下風處的岸上！」

現在我們才發現一旦過了這處岬角，後面的湖面更是無邊無際，東方完全看不見湖岸的影子，夕陽正在西沉，焰火般的色彩將它染成了火球，爲大地與湖面蒙上一層美麗的光彩，所有的山脈都像紅寶石一樣閃耀生輝，連浪花都暈染成紅色，連小船的帆也透著紫色光芒，而我們正死命地划過這座血紅的湖泊。太陽落下了，山巔上的最後一絲餘暉也消失了，大地重新恢復尋常的昏暗色調。

這會兒，我們接近了第二個岬角。

小船經過拍擊岬角的怒吼波濤，我試圖讓船轉到下風處，可是還來不及搞清楚方位，就被浪頭帶離岬角所在之處；風暴和浪頭將我們吹著跑，船像飛一般急速奔馳，這時若要停下

我們必須跳進水裡將船拖上岸

來還眞有點可惜。月亮升上夜空，我們的航道上又出現另一個岬角，小船以極速向它靠近，我全神貫注準備好要轉動船舵，以便在下風處的岸邊停靠下來。不過事實證明，想要在這種驚濤駭浪的暴風裡靠岸根本不可行，當我轉舵時已經太遲，新的浪頭又將我們推過了岬角。

西邊原來還帶些微明的天色，此刻已經全部轉黑，而東邊山頭上也籠罩漆黑的夜色，並且延伸到湖面上；一波波浪花在月光下閃著粉筆似的慘白，與山上的雪原不相上下。雷興因為過度恐懼而失去理智，蜷縮在船桅前面顫抖；船被風推著跨過越來越高的浪頭，繼續進行瘋狂的死亡航行。目前眼力所及只有三波浪花的距離，也就是托起船身的一波、在我們身邊滾滾奔馳而過的一波，還有在船後窮追不捨的一波。在這樣的天氣裡，乘著帆布船在夜裡航行可眞算得上驚險萬分。

月亮沉落，不眠的黑夜繼續守著我們；星星閃閃發亮，天氣開始變冷了。我鬆開橫放的座位，在船底坐了下來，這樣身體可以得到一些遮蔽；我們與船下翻騰的波浪之間只有薄薄的一層帆布，而帆布底下的湖水深不可測。

時間過得很慢，但湖泊終有止境，小船遲早都會靠岸，假如湖泊東岸是沉降入水的懸崖峭壁，那麼這回我們必然難逃厄運。我向雷興喊叫，要他一發現岸邊的岩石就立刻通知我，但是雷興根本沒有聽見，他已經被恐懼給癱瘓了。

我們以船作屏障抵達強風

忽然，我透過呼嘯的風聲聽出前方傳來一種沉悶的呼嚕聲，那是波浪打在湖岸上的聲音，我對雷興大吼，但他仍然一動也不動。黑暗中隱約可見白色泡沫串成的帶狀，船衝上岸邊，下一秒鐘湖水會再將船吸離岸邊，接下來的浪頭將湧進船裡，把船拋起來砸成碎片；我用左手抓緊船桅保持平衡，然後用右手一把抓住雷興的衣領，將他丟下船去。這招果然奏效，波浪像打雷一樣怒吼而來，下一刻船又衝向岸邊，滾滾浪花打進船裡，淹沒了半艘船，我跟著跳進水裡；落水的我與雷興趕緊合力將船拉上岸。

我們把船裡的水倒光，搶救濕透了的東西。身上濕淋淋的衣服已經凝結成冰，硬得像木頭一樣，我們用槳把船身撐起來當作遮蔽風雨的屛障，繞著鉛線框的木頭舵輪碎成斷片，已經不能修理了。所幸放在我胸前口袋裡的火柴還是乾燥的，我們靠舵輪碎片和火柴生起火堆。我脫下衣服解凍，然後把水擰乾，希望至少把內衣烘乾；這時的溫度是攝氏零下十六．一度，我覺得雙腳幾乎凍傷了，便讓雷興爲我搓腳取暖。我們兩人活得過今夜嗎？

木頭碎片燒光了，當我正打算犧牲船上一塊座板時，雷興忽然喊道：「北邊有亮光。」沒錯，眞的有火光！那處光亮顯得極爲模糊，接著消失了，但是過一會兒再次出現，而且比先前更大。我們聽見馬蹄聲，有三個人騎馬過來了，原來是艾沙、洛布桑（Robsang）和阿杜兒（Adul）；雷興和我跳起來，上馬在漆黑中騎回營地，回到營地時，茶壺正在火堆上快樂地唱著歌哩。

兩天之後，我們翻過另一道山脊，進入一個沒有出水口的新盆地，盆地中央靜靜躺著一座透著土耳其玉色澤的藍綠色鹽湖，湖水閃閃發光，這就是東土耳其斯坦人人皆知的雅西爾湖（意思是綠色湖泊）。我們在這座湖上又冒險航行了一次，同伴的營火指標將再度引導我們順利回營。這次我帶著羅伯與雷興同行；我們穿上足夠衣服，朝東北方划行，然後在湖的北岸停下來用午餐，接著朝南推進，準備前往預定的會合地點。

我們將船推下水，再用槳把船撐離湖岸約一石距離，因爲這座湖和其他湖泊大不相同，湖水很淺。我們發現西南方出現黃色的風暴預警，於是趕緊商討對策。回到北岸過夜以避過當頭風暴豈非明智得多？我們才剛剛掉轉船頭回岸，就見到兩頭骯髒的黃色大野狼等在岸邊，牠們就在湖水邊上等候我們靠岸，當我們靠近時，這兩頭野狼一點兒也沒有退讓的意思。雷興認爲牠們只是放哨的，後面還有一整群野狼，我們身上沒有攜帶槍彈，現在的問題是：「哪一種情況比較糟？野狼還是風暴？」我們還在討論眼前的處境時，風暴已經撲過來，強風灌滿了船帆，船身也跟著上下顚簸。

「好吧，既然事已至此，我們走！趁天黑之前趕快靠岸。」

船頭再次切進嘶嘶作響的拍岸浪頭，紅黃色的太陽下山了，月光下，扭曲如蛇的岩層變成銀白色，現在船順風而行，兩名同伴也搖著槳，我們盡可能避開波浪，不過有時起伏的浪頭仍然打進船裡，最後船底積聚深及腳踝的

在岸上等候的野狼

水，隨著船身晃動而水花四濺。雖然如此，並沒有什麼災難發生。湖泊南岸出現兩大堆火光；黑夜降臨了，忽然有一支槳觸及地面，我們發現船已划到一處小岬角的下風處，隨後靠了岸。這天夜裡，我們在一塊潮濕的鹽地上度過相當克難的一晚，還好我們帶了兩瓶淡水和食物，總算不至於挨餓。黎明時，雷興收集燃料生了火，不久便看到艾沙帶領馬匹過來了。

## 牲口折損慘重

曾經在狄西上尉（一八九六～一八九九年）和羅林上尉（一九〇三年）探險隊裡當過差的宋南，爲我們指出這些英國人紮營的地方。狄西上尉的牲口死了以後，他在營地上埋了一些箱子，我們將箱子挖掘出來，並沒有發現有價值的東西，我只拿走兩本小說和旅遊書籍。此時，我的心情渴望將這些探險家的路線拋在身後，快些進入藏北大片不爲人知的三角地帶，也就是英國地圖上那誘人的「尚未探勘」之地。

在路上又走了兩天，我們來到了淡水湖菩爾錯（Pool-tso）的西岸。這是處賞心悅目的營地，我們的獵人唐德普（Tundup Sonam）獵殺到一頭野犛牛，所以我們好幾天都有肉吃；我分到腰子和髓骨，滋味美極了。入夜後，手下們坐在營火邊吃飯，我則留在帳棚裡工作，外頭陡地吹來一陣暴風——這次是從東邊吹來的，算是換換口味吧；兩頂帳棚被強風掀翻，仍在燃燒的餘燼也被風颳起，看起來像在施放煙火。波浪重擊湖岸，激起的水花下大雨似的把整個營地濺濕了。

第二天是個明媚的好天氣，我們分兩條路線渡湖探測水深，然後在南岸紮營，至於旅隊則在休息一天後抵達湖的東岸。船上的我們又花了一天工夫在湖面上探測，這次順利抵達新營地，沒有受到任何風暴的干擾。我們離西岸的舊營地並不遠，這時候，卻又看見營火和逐漸擴散的煙霧，感到十分驚奇，難以想像爲什麼會出現這種情況？八個小時以前旅隊才離開那處營地，營火也早就熄滅了，難道西藏人已經開始追趕我們，想要阻撓我的探險計畫？還是從列城來的信差？這實在不太可能。我的手下相信

受到野狼攻擊的馬匹

那是在湖邊徘徊的鬼魂，他們說那是湖仙點燃的鬼火，我自己則相信那是一堆乾燥的犛牛糞被風點燃所引起。

旅隊規模在一夕之間縮小了，營地上躺著一匹死去的馬。次日，我又騎馬經過三頭垂死的馬匹，由馬夫牽著走，糧食也大幅減少，原本被拉達克人用來擋風的糧食牆現在所剩無幾。晚上，三匹馬在一座小湖附近逃跑了，我派遣洛布桑去追趕，三天之後他帶回來兩匹馬；而第三匹馬的足跡則透露了事情的經過，叫人覺得既傷感又戲劇性十足。原來這匹馬被一群野狼追趕，牠為了保命只好跑進湖裡，後來狼群撤回，馬兒卻回天乏術；牠顯然曾經游泳掙扎著上岸，最後必定因為體力不濟而溺死，因為湖泊彼岸並沒有牠的足印。

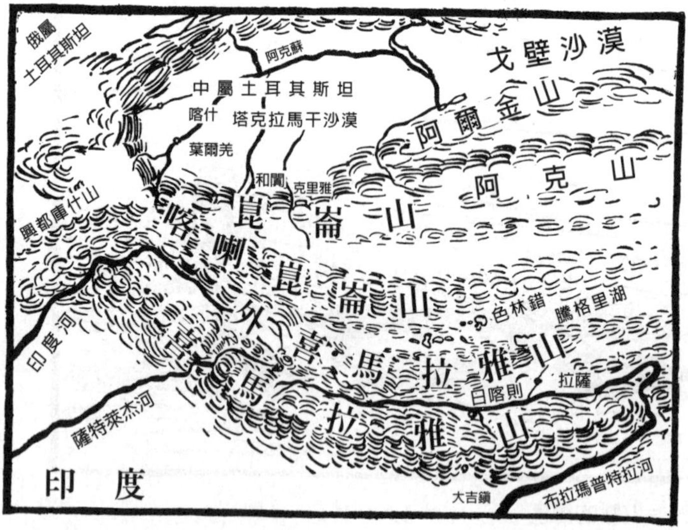

西藏的地理特徵與山脈走向

我們的旅隊也被野狼和大烏鴉跟蹤，只要有馬匹死亡，野狼總會出現。至於大烏鴉，幾乎是半馴服的，我們甚至可以認出其中幾隻。

十月六日，氣溫降到攝氏零下二十五度，晚上有些騾子跑到我的帳棚邊，到了早晨，其中一頭騾子倒斃在帳棚入口處。

迄至目前爲止，我們的行進方向一直朝著東北東，現在開始轉向東南方，準備跨過歐洲人未曾涉足過的大片三角地帶。我們離當惹雍錯仍然有三百九十六哩的距離，旅隊上的喇嘛教徒每天傍晚都吟誦禱詞，祈求我們能順利抵達札什倫布寺，如果能夠成功，他們允諾向神聖的班禪喇嘛進貢一整個月。兩天後，我們已經損失二十九匹馬和六頭騾子，只剩下二十九匹馬、三十頭騾子及十八隻綿羊。這天唐德普獵到兩隻矯健的公羊；他眞是我們的寶貝，每當旅隊缺乏肉食，他總能射到一頭犛牛、一隻野綿羊，或是一頭羚羊什麼的。有一天他走在旅隊前面，驚動了一群正在峽谷中吃草的犛牛，唐德普開槍擊中一頭驚跳起來的犛牛，牠順著山坡滾下，正好跌落到唐德普的腳邊，已經氣絕身亡了。

# 第四十九章

## 與死神同行穿越藏北

冬天來了，每個人都穿上羊皮外套，並把宰殺後剝下的綿羊皮曬黑，做成短襖和鞋子。晚上睡覺時，我躺在大張如絲緞般柔軟的白色山羊皮的半邊，再把另一邊摺起來蓋在身上，澤仁還用毛皮和毯子塞緊我的身側。此外，我身上又穿一件柔軟的羊皮短襖，所以每天晚上森我好像躺在野獸的洞穴裡；只要我還醒著，洛布桑會用燒紅的牛糞暖著我的小火盆。甚至小狗也有毛氈做成的睡衣。小黃被穿上緊身外套笨拙地走動了一會兒，便想盡辦法要掙脫外套，當小白也拉動身體想要撕咬身上的外套時，我們全都笑彎了腰；最後小黃蹲趴在地上，忿恨地看著折磨牠的外衣。

譚度（Tundup Galsan）是眾人的主廚兼說故事高手，我的私人廚師澤仁也常常不厭其煩地對一小群人講故事，不過他最逗趣的時候是唱歌，他的歌聲聽起來像一隻豬被門夾住的慘叫聲。

十月十七日，氣溫攝氏零下二十七．八度，旅隊目前剩下二十七匹馬、二十七頭騾子、二十七個人，但過兩天又凍死了一隻綿羊和兩匹馬。我們已經有五十九天沒有見過其他人類的足跡，大夥兒的恐懼感逐漸提升。我們能在遇見游牧民族之前維持足夠的牲口嗎？萬一牲口全死了，我們只好捨棄行李，徒步尋找人煙，這種情況會不會發生？

## 難耐嚴寒風雪

這裡的地形構成重重障礙，我們陷在迷宮似的曲折山谷間。在四十四號營地時，一場暴風雪來襲，旅隊行進路線的轉折點因此無法辨認。我們派出的斥候建議走東邊的一條山口，次日艾莎一呎深的積雪前去探勘，等我到達那裡時（海拔一萬八千四百呎）發現，主脊就在山口東南方附近，但是艾莎卻越過山口，下到東北方一座被雪覆蓋的荒僻山谷紮營。這裡既無燃料也無水草，我們靠空箱子維持營火燃燒不滅，沉重的雲堆下降到白色的山頭，天上再度飄起雪花。我們的營地上方就有一條小山脊，高度大概只有四十呎，順著一名手下的方向望過去，山脊上站著兩頭正在觀察我們的野犛牛，牠們和我們一樣吃驚。黑色的犛牛襯著漩渦似從天而降的白雪，著實是一幅奇妙景象。

夜裡馬匹互相嚙著對方的尾巴和馱鞍，其中兩匹在當晚死去。下一個營地仍然籠罩著愁雲慘霧，艾沙出去探路，回來時帶了新消息：他在三個小時的路程外找到一片開闊的地面。旅隊開拔向前走，黃昏時艾沙突興一股衝動，要求大家繼續走，直到抵達那片平坦的草原爲止。我走在羅伯、澤仁和雷興後面，其他人馬分成三組，牧羊人和他帶領的綿羊押後，他們像幽靈般消失在黑暗中；酷寒的天氣砭人肌骨，不過沒關係，因爲我們都充滿希望，明天早晨的情況必然會好轉。

兩頭可憐的騾子跟著我們這一組，半夜裡其中一頭死了，另一頭到隔天早晨也已經消耗得不成形，我們用刀子幫牠解脫，牠睜著雙眼凝望太陽，像鑽石般閃閃發亮，牠淌下的血液被皚皚白雪襯托得豔紅斑斑，令人毛骨悚然。

我們跟隨其他組人馬的足跡前進，不久遇到唐德普，他說旅隊在黑夜裡迷失方向，幾組小隊也失去了聯繫，另外有四頭騾子喪命。我們在他的帶領下繼續走，途中經過一頭倒斃的騾子和原本綁在牠背上、現在掉落一旁的兩袋白米。艾沙在遠方出現，他帶領兩名手下出來探路，最後我們終於抵達那處水草豐美的平原。大夥兒翻身下馬，早已凍得半死的我們趕緊生火取暖，接著其他小組也逐一抵達會合，我們爲這處營地編號爲四十七號。宋南第一個出現，他帶領倖存的騾子前來，見到我們時不禁爲旅隊的損失哭泣起來，昨夜的折騰使我們折損七頭騾子與兩匹馬。牧羊人和其他隊員完全失去聯繫，他帶領綿羊進入一處峽谷，自己坐在綿羊群中取暖；他們竟然沒有遭野狼跟蹤與攻擊，眞是奇蹟一樁。

我們大略清點一下旅隊實力，現在剩下三十二馱的行李、二十一匹馬、二十頭騾子，但是有四頭騾子已經不堪使用。如今只有羅伯與我繼續騎馬，我決定將七馱白米中的五馱拿來餵食牲口，畢竟旅隊的存亡完全依靠牠們。唐德普射殺了三頭羚羊，爲我們悽慘的處境帶來一些喜氣；幾名人員出去宰殺獵物、準備餐點時發現，在這空檔有一頭羚羊已經被野狼所吞噬了。

在十月二十四日的跋涉途中，又有兩頭騾子和一匹馬不支倒斃，我們的處境一天比一天凶險，營火前人人沉默不語。這天的營地位在一座小湖邊，我們在湖岸上發現乾枯的野草和一口湧出地面的泉水，晚上十點鐘，一群南飛的野雁從我們頭頂上飛過，清明無比的月光照亮整個大地，今晚相當寧靜平和。從野雁聒噪的叫聲，我們推測出牠們可能想飛下來在泉水邊休息，卻發現泉水被人類占據了，因此野雁首領發出一聲響亮的新口令，雁群再度起飛，目標應是南方下一處泉水。無庸置疑，幾千年來這些候鳥年年循著相同的路線飛越西藏，在秋天與春天往返印度。

## 陷入昏迷的八十四小時

打從離開列城就一直是我的座騎的斑點大馬已經顯出疲態，於是我換騎一匹體形嬌小的拉達克白馬，牠是我的好朋友，雖然我碰觸馬鞍時牠會咬人、踢人，但只要我一坐上馬鞍，牠就以自信穩健的步伐向前走。我們在兩個地方看見一種常見的石頭三腳凳，那是獵犛牛的獵人用來煮食的爐灶，經過六十五天與世隔絕的旅程之後，我們終於發現人煙，每個人都開始放眼尋找黑色西藏式帳棚的蹤影。我們越晚與游牧民族接

受傷的野犛牛

觸，那麼我們正逐漸接近的謠言就越晚抵達拉薩；儘管如此，大夥兒還是渴望快點找到其他人類，因爲旅隊中倖存的馬匹和騾子再也撐不下去了。此處水源非常稀少，有時候我們必須將冰塊放在鍋子裡溶解，好讓牲口有水喝。

我們在嚴寒的暴風雪中走了一段短短的路，便開始搭建第五十一號營地，之前我已累得快坐不住馬鞍，大夥兒兩度停下腳步來點燃牛糞取暖。帳棚一搭好，我立刻爬進去倒在床褥上睡覺，這回我得了很嚴重的瘧疾，頭痛欲裂，而且發燒到將近四十一度半。羅伯將布羅斯維爾康製藥公司贈送的藥箱拿來，眞感謝這家公司！過去，他們也送藥品給史坦利、艾明巴夏（Mehmed Emin Pasha）❶、傑克森（Frederick George Jackson）❷、史考特（Robert Falcon Scott）❸等人。羅伯和澤仁脫掉我的衣服，徹夜守護著我；夢言囈語的我彷彿離開了西藏，就這樣躺了八十四個小時，這期間，羅伯大聲唸書給我聽。外面一場暴風整整肆虐了六天，粉塵吹進我的帳棚裡，將蠟燭吹得時明時滅；野狼大膽逼近營地，唐德普開槍擊中一頭，還有一隻大烏鴉專愛啄馬匹的鬃毛，也被唐德普給打死了。旅隊裡很多人生病，原本的五十八匹馬現在只剩十六匹還活著。

十一月三日，我可以繼續上路了——密實裹在毛毯裡。我們經常選在前人的舊營地上紮營，利用他們留下來的爐石烹煮。兩天過後，我們發現到金礦和挖掘的痕跡，有條路顯然是人類的腳步踩踏出來的。狹窄的山谷中有群野犛牛在吃草，唐德普上前發動攻擊，槍聲響，除了一頭大如小象的老公牛以外，其餘的犛牛悉數逃入峽谷另一端，留在原地的公犛牛壓低犄角，朝獵人的方向逼近，唐德普來不及撤退到安全地點，迅即精確地射出兩槍撂倒犛牛；我為這頭俊美的動物拍了好幾張照片。

十一月七日，我們有一段不尋常的際遇，當時我專心在收集礦物標本、繪製路線圖、素描和拍照，像往常一樣落在旅隊最後面，陪伴我的是騎馬的羅伯與徒步的雷興；每當我一跨下座騎，雷興就會在一旁為我牽著馬匹。我們沿著一座湖岸邊前進，右手邊有一堵陡峭的山壁，兩群野綿羊出現在眼前，四下還經常可見探礦人堆砌的引路石標；接著來到一處平原上，正在吃草的五十頭犛牛飛也似的逃走，沒多久，又見到一群二十頭左右的西藏羚羊，當我們靠近時，牠們像雲影般霎時消失無蹤。先我們抵達的旅隊已在前面半哩處搭好第五十六號營地，營火煙霧也已裊裊升起，再過幾分鐘我們就可以到達營地。離營地兩百步左右有一頭黑色的大犛牛在吃草，艾沙走出帳棚外對犛牛開了一槍，受傷的犛牛變得狂暴，牠瞥見正在靠近的我們，認定我們是敵人，便筆直朝我們三個人衝撞過來，雷興絕望地大聲喊叫，趕緊朝帳棚方向逃命；這時候犛牛改變主意，調頭往回跑，我們的馬匹嘶鳴起來，也開始放蹄狂奔，雷興抓住羅伯座騎的尾巴，發怒的犛牛已經相當逼近，牠的嘴邊冒出白沫，血紅色的眼珠子滾來滾去，藍紫色的舌頭吐了出來，氣息像水蒸氣從鼻孔裡噴出來，一陣煙塵在牠後方捲起。犛牛低著頭往前衝，我正好騎在最右側，因此牠第一個刺中的必是我的座騎，接著

犛牛壓低犄角向我們衝過來。

會把馬兒和我頂起來拋向空中，等我們落地再將我們踩成肉醬，我恍惚已聽到自己的肋骨被犛牛踩斷的喀啦聲。現在犛牛離我們只有五十呎距離，我將短襖拋出去，希望能轉移犛牛的注意力，可是牠視若無睹；我再把腰帶解下來，想趁犛牛更接近時把羊皮外套丟出去矇住牠的眼睛，我覺得自己好像馬上的鬥牛士，正與狂暴的公牛作殊死鬥。生死一線間！我還來不及脫下外套，就已聽見一聲劃破天際的淒厲喊叫，那是發自奔跑中跌倒在地的雷輿口中，這一來犛牛的注意力立刻轉移到雷輿身上，牠壓低犄角衝到雷輿身邊。不曉得是犛牛以爲雷輿已經死了，或是認爲他不具傷害力（因爲雷輿始終一動也不動），總之，牠只用犄角頂頂雷輿，然後就以戰勝之姿跑離平原了。

我立即調頭，下馬跑到雷輿身邊，心想他一定沒命了，只見雷輿直挺挺地躺著，衣服破破爛爛，全身沾滿塵土。我問他怎樣了，他舉起一隻手做了個滑稽的動作，好像在說：「別理我，我已經死透了。」這時營地的援手也趕了過來，可憐的雷興看起來眞的很悽慘，他的一條腿裂開一道長長的傷口，還好並不礙事，同伴將他放在馬上，爲他清理傷口，並帶他回帳棚好好照料。從此雷興改爲騎馬旅行，但是這次遭遇讓他變得有些古怪，很久以後才恢復正常。

## 喜見第一批人類

在下一個營地時我們浪費了一天，因爲一群野狼將我們的馬匹追得往回跑，使得我們只好重新搜尋自己在北邊留下的腳印。十一月十日，我們看見一個人和一頭馴養犛牛在湖邊留下的新腳印，而唐德普出去找尋獵物時，也遇上一頂孤伶伶的帳棚，裡面住著一個婦人和三個小孩。兩天之後我們又折損了三匹馬，這時馬匹僅剩下十三匹。我們那矯健的獵人忽然帶著兩名騎馬的西藏人回到營地，這是我們八十一天來所見到的第一批人類。

這兩個西藏人大約是五十歲和四十歲，年紀大的叫龐策克（Puntsuk），年紀輕的叫札林（Tsering Dava），他們算是半游牧、半捕獵犛牛的人，自稱爲羌巴（changpa）。整個西藏北部都叫作羌塘，意思是北方高原。這兩位藏人叫我「大首領」（Bombo Chimbo）；他們渾身髒兮兮的，披頭散髮，戴的帽子可以保護兩頰和下巴，身上穿著溫暖的羊皮外套和毛氈靴，還配備了原始的長劍、撥火棒和步槍，但卻缺少一樣東西——長褲！

他們願意賣我們一些犛牛和綿羊嗎？答案是：求之不得！他們說第二天早上會再回來，可我們不太信任他們，於是當晚將他們留在艾沙的帳棚裡監視。次日早晨，我的人隨同前往他們的帳棚，不久，他們便帶回五頭健壯的犛牛，每一頭都能馱上兩匹馬所負載的行李。另外，他們還帶了四隻綿羊和八隻山羊回來。我們支付一筆豐厚的報酬，因爲這兩位藏人眞的救了我們一命。

藏人一五一十敘說他們對這個地區的熟識，也說了一些自己在此間游牧的經驗。他們靠又老又硬的肉乾、奶油、酸奶、茶磚維生，狩獵時躲在泉水旁邊低矮的石牆後面，等候獵物到來；札林信誓旦旦說他年輕時獵過三百頭野犛牛。西藏人用野驢皮製作靴子和皮索，然後將皮索穿過野獸的腳腱；馴養

我們遇上的第一批游牧民族。

的犛牛和綿羊、山羊都是由他們自己和妻子一同照料，日子過得雖然單調，卻相當健康而靈動。一年復一年，他們就在這令人暈眩的高山上、在刺骨的風寒與霜雪中生活下去；他們豎立獻給山神的石堆，對居住在湖泊、河川、山脈間的鬼神均心存敬畏。最後大限來臨了，親人便將死者的屍體帶到山裡，任由野狼與禿鷹收拾善後。

十一月十四日，我們離開營地繼續前進，龐策克和札林擔任嚮導，他們沿途解說地名，我和艾沙拿相同的問題分別去問他們，藉此查證兩人的說法是否吻合。據他們說，挖金礦的人一年工作兩、三個月，回家的時候滿載著鹽巴，之後再以鹽巴換取穀物。每天晚上龐策克和札林都會清點我給他們的盧比，並且把玩這些亮晃晃的銀幣。他們的小馬常逗得我哈哈大笑。當我和札林抵達營地時，領先到達的龐策克早已把馬兒放出去吃草，一等到我們接近，他總是上馬急馳過來迎接他的夥伴，兩個人開開心心地說笑，然後彼此摩擦鼻子歡迎對方。西藏人的馬匹對我們的馬兒極感興趣，似乎無法理解我們那些憔悴、虛弱的馬兒其實是牠們的同類。在一旁觀看這些小馬嚼著切成長條的肉乾，實在趣味盎然；在水草如此稀罕的地方，游牧民族不得不將他們的馬匹訓練成肉食動物。

有一天唐德普射死兩頭犛牛，我們盡可能帶走許多肉，其餘的都留給龐策克和札林，不過大概又會被野狼捷足先登。

接下來我們騎馬越過察孔拉山口（Chakchom-la），這裡的標高（一萬七千九百五十呎）

和墨西哥的波波卡特佩特火山（Popocatapetl）[4]一樣。沿途有尋金人所留下的足跡，我們停在這條山脈的南方紮營；新交的西藏朋友央求我讓他們回家，因爲他們從來沒有到過比此處更偏南方之地，我答應他們，並且慷慨送了一筆小費，看來他們似乎從未想過會有我們這種人存在。

又過了一天，我們從另一山口上瞧見六頂帳棚，周圍環繞著吃草的牲口，這些帳棚住著四十個人，他們擁有一千隻綿羊、六十頭犛牛和四十匹馬，其中一個跛腳老人羅普三（Lobsang Tsering）賣給我們三頭壯碩的犛牛，每頭索價二十三盧比，他的一名同伴也以同樣價格賣給我們兩頭，因此我們現在總共有十頭犛牛，爲其他的牲口減輕不少重擔。羅普三穿著紅色的羊皮外套，戴著紅色頭巾，看來相當英俊，他說這個地區蘊藏豐富的金礦和鹽礦，吸引了拉薩人前來開採，他自己和其他游牧民族則是來自西南方改則(Gertse)一帶，他們似乎很熱衷幫助我們，族人間卻彼此害怕，顯然他們還沒有收到任何拉薩來的特別命令。

我們帶著十四頭騾子、十二匹馬、十頭犛牛上路，在十一月二十二日行抵一條高突的道路，顯然它是爲了尋金客和他們的犛牛，以及載鹽商旅與他們的綿羊所闢建。每天吹颳的風暴簡直是酷刑，我們全身上下裹得像是北極探險家，騎馬穿越不見天日的塵雲，大夥兒的皮膚都龜裂了，尤其是指甲周圍長出慢性瘡傷，龜裂的情況更嚴重。夜裡風暴挾著隆隆的低吼，好似罩頂的火車站駛進龐大的火車，或是重砲隊全速壓過石子路的聲音。

## 行蹤暴露

第二天死了四頭騾子，氣溫降到攝氏零下三十三．三度；我們再次紮營，營地附近有一座被石牆環抱的帳棚村，村子裡六頂帳棚都住著納燦人，他們聽命於拉薩政府。艾沙同他們交涉，試圖購買一些犛牛和綿羊，可是有個看似官員的人走進帳棚，禁止這些居民賣任何東西給我們，他知道我們的旅隊裡藏著一個歐洲人，建議我們立刻回去。

我心想：「開始了，現在他們立刻會派遣快馬信差去拉薩通風報信，然後間諜與監督行為就會開始出現在我們周遭，最後他們將動員所有騎馬的民兵。」

離這要命的地方不遠之處，我們遇到一支來自那曲的三十五人朝聖團，他們趕著六百隻綿羊和一百頭犛牛，進行聖山岡仁波齊峰的朝拜之旅，他們旅行的速度極為緩慢，來回一共花了兩年時間。到達下一處營地，我們發現有兩名間諜在監視我們。那天夜裡一頭騾子死了，牠的屍體立刻引來五頭野狼啃食，當我騎馬接近時，這些野狼甚至毫不退避。

我們加快速度趕路，筋疲力竭的牲口盡力賣命。一天晚上我們正在亂石堆裡紮營時，兩名騎士接近我們的帳棚，他們頭上纏著飾紅纓帶的頭巾，外套綴有紅色與綠色的緞帶，劍鞘上鑲著次等寶石，靴子則是用多種顏色的毛氈做成的。這兩人說他們是那支那曲朝聖團的隊員，不過他們以下的說法聽起來比較眞實：

「你是五年前帶了兩名隨從抵達那曲的白人，其中一個隨從叫薛瑞伯喇嘛。」

「沒有錯。」

「你的旅隊裡有駱駝和俄國人，整個那曲的百姓都談論著你。」

「好極了，」我心裡想：「現在，地方首長很快就會知道我在半路上，而且肯定會出面阻止我們。」

「你有沒有犛牛可賣？」我問他們。

「有啊，我們明天早上會再過來；不過你絕對不能讓任何人知道我們賣犛牛給你。」

「一言爲定，你們過來，我們不會告訴任何人。」

第二天日出以前他們就來了，攜帶了犛牛、奶油、茶磚，還有不丹的菸草。

「如果你們陪我們一起走，我每天給你們每人三個盧比。」我說。

「不，謝了！」他們回答：「已經有話傳到南方要阻擋你，並且強迫你向西走，就和上次一樣。」

這兩個人就這麼走了。現在我們擁有十八頭犛牛，隊伍繼續經由一處山口往南走，我們發現山口的另一邊遍布積雪。當旅隊通過一處平原時，我和羅伯、哈吉（Haji）騎著馬遠遠落在旅隊後面，哈吉忽然指著我們身後的山口說：「三匹快馬！」

「眞正的麻煩來了。」我心裡想著。三個騎士筆直朝我們而來，一個體型結實的漢子以官方口吻要求我們說明自己是誰，我們反過來問他們又是誰；他們盤問了一會兒，便向已經紮營的旅隊走去，經過一番嚴密的檢查後，策馬向西方離去。

十二月四日，我們穿過一片數百頭野驢在吃草的帶狀平原，直抵波倉藏布；在前次的旅程我曾經會過這條河，這裡海拔只有一萬五千六百呎，對我們來說眞是難得的低。我們分秒必爭，和當地人建立友善關係，他們總算才願意賣食物給我們，這買賣來的眞是時候，因爲我們的白米、麵粉、酥烤麵粉都吃光了；我每天還有一小塊白麵包可吃，但是手下只剩下肉和茶可食用。

我們還沒有被限制行動自由。眼前這條路正是我在一九〇一年走過的同一條，而波倉藏布的南面正是地圖上一大片空白的起點，換句話說，這裡正是我此次探險的主要目標。不過我們多舛的旅隊再度被烏雲籠罩，第二天，有六名男子騎馬來到營地，其中地位最高的是「噶本」(Gova)❺，意思是地區首長，他說道：

「我從北方得到關於你的消息，現在我要知道一切內情。上次你帶著駱駝經過這個區域，現在我要派遣一名信差去通報納燦的總督，否則他會殺了我。請大首領您在這裡靜候回音。」

「要等到什麼時候？」

「大約二十天。」

「不了，謝謝你！我沒有時間，明天我們的隊伍還是要前進。」

這位老先生很慈祥、個性很討人喜歡，他和我們一起騎馬到江邊，把自己的帳棚搭在我們的帳棚旁，對於游牧者協助我們一事也不予置評；牧民向我保證，現在所有的納燦人都知道我的行蹤。

十二月十三日，我們從一處山口上瞧見期盼已久的當惹雍錯，先前我命信差到這座湖的南岸與我們會合，如今我們已遲延了半個月，儘管如此，我還是決定先往東走一點到昂孜錯（西藏中部的湖泊）。

營地附近面對一條峽谷的出口，開口處極爲狹窄，有些地點甚至張臂可以同時碰觸兩側山壁。我帶了兩名隨從走路到那裡，洛布桑隨後再帶犛牛來接我們，當他來到預定地點和我們會合時，情緒顯得相當低落，原因是，營地來了十二個武裝騎士試圖阻止我們。

我們才在未知之境走了幾天，現在我的路途又像從前一樣被堵住了，整個冬天的受苦受難、所有牲口的犧牲性命，全都白白浪費了。我情緒沉重地騎馬返回帳棚，當澤仁把暖好的火盆帶進帳棚時，我說：

「我先前說我們會被阻止，現在你明白我說對了吧！」

「住嘴！」他叫嚷起來：「沒有人阻止我們啊！」

「可是洛布桑說有十二個騎士到過這裡。」

「他誤會了，那只是謠言罷了。」

「太好了，既然這樣，今晚我們把最瘦的羊宰了，好好慶祝一番！」

【注釋】

❶一八四〇～一八九二，德國探險家，原名Eduard Schnitzer，是德國駐蘇丹的行政官，對於非洲東部的地理、自然史與民族的研究貢獻良多。

❷一八六〇～一九三八，英國探險家，曾到過世界各地探勘，包括澳洲沙漠、北極、非洲等地。

❸一八六八～一九一二，英國探險家，兩度指揮南極探險隊；一九一二年抵達南極點，回程時卻因氣候惡劣、糧食用罄不幸喪命。

❹是座息火山，位處墨西哥城東南七十二公里，爲全國第二高峰。

❺藏語，「地方官」的意思。

# 第五十章

## 地圖上「尚未探勘」的處女地

晚上又有三個西藏人騎馬來到我們營地，態度倒是非常友善，他們警告我們有一幫那曲強盜轉向北方，而且四處造謠我們是強盜。這三個人表示很高興發現我們是好人；其中一人曾經在五年前見過我，他還記得當年西藏士兵護送我的情形，這幾位仁兄一點兒也不介意賣幾頭犛牛給我們，甚至為我們找了一位嚮導。

我們買下三頭強健的犛牛，這一來我們最後的十匹馬和兩頭騾子就不必再馱載行李了。快要跨入納燦邊境之際，我們遇到一大隊騎馬人士，身邊還帶了大批犛牛，我心想：「他們一定會在邊界阻攔我們。」可是不然，他們只是從波倉藏布來的游牧民族，剛從南方採買貨物回來。又過了幾天，我們在路上碰到一些帳棚住民，他們鹵莽地對艾沙叫喊：「回去，你們無權在此旅行。」艾沙怒不可遏，便請其中態度最惡劣的一人吃了一記馬鞭，這些人登時噤若寒蟬，溫馴如羔羊。

## 雪地上的聖誕夜

十二月二十四日早晨，我被一陣憂鬱的歌聲吵醒，原來是我的帳棚外坐了個流浪的乞丐和他年邁的妻子，一邊唱歌一邊搖著神杵。我們的嚮導是個小男孩，他帶領我們越過山口，另由一個漢子牽我的斑點馬攀上峰頂，當馬兒爬上山巔時，我拍了拍這匹忠實的牲口，希望牠的體力足以支撐到下一個營地。馬兒沉鬱地嘆息，當我騎上牠繼續前進那刻，牠深深地凝望著我；結果，這匹馬兒永遠也沒見著那處營地。

耶誕前夕的跋涉極為漫長，隨著黃昏的陰影掩過山腳，我們下到一處圓形山谷，谷地中央是結冰而泛著白光的唐博錯（Dumbok-tso），湖心有座岩石小島。我們生起耶誕營火，黃色的火焰照耀湖岸附近；今天工作已告一段落，我想做點什麼來慶祝耶誕節，羅伯存下大約四十根殘燭，我們把它們整齊排列在一只箱子裡，然後點燃。我把所有人員召來，要他們坐在密閉的帳棚前面，然後我和羅伯突如其來地掀起帳棚前帘，大夥兒意外看見一片光明，都感到非常驚奇，他們於是找來了長笛和鍋碗瓢盆，開始嬉鬧、唱歌和跳舞；附近的游牧民族可能認為這些儀式與禱詞是巫術的一部分，不過我們的小嚮導則深信我們都瘋了，要求回到自己的帳棚。隊裡的喇嘛教徒唱了一首歌頌札什倫布寺的歌曲，等到喧囂聲稍歇，我朗讀聖經上幾段應景的文字，也就是耶誕夜時瑞典和其他基督教教堂都會誦讀的經文。

## 測量大鹽湖「昂孜錯」

第九十七號營地駐紮在昂孜錯的北岸，這是一座淺水的大鹽湖，由印度學者喃辛所發現，我們這裡正巧和他的探險路線交叉。此處水草豐沛，我要牲口和手下都能好好休息，再叫幾個最強壯的隨從和我一起幹活，測量已經結了厚冰層的昂孜錯深度。這麼做其實相當冒險，因爲我應該趕緊深入禁區，而不應該在此浪費時間，然而我們的牲口急需休息，同時我也必須測量昂孜錯的深度並繪製地圖。

我們做了一個雪橇，我雙腳交疊坐在上面，身上緊緊裹著羊皮外套，洛布桑和哈吉爲我拉橇，其他七人則背著糧食和一頂小帳棚橫越冰層。每隔一段適當的間距，我們就停下來在冰上鑿洞，再將鉛錘丟入洞裡。我們的第一個營地位在昂孜錯南岸，第二趟旅程則往西北走，在一處寬度幾達五呎的罅隙，我們費盡千辛萬苦才渡過這片廣闊水域。十二月三十一日，我們在昂孜錯西岸搭起第一百號營地，那裡有個牧人正在看管五百隻綿羊，他一見我們上岸，立刻全速逃跑，留下綿羊自求多福。

一九〇七年元旦，我們走對角線朝南南東方向越過湖面，一陣強風捲起鹽粉，吹過亮晶晶的深綠色冰層，我們已經可以看到南岸的帳棚、馴養犛牛和野驢，這時忽然颳起狂風，旅隊裡的拉達克人圍坐在露天營火前，在滿天塵埃和朦朧的月色中構成一幅美麗的景致。

一月二日，我們頂著強風朝西南方向渡湖，在一處測量洞口邊，我留在雪橇上沒有下來，忽然颳起一陣暴風，將雪橇像冰艇似的吹過湖面，假如不是冰面上的一條裂縫使雪橇翻覆，我很可能就在強風的帶動下穿過整座湖面；回到營地，我們將雪橇牢牢綁住。我們在畜欄找到一些羊糞，生了火之後，仍花了一個小時才使身體暖和起來。大夥兒的樣子眞是狼狽，臉沾滿了鹽粉，白皙得像是麵粉磨坊的工人。

之後我們向東北方走，小白也作伴同行，這次颳來的一陣風倒是幫了我們一個大忙，雪橇滑板所經之處噴起磨碎的冰粉；我們向游牧民族買了些糧食。一月四日，我們看見遠處的冰上有個黑點，來者是伊斯蘭（Islam Ahun），他送來羅伯的一封信；他已經找我們整整兩天了。羅伯信上說一支武裝軍隊將抵達我們的營地，目的是阻止我們再往前推進；他們堅持要和我面對面談。

這麼說來，他們當眞是要阻止我們，情況和一九〇一年如出一轍。就在我已經抵達極南點的此刻，通往「聖典之土」的大門再次當著我的面甩上，理由正是：

大門由我開啓，
大門任我關閉，
我爲舍下樹立規矩，
白雪夫人如是說。

第二天，我們再沿另一條路線測量湖深，總結多次測量結果，昂孜錯最深的地方只有三十三呎。旅隊又遣來另一位信差，這回帶來的口訊是：「地區首長本人四天內將抵達，我們已被嚴密監視。」不知道這位地區首長是否爲上次的赫拉耶大人？當初我怎麼不按照原先的計畫先去當惹雍錯？如此就能避開納燦地區了。

一月六日我們進行最後一條路線的深度探測，正忙著的時候，艾沙獨自一人出現，他告訴我有二十五名西藏人在我們的營地搭起帳棚，而且不時有騎馬的信差來來去去，但是沒有人聽說過有爲我送書信的信差；我先前託人央信差於十一月二十五日到當惹雍錯會面，而現在已經一月六日了。話又說回來，鄧洛普史密斯上校明知英國政府想盡辦法阻止我，而我也持中國護照轉而前往東土耳其斯坦，那麼他爲何要順從我的要求派信差來當惹雍錯呢？

## 受阻於赫拉耶大人

一月七日旅隊帶了馬匹來接我們，我們騎馬抵達離昂孜錯東北岸不遠的第一〇七號營地。我坐在艾沙的帳棚裡接見西藏長老，他們對我深深鞠躬，把舌頭伸出來；其中有一位在上次赫拉耶大人攔截我時見過面。

「赫拉耶大人還是納燦的首長嗎？」

「是的，他也知道是您回來了。赫拉耶大人已經把您來的消息送到拉薩，四天之內他就會抵達，您務必在此等候。」

「真高興再見到你，赫定大人。」赫拉耶說

一月十一日晚上，一支騎兵隊抵達營地，並搭起一頂藍白相間的大帳棚。第二天，首長本人帶著一位年輕的喇嘛前來拜訪；首長頭戴一頂中國無邊帽，帽子上裝飾兩條狐狸尾巴和一顆白色的玻璃鈕釦，身穿一襲寬袖絲質長袍，領口鑲了水獺毛皮，足蹬絲絨靴子，還戴著耳環。他熱情招呼我，事實上，我們幾乎是擁抱著對方，不過赫拉耶對於命令仍是一絲不苟：

「你不能穿越納燦，赫定大人，你必須折回北邊。雖然我們是老朋友，但是我不能讓你給我們添新的麻煩。」

「赫拉耶大人，」我回答：「我這趟旅途出發時有一百三十頭滿載行李的馱獸，現在只剩下八匹馬和一頭騾子，你怎能要我帶這樣的旅隊走回危險萬分的羌塘呢？」

「你想去哪裡都成，就是不能穿越我的轄地。」

「達賴喇嘛已經逃走了，現在西藏政權和我上次來時不一樣。班禪喇嘛正等候我前去呢。」

「我只聽拉薩政府的號令。」

「我正等著印度來的信件，它們會從班禪喇嘛那裡轉來給我。」

「空口無憑，除非你返回北邊的原路，否則我是不會離開這裡的。」

「除非我拿到印度來的書信，否則我也不會離開西藏。」

想來當初我眞該先去當惹雍錯，那裡不屬於納燦地區，就不會遇上這樣的麻煩，現在唯一的辦法是退回波倉藏布，再從那裡轉往當惹雍錯。

赫拉耶回到帳棚後，遣人帶來了白米、奶油和其他見面禮，我也回贈他兩樣禮品，外加兩把喀什米爾小刀。之後，我到他美輪美奐的大帳棚作禮尙往來的拜訪，兩人在那裡繼續交涉。赫拉耶並不反對我派遣兩名信差去江孜見歐康納上尉（Captain O'Connor），於是我要魯布（Rub Das）和譚度準備好第二天傍晚出發。他們兩人後來並未成行，因爲赫拉耶次日又登門拜訪，說他改變主意。他的話令我極爲驚詫：

「我和幾個心腹討論過這件事，我們同意你只有一條路可走，那就是離開此處前往拉布仁區❶，我要求你明天即刻啓程。」

到底發生了什麼事？他這麼說用意何在？難道他接到拉薩的命令了嗎？我不敢相信自己的耳朵，但仍然保持鎭定，相當冷靜地說：

「好吧，如果你能替我弄來一些新的馱獸，我就向南部走。」

「你可以向游牧人購買。你的路線是在昂孜錯以東。」

結束這次禮貌性的回拜之後，我們仔細地重新打包行李。赫拉耶對我們的打包工作極感興趣，還索取我們留下來的空箱子，於是我送給他一只紅色的皮箱和一些零碎小東西；赫拉耶絕對值得我送他這些禮物，因爲他爲我打開了「聖典之土」的大門。

## 峰迴路轉

一月十四日是値得紀念的一天，這天正午出現日蝕現象，太陽有九成的表面轉爲黑暗，我花了三個小時以經緯儀觀察日蝕過程，並且記錄溫度、風向等變化。一開始天空極爲晴朗，然後天色變得越來越暗，四下一片岑寂，西藏人全都躲到帳棚裡，拉達克人嘴裡唸唸有詞禱告著，羊群從牧草地走回來，大烏鴉棲息在枝頭，停止聒噪而且昏昏欲睡，彷彿黑夜已然接近。

一待日蝕現象結束，我立刻跑到赫拉耶的帳棚。

我說：「你看吧，當惹雍錯的神明生氣了，因爲你封閉道路不讓我去祂們的湖泊。」

但見赫拉耶露出神氣表情笑笑說：

「那不過是天狗在漫步罷了，有時候是會遮住太陽的。」

就在我們坐著說話的當兒，帳棚的門霍然被衝開，驚惶的洛布桑跑進來大喊：

「信件來了！」

「是誰帶來的？」我十分鎮靜。

「一個從日喀則來的人。」

「怎麼回事？」赫拉耶問我。

我回答：「噢，只不過是班禪喇嘛罷了，他差人把我的信件送來了。」

赫拉耶派遣一位心腹出去證實我所說的話，信差對那名心腹說班禪喇嘛的弟弟康古須克爵爺（Duke Kung Gushuk）命令他冒死前來尋我，他是從游牧人口中打聽到我的下落。

這回輪到赫拉耶吃驚了，他圓睜著雙眼，張大嘴巴，呆呆望著前面，最後好不容易擠出話來：

「好吧，既然我知道神聖的班禪喇嘛親自期待你到訪，我也無話可說，你現在可以通過了。後天我就回香沙宗。」

我回答：「我不是告訴過你班禪喇嘛會替我把信件轉來嗎？」

我向赫拉耶告辭後立刻趕回我的帳棚，接見這位頂呱呱的信差安顧爾布（Ngurbu Tundup），這個寶貝郵袋從加爾各答送到江孜，然後轉交給班禪喇嘛，他受託將這批書信轉送當惹雍錯。還好郵件和我們一樣都耽擱了。

我收到成堆的信件！家裡捎來好消息，還有報紙與書籍！終於再度和外面的世界聯繫上了。我貪婪地閱讀所有信件和報紙，這天晚上，拉達克人特地安排了舞蹈和音樂表演，我出去和他們同樂，用賈克提土耳其語向他們致詞，感謝他們整個冬天的堅忍與忠實，現在我將發放他們的薪資，不久之後，他們就能親眼看到札什倫布寺，以及西藏最崇高的精神領袖。

帳棚內的溫度是攝氏零下二十五度，帳棚外狼群嗚嗚長嚎，我躺著挑燈閱讀書信直到半夜，次日仍是整天花在閱讀上。一月十六日，老好人赫拉耶大人拔營離開，我們再次交換禮物，互道珍重，他登上座騎離去，和扈從消失在最近的山坡後面。

這眞是我的一大勝利！過去從未有歐洲人或印度學者到過的大片空白區域，現在任由我穿越其東部，所有的路障似乎頓時一掃而空。

我們向附近的游牧人買了三匹新馬，開始向昂孜錯的東南岸前進，到了那裡，我們看見地上有一頭被野狼吃剩的野驢遺骸。此地氣溫低到零下三十四．五度。

下一處營地位於一座河谷中，從那裡可以眺望馬札爾錯（Marchar-tso）的優美風景，小白和另一隻波卜仁的黑狗不見了，牠們鐵定還留在先前見到野驢的附近，我調派兩個人去找牠們回來，但是狗兒卻從此消失，永遠沒有再回來。兩天之後，有兩條流浪狗加入我們的旅隊，其中一隻又老又瘸，渾身毛茸茸地；手下扔擲石頭想把牠趕走，可是這條狗一直跟隨到下一處營地，又與我們一塊旅行了好幾百哩，牠變成了每個人的寵物。這條狗夜夜盡職看守營地，大家索性喊牠「瘸子」。

我們騎馬穿越蜿蜒的河谷，結冰的水系和深色的山脈形成迷宮似的地形，這是過去從未在地圖中記錄過的區域，也是開天闢地以來從未有歐洲人到過的地方，游牧民族爲這裡的主要山脊取名爲帕布拉（Pabla）。我們在暴風雪天來到置身的山脊，漫天大雪如往常一樣下著，每一座山口都有插著長幡旗的石堆，幡旗上面毫無例外寫著神聖的六字眞言。海拔一萬八千〇六十呎高的西山口（位於香沙宗西南方）是整條路線上最高、最重要的山口，它的位置剛好是西藏內陸水系和印度洋水系的分水嶺，山口以南的大小河川全都匯入雅魯藏布江，也就是布拉瑪普特拉河的上游。

下了西山口，我們遇到三個人帶著七匹馬，想必馬是偷來的，因爲他們看到我們時特地繞了好大一圈。一天之後，我們遇上七個全副武裝的男子，問我們是否看見偷馬賊了，聽到我們肯定的答覆，他們立刻躍上馬鞍跑向山口。

爲了加快行程，我們雇了二十五頭新的犛牛。這裡的地形非常難走，事實很明顯：我們必須翻越帕布拉山脊上的一連串山口，而且每一處山口的高度都和西山口不相上下。在眾多山口間往西流的美曲藏布各支流都已結冰，這條河是拉嘎藏布江❷的支流。這些三線山口當中，第一座叫作西白山口（Shib-la）❸，這條路線扮演極爲重要的交通要道，我們經常遇見各種旅隊，包括犛牛隊、騎士隊、游牧民族、獵人、朝聖客、乞丐等，形形色色。路上到處看得到信徒奉獻的石祭壇和經牆。我們來到一個相當大的宗教中心，這裡的牧民親切友善，因爲我們的先導斥候安顧爾布替我們建立了好名聲。

越過徹桑山口（Chesang-la）之後，我留下從羌塘買來的犛牛，將筋疲力竭的牠們留給唐德普和塔喜（Tashi）照顧，我交代他們慢慢跟上我們的腳步；假如我能預卜往後發生的事，我會把整支旅隊都留下來，只帶三、四名手下前往日喀則，可是我們完全沒有心懷戒慎，把一切都看得太容易了。

在這裡每跨出一步都是新發現，每個名字都讓我們多認識地球一些，直到一九〇七年元月，地球表面的這個部分就像月球背面一樣不爲人所知，人們對月球可見的一面遠比對地表這個多山之境更爲熟悉。

一條陡峭的山路通往標高一萬七千八百呎的塔山口，澤仁和玻魯（Bolu）兩人在山口的石祭壇和長幡旗前五體投地，參拜山神。眺望東南方，景色極爲壯觀，峰巒相連的山脈呈現各種顏色，色調深淺不一，山巒像熊掌般向下伸展，觸及雅魯藏布江谷地，這座雄偉河谷的另一邊雄峙著喜馬拉雅山的山脊與峰頂，刺眼的積雪襯著淺藍色的天空，偶有綿絮狀的白雲漂浮其間。我們眞的成功了嗎？眞的穿越了不爲人知的疆域來到偉大的聖河了嗎？

二月五日我們經過一座村子，大約四十個西藏人從蘆葦帳棚裡跑出來迎接我們，他們把舌頭吐到長得不能再長，用左手拿著帽子，用右手騷著頭，這些動作都在同一刻間進行。

第二天，我們來到海拔一萬四千五百六十呎的拉洛克山口的石祭壇，自從離開塔山口之後，我們的高度降低了三千三百呎。遠方的河流看似一條細長的絲帶，我們離喜馬拉雅山更近了，但是世界最高峰聖母峰卻隱沒在雲層後面，使我們無法一睹其風采。

【注釋】

❶拉布仁區（Labrang），即札什倫布寺所在之處。

❷拉嘎藏布江（Raga-tsangpo），位於日喀則以西，爲雅魯藏布江上游。

❸西白山口，在西拉山口南方，日喀則以北。

# 第五十一章

## 聖河上的朝聖之旅

我們從羅克山口循一條陡峭的路徑下到亦雄，河谷在這裡變得開闊起來，現在的高度不超過一萬二千九百五十呎，四周的房舍都是白色的，屋頂上插著長長的幡旗。塔西吉木北寺和吐格丹寺（Tugdan）召喚著我。這裡有通往日喀則、札什倫布寺、拉薩的公路，數百名西藏人圍住我們的帳棚，兜售綿羊、油脂、奶油、鮮奶、蘿蔔、乾草、青稞和青稞酒。信差安顧爾布也在這裡謁見康古須克爵爺，並受到他的歡迎。

我們該在這裡休息一天嗎？不行，我們可以到日喀則再好好休息，所以，繼續向前走！

我們行經村莊與青稞田，路上交通相當繁忙，有一大部分旅客是正要趕往札什倫布寺參加新年傳召大法會的朝聖客。這條路沿著雅魯藏布江的北岸前進，透明的江水靜謐地流淌，這就是聖水了。我們喝了些聖水。在朗瑪村，我們見到了自從離開列城之後的第一批樹木，便決定在這裡停留，用眞正的木材生起營火。

二月八日，風景如畫的窄路繼續沿著多山的北岸前進，江面上滿是咔啦作響的浮冰；位於碎石高地上的大那克村坐擁壯麗的河谷景色。

我們這趟旅程的最後一天是前往著名的喇嘛寺，我命令艾沙帶著旅隊繼續沿著陸路走，羅伯、洛布桑和我則取道雅魯藏布江。我們雇了一艘樣子滑稽的船，這種簡陋的船隻只有在木材稀少的地方才發明得出來，而且此處只有靠人工園林種植少數樹木，在海拔這麼高的地方是沒有野生樹林的。

這艘船呈長方形，船身由四頭犛牛的皮縫在一起，然後紮在輕質樹枝做成的框架上，船槳划水的一頭呈叉狀，上面綁著一塊三角形的獸皮，看起來彷彿鴨蹼。槳手將乘客送到目的地，譬如從大那克送到日喀則河谷的開口之後，便將船扛在背上徒步回大那克；雅魯藏布江的急流每秒鐘流速四、五呎，沒有人能夠逆流而上。

搭乘犛牛皮紮成的小船遊雅魯藏布江

古法儒將會牽著馬匹在公路和河流交會處等候我們。取道雅魯藏布江的水上之旅其實是我的策略，這樣我可以不受到監視而通過這段路，萬一拉薩官方在最後一刻發出攔截令，士兵只能抓到岸上的艾沙和旅隊，想在江上找到我，恐怕是難上加難。

開船了，我的雙眼盡收逼人而來的景色，趁此機會，我描繪起水道、河岸與周圍的地形，這就是雅魯藏布江，也就是布拉瑪普特拉河的上游；「藏布」是藏語「河流」之意。我揉揉眼睛，不敢相信自己已經成功越過禁地。江水清澈而帶點淺綠色，感覺上船是靜止不動的，反而是江岸急速向我們身後飛去；我瞧瞧船邊的水面，江底的圓石和沙岸在船底下快速延展。江的右岸聳立著喜馬拉雅山最遠端的山脈，北面的左岸則是廣大山系的支脈終點，也就是我們不久前才經由西拉山口跨越的無名山系，我稱之爲「外喜馬拉雅山」（Trans-Himalaya），它位於喜馬拉雅山（意爲「冬之居」）的另一邊，而且已經不屬於喜馬拉雅山系。江上之旅的每一分鐘都展現此片疆域不同的面貌，由於江水常有急遽的彎道，我們可說是朝著各個方向行進，這會兒太陽在我們正前方，下一刻卻又跑到我們的背後；一會兒我們還貼著北邊山麓前進，一會兒又貼到南岸的山腳跟了。江邊棲息著大批灰色野雁，牠們從江岸上觀望我們，當船通過野雁身旁時，牠們全都引頸高吭，不過並沒有騷動；這裡沒有人殺過野雁，所以這些鳥兒非常親近人。

雖然景色十分迷人且壯觀，我卻無法將視線轉開江上的朝聖船隊，長長的隊伍順著聖河滑下，有時我們的船超越朝聖船隊，有時則和某一艘朝聖船並肩同行。偶爾我們會將船划到岸邊，讓新來的船隊通過，他們通常兩、三艘綁在一起，船上不分農人、村民、游牧民族一律帶著妻兒，準備上札什倫布寺去參加即將舉行的新年傳召大法會。朝聖者都穿著過節服裝，色彩非紅即綠，再不然就是深藍色；婦女頭戴高拱帽，像是頂著一輪光環，上面鑲飾有珊瑚和藍玉，頭髮紮成辮子，髮尾上綁著的紅、綠、黃色絲帶直垂到腳跟，髮上還綴滿了珠飾和銀幣；穿紅色袈裟、不戴帽子的喇嘛隨處可見。船上的乘客都是一個樣兒，全忙著嚼舌

朝聖客正要趕往札什倫布寺參加新年慶典

根、吸菸、喝茶、吃東西，朝聖客把木棍直立固定在船緣，頂上繫著祈禱幡，以安撫河神和保平安。江面上盡是成群結隊的船隻，簡直像五顏六色的小島，但並未搶走夾峙在高山之間的這條孔雀綠江水的美麗風采。

江岸上偶爾出現用旗竿環繞的石堆，這是意味江水即將有岔道的指標，乘客和牲口可以在這裡搭乘犛牛皮做成的輕巧渡船。西藏的犛牛生時馱載游牧民族翻山越嶺，死後變成人類旅遊聖河的交通工具。

江邊陡峭的黑色花崗岩山脈沉降至水中，我們飛過一處又一處的絕壁。南岸的步道上，有一些漢子正扛著船徒步往上游走，從背後望去，這些扛船的人好像奇形怪狀的碩大甲蟲。江上也有漁夫忙著撒網捕魚，捕捉到的魚貨全賣給漢族的魚販。我買了一些漁夫打算第二天賣到日喀則市場的魚貨。

「還要走多遠？」我問我們的船長。

「噢，還遠著哪，最遠的那一點後面就是通到日喀則的馬路。」

我開始陷入冥想。放眼看去既無間諜也無士兵，江水在狹窄的河道中粼粼生波，但是沒有潛藏漩渦。我的思緒落在塔里木河上的九百哩旅程，可惜這次只能借用一天江水的力量！且慢──，一個念頭在我的腦中盤桓：我們可否順著雅魯藏布江河谷直下，抵達吉曲河（即拉薩河）匯入雅魯藏布江的地點，然後上岸買三匹馬，直接騎到拉薩？

不行！我在一九〇一年渴望喬裝潛入聖城的慾望完全熄滅了，那股不知名的魅力已經消失無蹤，原因是三年前楊赫斯本和麥克唐納將軍（General MacDonald）才率領一整隊軍官和兩千名英國士兵到過那裡，而且探險家賴德、羅林、貝利和伍德也都探訪過拉薩，更別提隨行的大報特派員與喇嘛教專家瓦德爾上校（Colonel Waddell）❶了。

雅魯藏布江右岸散布著一些村莊，新來的一列列船隊停泊在河岸上，小山似的乾草、牛糞、農作物堆放在岸邊，等待商隊的牲口將它們運往日喀則。在擁擠的西藏人群中，站著我們的隊員古法儒和四匹馬。

我付了船資和一點小費，便上馬往年楚河谷前進，這是通往日喀則的必經之地。太陽下山了，影子越拉越長，雖然沒有嚮導，但是路很好找，因爲沿路不斷有朝聖隊伍與商隊爲我們指引方向；我們吸引很多人的矚目，不過沒有人前來干涉我們的行動，黃昏與夜色更讓我欣喜，在昏暗之中沒有人會注意我們。右手邊出現一座高聳的白色舍利塔，再往下走一點，一座孤立的山丘上矗立著「日喀則宗」，也就是管轄這個城市的雄壯堡壘，黑暗中隱約可見堡壘兩側的白色屋宇。現下，我們已經站在日喀則的街道上了。

一名男子走過來，竟然是自己人南吉歐（Namgyal）！他帶領我們走到一扇大門前，門後就是康古須克爵爺的園林，艾沙和其他人已經在此等候我們了。這裡也有一些西藏人，都是康古須克的僕人，他們領我進入大門內的一間屋子，屋子已經打理好供我使用，但我寧願住在園林裡的帳棚。手下已經在園內搭起通風的帳棚，營火也已生了起來，我坐下，懷疑自己是不是在做夢。那天深夜，班禪喇嘛的一位俗家官員來到我的帳棚，而且問了我許多問題，也做了一些筆記。吃過晚餐，我便在日喀則市呼呼大睡起來。

次日清晨我四處走動，檢查一下我們的營地。隨我們從列城出發的牲口，只剩下六匹馬和一頭騾子，不料其中的一匹馬竟然倒斃在馬廄裡，被僕人拖走了；我為牠悲劇性的命運深感哀傷，半年來牠在羌塘上出生入死，熬過了多少艱辛，卻在抵達終點後魂歸離恨天，牠所攀越的多座山口幾乎高達一萬九千呎，好不容易到了海拔只有一萬二千七百呎的地方，居然死在裝滿糧草的秣槽之前。我們盡心盡力照料倖存的六頭牲口，為牠們鋪上乾草床，讓牠們能舒舒服服地休息，我們供應充足的青稞、苜蓿、清水，還帶牠們出去走動走動，以免筋骨僵硬。我的拉達克小馬也在倖存的牲口之列，牠載著我經歷許許多多暴風雪，我走進牠的馬廄愛憐地撫摸牠，卻只換來牠的齧咬和蹬腳。

【注釋】

❶原書注：一九二三年，還有另一位英國人抵達拉薩，他的成就詳載於《地理雜誌》，其後曾在歐洲與美國發表相關演說，並出版一本專書。聖地牙哥一份報紙以這樣的字眼宣傳此人：「演講眞實故事，主人翁親述如何前往禁止「異教狗」進入的城市，演說者據稱是唯一到過西藏首都拉薩的白人。」事實上，此人抵達拉薩前不久，貝爾先生（Mr. Bell）才在拉薩住了一年；裴瑞拉將軍（General Edward Pereira）也剛到過那裡；貝黎少校拜訪過拉薩；地質學家海登博士（Dr. Henry Hubert Hayden）在達賴喇嘛的布達拉宮住了六個星期；兩位機械師在布達拉宮住了一個半月，爲宮殿安裝電話；拉薩電報局雇用兩位英國官員達數年之久，更遑論楊赫斯本征服拉薩的軍旅，以及多年來陸續抵達的天主教傳教士了。

# 第五十二章

## 與班禪喇嘛共度新年傳召大法會

我才剛剛巡視完營地，就來了一個笑咪咪、胖嘟嘟的男人，他是當地一百四十名戍邊駐軍的指揮官，我邀請他進帳棚內喝茶、抽菸。這位指揮官姓馬，他弄不明白我打從哪裡來，深信我從天而降，因爲我無聲無息突然在日喀則冒出來。

「假如我事先知道你要來日喀則，早就帶領武裝軍隊去攔截你了，因爲這裡和拉薩一樣，是不准歐洲人來的。」

我笑了笑，開玩笑地問他：既然我已經平安到達此地，現在該怎麼辦呢？

## 中國護照派上用場

二月十一日一大早，羅卜桑則林喇嘛（Lobsang Tsering Lama）和漢人段宣（Duan Suen）來拜訪我，他們也和馬指揮官一樣對於我如何來到日喀則一頭霧水，也許他們以爲我是從地底下鑽出來的。他們同樣詢問我問題、記下筆記。

我說：「我知道新年傳召大法會今天開始了，我很想去參觀。」

「不可能，歐洲人不能去。」

「我也希望覲見班禪仁波切（即班禪喇嘛）。」

「極少人有幸謁見他本人。」

這時我靈機一動，把我的中國護照掏出來給段宣看，他仔細地看，越看興趣越濃，雙眼也越睁越大，最後他說：

「這本護照太好了！你爲什麼不早一點兒拿出來？」

「因爲那是東土耳其斯坦所核發，可我來的是西藏。」

「沒有關係，這份文件太重要了。」

他們告辭離去，不久我就收到班禪喇嘛的歡迎禮物，那是一條淺藍色的哈達，這種禮物象徵尊敬、祝福、歡迎之意，更重要的是，札什倫布寺鄭重邀請我去參加新年傳召大法會。此刻我十分感激印度政府堅持要我取得中國護照，否則我絕無機會親訪札什倫布寺。一直到今天，我對於自己能夠不動聲色地出現在日喀則，仍然覺得難以置信，也許部分原因是英國軍隊在一九〇三、〇四年進軍拉薩時，西藏人對歐洲人的武器產生敬畏；另一個可能是許多藏族首領都忙著趕往札什倫布寺參加傳召大法會，當我和旅隊入境時，他們並不在駐地；還有一個原因可能是我最後一天走水路，又在天黑後才抵達。然而，更幸運的是，我抵達後兩天新年傳召大法會才展開，這也讓我有機會目睹喇嘛教每年最盛大的儀式。就眼前來說，札什倫布寺是世界上最重要的喇嘛教中心，因爲達賴喇嘛仍然避走烏蘭巴托未歸❶。

新年傳召大法會在藏語裡稱爲「羅撒爾」（Losar），目的是紀念釋迦牟尼佛以神變之法大敗六種外道的功德，是藏傳佛教贏得信眾的一大勝利。此外，這項慶典也代表藏民歡慶春天與光明重回大地，戰勝寒冷與黑暗的象徵，此時種籽再度萌芽，游牧民族的牲口又有鮮嫩的水草可吃。新年傳召大法會一共進行十五天，遠近朝聖者全聚集到札什倫布寺，任何角落都聽得到神聖的六字眞言禱詞。

班禪喇嘛的侍臣察則堪（Tsaktserkan）帶來更進一步的歡迎口信，他說羅卜桑則林喇嘛和他本人接獲命令，擔任我停留日喀則期間的導遊。

## 傳召大法會

我穿上最好的服裝，艾沙也穿上華麗的慶典禮服——大紅色的袍子加上繡金線的頭巾。羅伯、澤仁和另外兩名喇嘛教徒獲准陪伴我同往，我們騎馬到札什倫布寺，大約花了十二分鐘。朝聖的信徒從四面八方湧來，路旁排滿小攤子，爲遠道而來的賓客供應蜜餞和其他食品。

我們在寺外的大門前下馬，登上一條陡峭的街道，地上嵌著深色大石板，幾百年來無數朝聖客的足跡踏過，因此石板十分平滑光亮。街道兩旁是高突的僧舍，更高處爲美麗的白色大殿，那便是班禪喇嘛的寢宮，窗框是深色，屋頂有紅黑條紋相間的壁緣，還有小小的陽台。我們被帶領穿越迷宮似的暗室和甬道，登上滑不溜丟、幾成垂直狀的木頭階梯，又穿過許多迴廊與廳堂，至此開始有日光穿透進來，一群群身穿紅袈裟的僧眾背對光線，構成了剪影般畫面。最後我們終於走到一條迴廊，迴廊邊緣放置一張椅子，原來是爲我所準備。

我坐在椅子上視線極佳，即將舉行傳召大法會的中庭廣場一覽無遺，廣場四周築有迴廊，廊柱高高低低，形成櫛次鱗比的多層迴廊。迴廊上有露天陽台，譬如我們腳下就有一個這樣的陽台，許多朝聖客就坐在陽台上，聊天、吃零嘴，大家都是不相識的喇嘛教徒，當中不乏來自拉達克、不丹、錫金、尼泊爾和蒙古的信徒。陽台上還有身穿華麗官服、戴著誇張帽式的一群官員，圍坐在一起；另一個陽台上則坐著這些官員的女眷，衣著也是華麗非凡。

宗教慶典在法螺聲中揭幕

放眼望去，處處是擁擠的人群，即使寺廟的屋頂也不例外。最下方是一個鋪砌石板的廣場，正中央豎起一根很高的柱子，上面繫紮五顏六色的彩帶；廣場四方有石級通往「紅迴廊」，迴廊隱沒在以黑犛牛毛織成的沉重簾幕後面。

兩位僧人出現在最高的一處屋頂上，吹響低沉的法螺，然後他們低頭喝茶，此時紅迴廊裡面傳出旋律優雅的眾人齊唱，彷彿海浪般起伏有致。班禪喇嘛所在的迴廊位於紅迴廊的上方，廊外懸掛一方寬大的黃色絲綢，邊緣鑲著金穗，這位西藏最崇高的喇嘛便透過一小塊方形開口垂

札什倫布寺裡埋葬三位班禪喇嘛的靈塔

視大典的進行。

僧人吹起大嗩吶，宣布班禪喇嘛已經離開寢宮，等候的人群交頭接耳。接著，典禮隊伍抵達，領頭的是手執班禪徽旗的寺內高僧，之後班禪喇嘛本人現身了，所有的人都站起身來深深鞠躬。班禪喇嘛身穿黃色絲綢袍子，厚重的毛織僧帽類似古羅馬人的頭盔，他盤坐在軟墊上，母親、兄弟（爵爺）和幾位高僧分坐在兩旁，這些顯貴的動作都刻意放慢，以顯出莊嚴氣派。

幾名僧人在我面前擺好一張桌子，桌上放滿了蜜餞、柑橘和熱茶，食物的重量將桌子壓得彎了下去。他們說我是班禪喇嘛的貴客；這時我的眼睛接觸到班禪喇嘛的視線，我站起來鞠了一個躬，他對我友善地點點頭。

班禪喇嘛和官員就坐之後，典禮隨之開始。兩位戴著面具的喇嘛從紅迴廊踩著舞步下階梯，在廣場上轉起神秘的圈子，在他們後面跟著十一位喇嘛，每一位手裡都拿著一面折疊好的旗幟，隨後他們攤開旗幟升上長竿，此舉是對班禪喇嘛致敬；旗幟顏色繽紛多彩，每一面旗幟又垂下三條不同顏色的長條。

奇異的儀式一波接著一波，緊接著出現的是一群身穿白衣的喇嘛，手中各自拿著不同的宗教象徵物件，譬如有些喇嘛搖晃金質的懸吊香爐，藍灰色的輕煙從香爐中裊裊升起；一些喇嘛背著韁轡和其他皮件裝備；還有些則穿著繡金線的絲質坎肩。接下來演奏聖樂，吹奏的樂器是六支銅嗩吶，這種嗩吶長達十呎，黃銅鑲邊，喇叭口放置在見習僧的肩上，嗩吶樂聲在廣場上激盪出莊嚴而響亮的回音，與婉轉的長笛聲、尖銳的鐃鈸聲、鈴聲和低沉的鼓聲交織在一塊兒，喧天樂音直衝雲霄。頭戴黃色僧帽的樂師坐在廣場的一邊。

紅迴廊的階梯走出來一位喇嘛，他的手裡捧著滿滿一碗山羊血，一面跳著不停旋轉的舞步，一面將山羊血灑在階梯上。不知這是否為喇嘛教成立以前，迷信的古代藏人用活人獻祭的象徵？

十二名戴著面具的喇嘛進入廣場，他們假扮妖魔、惡龍和野獸，開始跳起兜圈子的驅邪舞，樂聲不間斷地演奏著，節奏越來越快，舞者的步伐也越來越迅捷，他們身上所穿的法衣巨大無比，質料是五顏六色繡著金線的絲綢，在激烈的舞蹈中鼓起如張開的雨傘。舞者戴著一種方形領，頭從中間的洞伸進去，當他們舞動時，領子從頸項朝水平方向揚起。他們手裡拿著飄動的彩帶與旗幟，隨著樂音逐漸加速，舞蹈動作也變得越來越激烈，足以令觀者眼花撩亂。朝聖者的情緒越來越熾烈，一把又一把的白米和青稞從他們手裡灑向廣場上的舞者，棲息在寺廟裡的鴿子快樂地飛來享受這些穀糧。

廣場上點起一把火，僧人拿著一大張紙靠近火燄，紙上寫著人們去年遭受的災難厄運，希望藉法會來除災解厄。一名喇嘛手持一碗易燃的火藥，趨前吟誦難以理解的咒語，雙手畫著神秘的符號，現在大紙挪近火燄，喇嘛將碗裡的火藥倒進火裡，霎時沖天烈燄吞噬了紙張和去年危害人們的一切災厄，看得眾人均欣喜歡呼。法會的最後儀式是由六十名

戴著面具的喇嘛開始跳起驅邪舞

喇嘛群體起舞。

儀式順利完成，班禪喇嘛起身，如同進場時緩慢而莊嚴地離去，朝聖者也朝四方離開，好像強風下凌空散去的麥麩。

## 面見班禪喇嘛

通往班禪寢宮的陡峭樓梯和開放式佛堂

我才剛回到住處，園林裡就來了一支騾隊，騾背上載滿了白米、麵粉、青稞、乾果、水果和各式食品，這些都是班禪喇嘛的見面禮；這份禮物事實上相當貴重，因爲這麼多食物足夠我的手下和牲口吃上一個月。最後察則堪出現在我面前，他宣布班禪喇嘛將在第二天早晨接見我。

我帶著艾沙當翻譯，在兩個權位頗高的喇嘛陪伴下穿越重重屋宇、廊梯，來到班禪喇嘛的寢宮。札什倫布寺裡一位階層極高的僧侶首先出來接見我，他個子矮胖，禿頂像彈子一樣光滑，他的禪房富麗堂皇，佛壇、書架、桌几、凳子都上了一層光可鑒人的明漆，各式佛像非金即銀，各自收放在金、銀佛龕裡，前面點著永不熄滅的酥油燈。這位高僧送我一尊佛像，我也回贈他一把銀刀鞘匕首。

一個小時之後，一道口信傳下來，我現在可以去位於札什倫布寺最高點的班禪寢宮了。沿途經過的走廊和廳堂各站立著一小群、一小群唸唸有詞的喇嘛，我們終於來到班禪喇嘛的寢宮，除了艾沙之外，其他人都不許隨我進入。這個房間比先前那名胖喇嘛的禪房大，但擺設樸素得多，房間有一半直接暴露在天空下，另一半高出一階，上方罩著屋頂。右手邊有個凹室，班禪喇嘛盤腿坐在一張固定在牆堵的長几上，凹室有個小方窗，班禪喇嘛便透過這扇小窗眺望日喀則與整個河谷。在他面前有一張桌子，桌上擺置一個茶杯、一副望遠鏡和一些印刷文件。就衣著看來，班禪喇嘛和尋常的喇嘛並無不同，唯一特殊之處是一件黃色繡金線的背心，他的雙臂未著寸縷。

班禪喇嘛將雙手伸給我，這象徵最誠摯的榮寵與歡迎，並示意我坐在他身邊的一張歐式扶手椅上。此刻我終於可以近距離地仔細端詳他了；以歐洲人的標準而言他並不好看，但是我根本就忘了這回事，因爲他的眼睛、笑容、極爲謙虛的態度，以及輕柔得近乎羞怯的聲音，從頭到尾已深深擄獲我的心神。他為招待簡慢向我致歉，我則極力向他保證，能夠到札什倫布寺、能夠蒙寵貴為他的座上賓，已經讓我覺得三生有幸了。

接下來我們整整聊了三個小時，若要逐一記錄我們對話的細節不免無趣，總而言之，內容包括我的旅途、歐洲、中國、日本、印度、明托勳爵、吉青納將軍，還有其他成千上百個話題。班禪喇嘛告訴我，他曾於二年前拜訪過明托勳爵，也提到他參拜釋迦牟尼佛生前住過、走過的幾處聖地。兩個侍僕喇嘛直挺挺地站在房間露天的那半邊，班禪喇嘛兩度揮手命他們退下，顯然有不欲人知的話要告訴我，其中一次是要求我莫讓中國政府知道我曾經到此做客，也切勿洩露他對我透露寺內的秘密。班禪喇嘛表示我擁有絕對的自由，可以隨意走動、拍照、繪畫、記錄，他自稱是我的朋友，並說他會指示手下帶我參觀整座札什倫布寺。

班禪喇嘛從六歲坐床（登基），至今已有十九年。西藏人稱班禪喇嘛為「班禪仁波切」，意思是「大師」；稱達賴喇嘛為「甲波仁波切」，意思是「尊王」。兩個頭銜本身已經區分了精神與俗世權力。達賴喇嘛在政治上握有較高的權力，因為他統治整個西藏，唯一例外的就是班禪喇嘛所管轄的日喀則地區；相對而論，班禪喇嘛在宗教神聖性和經文修為上勝於達賴喇嘛。一九〇三年英軍入侵，達賴喇嘛出走，截至我拜訪札什倫布寺時仍流亡未歸，因此目前西藏最有權力的人便是班禪喇嘛，這清楚解釋了何以英國邀請他訪問印度，目的就在爭取班禪喇嘛的支持與信賴，至於班禪本人拜訪印度之後，也對大英帝國的勢力與榮耀留下深刻的印象。

達賴與班禪兩位高僧其實維持互為師徒的關係，當轉世活佛（達賴）被正式指定之後，班禪喇嘛就開始對這個靈童施以教化，指導他關於宗教與經典的知識；同樣地，新任班禪喇嘛也受到達賴的照拂。班禪喇嘛是無量光佛（阿彌陀佛）的化身，轉世到今生，他也是宗教改革家宗喀巴的轉世活佛，因為與帖木兒同時期的宗喀巴正是無量光佛的化身。至於達賴喇嘛則是欣然僧佛的化身，也就是我們熟知的觀世音菩薩，他主管眾生和佛寺的事務，是西藏的精神領袖。

西藏人相信輪迴，當班禪喇嘛圓寂之後，他的靈魂（也就是無量光佛的靈魂）便開始遊蕩，最後選擇一個呱呱墜地的嬰兒投胎，這就是所謂的活佛轉世。

然後整個喇嘛教世界都在探詢活佛轉世的靈童，有關當局要花數年時間確認誰是轉世活佛。認為自己的兒子是活佛的父母必須提出說明，譬如他們的兒子出生時伴隨何種奇蹟或徵兆，申請查驗的有好幾百件，這些父母帶著孩子來到札什倫布寺接受調查，初次遴選出最有可能的幾個，接下來再進行複驗，最後只留下來的少數幾個候選人，其中當然會有眞正的新任班禪喇嘛。寺方將男嬰的名字寫在紙條上，然後放在一只有蓋的金瓶裡，由一位高僧抽籤，抽中的那個名字就是無量光佛轉世的繼承人。

我與班禪喇嘛的會面終於結束，我囑咐艾沙呈上布羅斯維爾康製藥公司贈送的鋁製醫藥箱，我們已事先將箱子擦得似白銀般雪亮，再用一塊黃絲綢包裹起來。班禪喇嘛很開心，不過後來當我對兩位主管醫事的喇嘛解釋不同病症該如何用藥時，發現很難講清楚，只好以藏文逐一寫下來。至於旅隊自己需要的珍貴藥品，我們也事先保留足夠的份量。

班禪喇嘛與我道別，他的臉上一如先前掛著友善的微笑。他與我都不相信他是神，但是這位高貴而謙沖的凡人一直以眼光跟隨我，直到房門在我身後闔上爲止。

自此之後，整個日喀則都議論紛紛，西藏人對於一個陌生人竟能獲得如此榮寵感到不可思議，當遠道而來的朝聖者回到深谷裡的家鄉時，也不忘提起這件事。事後證明這對我後來的旅行極有幫助，甚至比護照還要管用，深山的游牧民族不只一次指著我說：「噢，你就是班禪喇嘛的朋友！」每逢此時，我總會在心裡感念這位仁慈的大喇嘛。

【注釋】

❶一九〇三年英軍據錫金，入西藏，一九〇四年占領拉薩，據城五十天。十三世達賴逃往青海，並輾轉流亡至烏蘭巴托，直至一九〇九年才返回西藏，但旋即被清朝政府廢除權位。

# 第五十三章

## 札什倫布寺與日喀則見聞

札什倫布寺是個「貢巴」，也就是藏語「寺院」的意思。這座宏偉繁複的寺院供修道、禮拜之用，本身像座城鎮，至少有一百棟各自獨立的屋舍，石頭砌成的房子外表塗了白灰水，屋簷鑲著紅色和黑色飾邊，眾多房舍組成一座大迷宮，彼此以狹窄的巷弄和階梯相隔。札什倫布寺建在山腳下，最高的建築是班禪喇嘛所居住的拉布仁寢宮，背襯獷野的山脊。拉布仁寢宮的前方和下方屹立一排五座鎏金的中國式寶塔，這些是歷任班禪喇嘛的靈塔。札什倫布寺建於一四四五年，一世班禪喇嘛的靈塔便聳立在舉辦新年傳召大法會的廣場上，靈塔內部非常陰暗，參觀者可以看見金字塔似的舍利塔，高高的舍利塔由金銀珠寶建成，裡面供奉著已逝班禪喇嘛的石棺，班禪喇嘛圓寂後的肉身以坐姿停放，全身埋在鹽裡，因爲喇嘛必須像菩薩一樣坐著嚥氣。

我們從這處靈塔走到六世班禪喇嘛的靈塔，無量光佛於一七三八至一七八〇年間化身爲六世班禪班丹意西，他曾經和印度總督哈斯丁斯（Warren Hastings）❶折衝談判，迷信的乾隆皇帝還請他到熱河祝壽，最後客死北京；他的靈塔入口處有一塊匾額，上面用鮮艷的色彩寫著他的名字。

五世班禪的靈塔是朝聖者出資興建的，靈塔殿對外開放，游牧民族排隊瞻仰，全身俯伏在一列神像前的木質地板上；他們在石棺前的神桌上供奉碗食，並點亮小蠟燭。

每座靈塔前有一個中庭，一座三段式木梯從中庭通往靈塔門口，靈塔的壁堵畫著四位護

朝聖徒在五世班禪喇嘛的陵墓前祭拜

法天王，其形像面目猙獰的野獸與惡龍，四周環繞火燄與雲彩，手執武器和法器。靈塔的紅漆大門很結實，門上鑲著黃銅飾，推開大門，即可進入墓室。

看守宗喀巴殿的是個愉悅的老人，大殿內有一尊這位宗教改革家的雕像，面帶微笑，色彩豐富，好似從蓮花座裡浮出來，而蓮花正象徵他聖潔的出身。宗喀巴是格魯派（俗稱黃教）的創始人，現在西藏最重要的喇嘛廟和高僧都屬於這個派系；他和弟子在拉薩附近建立了三大寺：甘丹寺、哲蚌寺、色拉寺，並嚴禁僧侶娶妻。宗喀巴圓寂之後葬於甘丹寺，石棺懸吊在空中。僧人在宗喀巴雕像前誦經吟唱，擊鼓搖鈴，兩名喇嘛為我奉茶，並捎來班禪喇嘛的關心問候，他希望我不要累壞了身體。

## 與各色人等交往

我在札什倫布寺的遊歷有太多值得記述，一一記錄勢將占去過多篇幅。如今回想那段奇妙的時光，我的內心依然充塞著驚奇與喜悅。有一天，班禪喇嘛坐在儀典廳旁的聖座上聆聽一場教義辯論，他本人偶爾也會加入辯論；辯論結束後，僧眾開始享用餐點，班禪喇嘛的茶壺是金質的，其餘的人則使用銀質茶壺，然後他由兩位僧人攙扶著走下紅迴廊的階梯，第三位僧人在他身後打起一把黃色的遮陽傘。

我們走進僧人的禪房，觀察他們如何在樸素的禪房裡生活。我們也走到紅迴廊下面的廚房，裡面有六只巨大的鍋子熬著三千八百名僧人喝的茶，法螺聲吹響表示喝茶時間到了。我悠閒漫步在這座寺廟城裡，有時會見到班禪喇嘛在扈從陪伴下往來於某些神聖儀典。有一次我們進入藏經大殿，殿中有個方池，這裡藏經一百〇八冊，長凳和桌邊有年輕的喇嘛正在接受堪布喇嘛（掌理佛學院的經師）的教誨；寺中共有四位堪布喇嘛，但是只有兩位攝政大臣。小喇嘛和著節奏齊聲吟誦，不時有信徒抓一把白米灑在他們身上，只要供奉幾個盧比，他們就會額外吟唱一段經文來安撫施主的靈魂——我自然沒有錯過這樣的機會，爲自己買了一首平安曲。

二月十六日，班禪喇嘛要我進宮與他合影。當我抵達拉布仁寢宮時，班禪喇嘛剛剛為一團朝聖的比丘尼祈福加持完畢，這次我們又聊了三個小時，話題大多環繞在地理上。我告辭時，班禪喇嘛贈送我許多西藏土產食品、中國進口的繡金線布料、美不勝收的紅壁毯（至今仍懸掛在我的屋子裡）、銅製與銀製的茶杯和碗，另外還有一幀鍍金的無量光佛像，包裹在黃色絲緞裡，班禪喇嘛說：「祂會保佑你享有無量長壽。」這項禮物象徵班禪喇嘛祝我長命百歲的祈願。

我天天在札什倫布寺內外閒逛，寫生作畫或以相機獵取景物。寺裡的喇嘛個個和善有禮；每一個角落和屋簷下均懸掛鈴鐺，鈴舌上繫著鷲鷹的羽毛，每當輕風拂過這座寺廟城，玎琮的鈴聲處處可聞。

新年慶典不侷限於宗教儀式，畢竟朝聖的香客也是凡人，他們需要一些娛樂。有一天，群眾聚集到日喀則外的一處場地，七十個衣著鮮艷的騎士在此比賽騎射，他們以全速在跑馬場上競跑，並從狂奔的馬匹上以弓箭射擊極小的目標，賽後我邀請所有參加比賽的騎士到我住的園林一遊。有天晚上，我的朋友馬指揮官在他的駐所慶祝中國新年，不但燃放鞭炮，還有龍、馬造型的紙糊花燈在熱鬧的人群裡穿梭。

日喀則的房舍一式白牆，頂上紅黑飾邊，平坦的屋頂用欄杆圍繞著，民間的屋頂也和廟宇一樣，以布料紮捆枯枝、斷株做成驅魔的飾品。我們住處的院子裡有一隻巨大看門狗，牠有一對赤紅的眼睛，像野狼一樣兇猛，平常以鐵鍊拴著。就我們所見，日喀則最豪華的宅子當是康古須克爵爺的宅邸，房間內有地毯、坐墊、書架、佛堂和桌子；爵爺夫人相貌俊美，我很榮幸為她畫了一張肖像。

班禪喇嘛的弟媳—爵爺夫人

我不在寺廟裡走動時，便忙著為來自各地的人們素描，我們的園子裡來了各式各樣的人——化緣的比丘尼和修行者、跳舞的男孩，還有刺探我們的間諜；有一天，甚至來了一位天葬師，他住在札什倫布寺西南方不遠的村子。當有喇嘛重病垂死時，僧眾會為他念經祈禱，即使喇嘛斷氣了，僧眾仍繼續念經不輟，因為死者的靈魂三天後才會出竅；之後，由一或兩名喇嘛將死者遺體帶到天葬師居住的村子，親自剝除遺體的衣物，隨即速速離開，讓天葬師處理遺體。天葬師將繩子的一頭綁住屍體頸部，另一頭綁在地上的一根樁子上，將屍體拉直、剝皮，這時守候已久的禿鷹一擁而上，不消幾分鐘，地上只剩下一具不見皮肉的骸骨，天葬師接著在臼裡將骨頭磨成粉，再將骨灰和腦髓混合，捏成一塊塊團狀，丟給禿鷹吃；許多寺廟特別豢養聖狗以取代禿鷹的工作。天葬不只用於僧尼，一般俗眾也採用相同的葬禮。

這位天葬師對我敘述這些習俗時，一旁的艾沙聽得臉色發白，要求先行退下。

## 迭經折衝交涉

我在日喀則停留了四十七天，人們原先對我的熱情和好客逐漸趨於冷淡，許多喇嘛對於我經常出入札什倫布寺顯露不悅的臉色，漢人也常對我惡言相向。日喀則最喧囂的地方要算市集廣場，那裡西藏商販擺攤賣東西，婦女穿著紅衣裳席地而坐販售物品，另外漢人、拉達克人、尼泊爾人也有自己的攤位，他們七嘴八舌熱烈討論我的事情。喬裝的間諜天天出現在我的園子和客廳，終日盤桓不去。二月十四日一早，拉薩的一位喇嘛和一名官員前來造訪，他們告訴我當惹雍錯和納燦錯附近有一隊偵查間諜已經搜索我的下落達二十二天，最後追蹤到我們的去處，並在我們抵達日喀則之後三十六小時也來到此地，這意味著我們差一點點就功敗垂成。另一方面，拉薩也派出一支隊伍來攔截我們。

現在兩位拉薩代表坐在我的帳棚裡，他們宣稱根據西藏和英國訂定的條約，西藏只有三座邊塞城市對「歐洲大人」開放，也就是江孜、亞東及嘎托，我的回答是：「首先，我並沒有簽署那項條約；第二，多謝你們的疏失，我人已經到達日喀則了；第三，我是班禪喇嘛的朋友，是不可侵犯的。」

他們垂頭喪氣地離開，不過經常回來刺探，以便隨時掌握我們的動態，好向拉薩政府報告；即使他們自己不出現，也會派間諜來看著我們。我們以其人之道還治其身，派遣我們的拉達克人暗中刺探拉薩政府派來的間諜。

自此我再也沒有班禪喇嘛的消息，爲了政治因素他必須謹愼行事，到了最後我在西藏的朋友只剩下一位，那就是江孜的歐康納上尉，他不必擔心政治糾紛，私底下竭盡所能地給予我一切的幫助。他替我將金子換成銀子，送給我一箱箱糧食，爲我轉寄往返印度的信件，並且慷慨借給我極爲需要的相關書籍與文獻。我們的交往純粹只有書信往來，但我永遠不會忘記自己欠了他多少人情。

想要離去的不耐之心啃噬著我，可是我仍勉強一天又一天地待下來，目的是爭取對我後續行動最有利的條件。有一天，我接到中國派駐江孜代表高大人的簡短來信，他直截了當寄來一份中英條約的數項條款，其中一條規定：「任何外國勢力的代表或代理人均不得進入西藏。」我在回信上大致這麼寫著：「假如閣下想多了解我與我的計畫，最好親自去拜訪歐康納上尉，而非寫這些不恰當的信函。」

高大人又捎來了一封信，表明：「無論如何，閣下不可前往江孜。」

我心想：「當然不可，我會小心絕不到那裡去。」不過我在回信上的答覆卻是：「無論英國和西藏簽定任何條約，皆與吾人無關，既然吾已身在西藏，當即由此算起。」高大人又來信：「我接獲敝國政府命令，假如閣下出現江孜，當立刻遣送閣下穿過印度邊界。若閣下能善意取道原路回去，敝國政府感激不盡。」

如果我去江孜，當然會待在歐康納的家裡，一個中國官員竟敢威脅逮捕英國代表的客人！歐康納的來信對這樣的想法表示譏評之意。

馬指揮官沮喪極了，他被拉薩的西藏辦事大臣連大人痛斥一頓，只因為他沒有及時阻攔我。拉薩當局告誡札什倫布寺的僧眾必須冷淡對待我，現在拉薩、日喀則、札什倫布寺、江孜、北京、加爾各答和倫敦之間開始進行一場公文往返大戰，我被四國政府壓得喘不過氣來，但是最後仍然贏得了勝利。

三月五日，高大人建議我寫信給拉薩的中國督統唐大人和辦事大臣連大人，請求他們特准我前往江孜，這項緩頰之舉顯然是一項謀略，於是我致書唐大人，向他說明我無意違反中國政府禁令前往江孜，只要他們願意提供我犛牛，我願意朝西北方前進。至於給連大人的信，我這麼寫著：「如果閣下有意請我離開，理當促成我的歸途，我絕不前往印度，因為手下人等均來自高山地區，若至印度必死無疑。他們皆為英國子民，我對他們負有責任。」

三月四日，我最後一次拜訪札什倫布寺，僧眾要求我不要再去了。三月十二日之後，各造間出現僵滯的沉默，馬指揮官、察則堪和所有的朋友皆不見蹤影，沒有任何人登門拜訪；我們被孤立了。官方禁止所有人與我們接觸，我覺得自己像是深鎖在自己帳棚內的囚犯，只

在朵瑪拉山口的大花
崗岩邊朝拜聖山岡仁
波齊峰的朝聖客
狄爾普寺
往拉達克的旅隊
開拉斯山
（岡仁波齊峰）
寸木吐普寺
哈雷布區
朝聖客
強盜
薩特萊杰河
金鵰
巴嗒
野兔
游牧民族的帳棚
龐第寺
野驢
行旅中的喇嘛
馴養的犛牛
祁梧寺
綿羊
藍玻南寺
我的船
淫婆神
多克青
拉噶湖
瑪那薩羅沃聖池
聖樹
營地
色若倫寺
郭蘇爾寺
朝聖者
拉齊多島
湖神
印度人
嚴國寺
薩特萊杰河
吐固寺
馱載鹽巴的綿羊旅隊
朝拜湖神的喇嘛
野犛牛
古爾拉曼達塔峰

聖湖和魔鬼湖

要我人在西藏，英國人便對我視如禁忌，然而只要屹立不屈，就沒有人動得了我。話雖如此，我只要一出門就變成眞正的囚犯，因爲一支武裝護衛隨時圍繞在身邊。我在此地待得越久，他們就越可能順從我的要求。一個星期過去了，最後，馬指揮官、兩位拉薩官員和幾位日喀則宗的軍官出現了，他們急欲了解我打算走哪一條路回去。我的回答是：「沿拉嘎藏布走到河流的發源地，然後穿過雅魯藏布江北方的疆域。」經過一番會商，他們決定接受我的條件，並且由他們自己承擔同意的責任。

接下來各級官員再三商討，然後我收到唐大人一封措詞客氣的來信，以及連大人同樣語氣和緩的文件；顯見眾人的態度都軟化了。他們經常造訪我的住處，致贈我們一切必需品，最後甚至給我一份通行西藏的新護照，要我指出我打算接觸的地點；關於這點我相當謹愼，並沒有透露確實的計畫。

三月二十五日，我的帳棚忽然增加幾名新住戶：小黃生下四隻小黑狗，我和做母親的小黃爭著寵愛這些乳狗，爲新添的旅伴感到欣喜萬分。第二天我向馬指揮官辭別，並送給他三匹劣馬，一來補償他所承受的痛苦，二來報答他沒有阻止我在此地的行動。這一來，我們從列城帶來的一百三十頭牲口只剩下兩匹馬和一頭騾子，雖然在日喀則也買了幾頭騾子和馬匹，但龐大的行李還是交給雇來的犛牛馱載。護送我們的是兩名漢人和兩名藏人，其中一個藏人來自拉布仁寢宮，另一個來自日喀則宗，他們各自備有人手、座騎和馱獸。

三月二十七日清晨，我派艾沙捎信向班禪喇嘛告辭，班禪喇嘛的回函充滿了誠摯的祝福，並爲中國上級阻撓他與我的交誼表達遺憾。

我們拔營離開，一場風暴從西方席捲而來。毫無疑問，此刻班禪喇嘛正坐在他那扇小窗戶前面，手拿望遠鏡觀看我們離城。雅魯藏布江上白浪滔滔，我們費了好大的勁才把馬匹弄上渡河的牛皮筏。

【注釋】

❶一七三二～一八一八年，爲英國殖民地長官，曾經任職東印度公司。一七七三年成爲首任印度總督，實施多項改革。回英國後遭致政治鬥爭，後以其在印度貪污與殘暴統治的罪名被彈劾。

# 第五十四章

## 奇怪的寺廟——壁龕中的僧人

我和手下很快就和護送人員建立友好關係，我想盡一切辦法削弱四名護衛的監視，譬如送他們香菸、小禮物和銀幣，而收到的第一個成效就是不反對我前往塔定寺；該寺大殿在微弱的光線下美不勝收，四十八根大紅柱子聳立在大石板鋪成的地板上。塔定寺的僧人非常好客，他們屬於「苯教」派系（佛教傳入西藏之前盛行的原始宗教，屬於泛靈信仰，教徒頭裹黑巾，因此俗稱黑教），擁有自己的宗教特色，例如他們旋轉經輪時，方向與藏佛相反；朝聖者繞行寺廟或聖山，也與藏佛反向而行，以逆時鐘方向繞行。根據黃教（格魯派）的看法，這麼做無非離經叛道，不管如何，就寺廟的風景而論，這座以高山和曠野

四個喇嘛為圓寂的住持誦經

河谷為背景的塔定寺實在是美麗絕倫。

一八三二年，也就是七十五年前，五歲的游牧男童楊敦薩丁(Yundung Sulting)來到塔定寺做見習僧，法名南崗喇嘛（Namgang Lama），他一步步往上爬，終於成為塔定寺的住持，成就知名的南崗仁波切。南崗仁波切在我們抵達該寺的前一夜圓寂，遺體仍然停放在禪房裡。我與兩位手下抵達時，一對老夫婦坐在中庭裡劈柴，準備火化南崗仁波切肉身所用的柴火；南崗仁波切的肉身將在山谷裡火化，骨灰則帶到聖山岡仁波齊峰。我們走進住持喇嘛圓寂的禪房，房裡坐著四名喇嘛，他們必須為死者誦經助念三天三夜。已故的老人坐在床上，身體稍微前傾，額頭圍著一條布巾，頭戴多彩帽冠，遺體前面放置一張几凳，上有佛像及兩盞點亮的酥油燈。

四名喇嘛對於我們突然闖入目瞪口呆，如此褻瀆之事聞所未聞，但是他們未置一辭，只是口中毫不間斷地誦經。我在禪房裡待了許久，對於死亡的莊嚴感觸良深。七十五年來，南崗仁波切聽盡風中的鈴聲、看盡日出月落，在諸多聖山間往來不輟，現在這一刻，他的靈魂從肉身解脫，遊蕩至未知之境，也是在

根登佛庵的比丘尼

這一刻——他命運中極爲重要的時刻，竟然被我們所打擾。

我們轉到根登佛庵（Gandan chöding）參觀，這是一座有十六位比丘尼的尼姑庵，佛殿黑暗而孤寂，擎立六根巨大的紅柱，這幅景觀遠勝於觀看那些又窮又髒的比丘尼；她們的穿著與喇嘛無異，頭髮也剃得短短地。

## 塔西吉木北寺

最美麗的風景在塔西吉木北寺。塔西吉木北寺是外喜馬拉雅山區南麓的一座白色小城，寺院的大中庭有一張專爲班禪喇嘛所設的聖座，因爲班禪喇嘛每年都會拜訪此寺。大殿上充滿珍貴的佛像和金飾，藏經院裡有一百〇八卷《甘珠爾》（*Kanjur*）和兩百三十五部厚重的《丹珠爾》（*Tanjur*），至少要五十頭騾子才馱得完。塔西吉木北寺有個高達十一呎的轉經輪，圓周長四倍於我伸展的雙臂；另一個小型的轉經輪上緣裝著一隻木釘，每轉一圈轉經輪，木釘便撞擊上

塔西吉木北寺的巨大轉經輪

方的銅鈴，發出清脆的鈴響。年復一年，轉經輪下始終有兩位僧人從日出坐到夜半，不停轉著轉經輪；每天轉經輪要轉上十萬次，爲幾百萬個寫在薄紙上的許願香客祈福。這些僧人閉著雙眼，嘴裡喃喃唸著禱文，彷彿進入恍惚之境，不時大聲喝叫、仆倒在地，任何話語皆充耳不聞。

殿柱上方懸著布幕、盔甲、燭台和寺廟的幡旗，柱子上畫著釋迦牟尼佛和其他高僧的行誼，品味甚爲高雅。供桌上有數碗供物和長生燈，供桌後是釋迦牟尼佛的塑像，彷彿剛從蓮花座上起身，集世人之夢想，神秘不可測，胸懷對世人的大愛。

我發現自己眞捨不得離開這座吸引人的寺廟，一日將盡，夕陽將濃烈的紅光射進大殿的窗子，這是我在西藏所見過的寺廟中，採光最好的一座。廟柱全刷上尋常的紅漆，透進大殿的夕陽將它們染成透明的紅寶石光彩；身著朱紅色袈裟的僧人坐在紅色長椅上，背後拉出黑暗的影子，殿內黃金色的佛像和蓮花座都閃耀生輝。

巨大的花崗岩佛像

我們上路繼續朝西走，沿著雅魯藏布江北岸來到卡嘎村，這裡有一座怪異的鐵索橋，跨越大河到達對岸的彭錯林寺，橋身已經有些老舊。此地以西便是拉嘎藏布匯入雅魯藏布江之處，至於雅魯藏布江的主流則來自南方，穿過河谷黝黑深邃的入口，繼續向東奔流。我希望在這點測量兩條河流，而旅隊卻必須趕往拉嘎藏布江邊的唐瑪村；我將折疊船組合起來，找了一名西藏人當槳手，乘著江水漂流到兩江交會處，部分人馬則攜帶糧食繼續前進。槳手非常熟練，始終保持警覺，他操控小船越過嘶嘶作響的泡沫，神乎其技地穿過懸崖峭壁間的狹窄河道。護送人員不確定我的意圖，只好騎馬沿著河岸跟隨。幾名手下津津有味地觀看，也忍不住要求我讓他們泛舟遊雅魯藏布江，我爽快應允，接下來大夥兒在河上逗留一整天，一直玩到天黑才返回營地。路上中國馬匹的鈴鐺交織著拉達克人的歌聲，在狹隘的河谷中激盪出旋律誘人的回音。

塔西吉木北寺裡上了金、紅、黃漆的佛像

旅隊往河谷上游走，來到了美曲藏布匯入拉嘎藏布的林谷村，這裡有兩尊巨大的佛像雕嵌在光滑垂直的花崗岩壁上。護送隊伍沒有領我們往拉嘎藏布河谷的上游走，反而朝北走進美曲藏布谷地，此舉讓我大吃一驚，因爲這條河從外喜馬拉雅山的主脊開始延伸，正是我想去的地方。地勢越來越高，我們幾乎每天都必須雇一組新的犛牛來馱載行李，沿途不斷經過經牆、石祭壇、幡旗；我們走的是朝聖香客前往一座寺廟朝拜的路線，來往行旅相當頻繁，而所遇到過旅隊、商隊、農人、朝聖者、騎士和乞丐，幾乎都很有禮貌地吐出舌頭向我們致敬。

走過的山路盡是花崗岩與板岩地質，荒野的美曲藏布谷地風光無限，我們終於抵達彤村的一座大寺廟，村子裡的屋宇清一色是白色的。從日喀則沿路護送我們的隊伍在這裡由新的守衛接替。到達錫爾中村時，我們的位置已達海拔一萬三千七百呎，村中有個二十歲的已婚婦人叫作朴婷（Putin），她的容貌出奇地美，身段玲瓏；西藏人不容許嫉妒心作祟，因爲這裡盛行一妻多夫制，兩、三個丈夫通常是親兄弟，因此藏人對婚姻的忠誠心便沒有那麼看重。

美曲藏布河谷的美人朴婷

美曲藏布江的激流發出滔滔的歡唱旋律，在幽美的河水深處迴盪不已，山壁間常見老鷹沖天飛起，有時也聽見岩鴿的咕咕叫聲，山鷓鴣在碎石地上築巢，野鴨則在河岸上嘎嘎亂叫。每到一處新寺廟，我總是花好幾個小時參觀，其中列倫寺（Lehlung-gompa）的規模算得上相當大；我在這些大大小小的寺廟裡所見所聞眞足以寫成一本書。這條路上經常可見風景如畫的橋梁，當河谷縮成狹窄的走廊時，危機四伏的路面懸掛在河谷上方兩百呎處，築路人將鐵樁或木樁敲進陡峻山壁的裂縫中，片岩岩板鬆垮地架在樁上充作路面，這種吊架式的路面有些地方寬僅一呎，底下則是萬丈深淵。我們來時從西山口開始翻越重重支流谷地，這些谷地全都切過美曲藏布東邊的山脈。

林迦寺佛殿裡誦經的喇嘛

## 在岩窟中閉黑關的苦行僧

我們停在美曲藏布河谷的一段延伸谷地上紮營，這裡有一座築在沉箱上的橋梁橫跨美曲藏布。群山間有一陡峭的小峽谷，峽谷中坐落一座奇怪的林迦寺（Linga-gompa），由四十間獨立的屋舍所組成，和這地區的其他事物一樣，它過去從來不為歐洲人所知曉。我帶了兩名手下騎馬到該寺，背陽山坡以巨大的石板拼出六字眞言。神秘的昏暗光線瀰漫大殿，牆堵和柱子均飾有寺廟的幡旗、燭台、鼓、銅鑼和嗩吶，天花板上一方開口透進來微光，灑在佛像上。寺裡的僧人坐在長椅上吟唱經曲，歌聲如海浪般起伏有致。

在一處平台似的岩脊上，沛蘇寺（Pesu）拔地而起，我們站在屋頂平台和窗口邊往下眺望，只見寺廟三方的無底深淵。從屋頂上飽覽的山中全景，實非筆墨所能形容。寺廟內部也充塞一股神秘的氛圍，我爬上一段陡峭的樓梯，進入一個供奉許多聖像的佛堂，光線從左手邊的窗扉射進來——窗板被風吹得格格響，落在一整排中型的佛祖塑像上。我的隨從留在入口大廳裡，這裡只有我和這些佛像獨處一室，偶爾從黑暗中跑出一隻耗子偷吃桌上的供品。從窗戶灌進來的冷風吹動佛堂左手邊的手繪幡旗，佛像的形態因而改觀，不經意瞥見蹲坐的佛像對著肆無忌憚的耗子裂齒大笑，

林迦寺附近河谷上游的苦行僧洞穴

不禁讓人毛骨悚然。

迷人的林迦寺讓我多逗留了好幾天。有一天，我們攀爬到山壁腳下一處苦行僧的洞窟，那是用大石塊堆起來的簡陋處所，沒有窗子，入口以一道牆堵住，屋頂上有個小煙囪，靠近地面的石壁有個小孔，食物就放在一塊板子上推進洞窟中。

聖僧走向即將度過餘生的洞窟

在這個漆黑的洞穴裡，有位喇嘛已經面壁整整三年，與外界完全隔絕！這位無名的喇嘛三年前來到林迦，由於洞穴無人使用，他便立下僧侶最嚴酷的誓言，將自己的餘生閉關在洞穴中。聽說另一位苦行僧才在不久前去世，他在山壁中待了十二年；在他之前，一名僧人在黑暗的洞穴裡修行達四十年之久！事實上，彤村也有個類似的洞穴，那裡的僧人告訴我們，有個苦行僧年紀還相當輕就進了洞窟，他在裡面修行六十九年之後，自知死期將近，終於忍不住重見陽光的渴望，於是發信號給外面的僧人，要求重獲自由，怎奈老人已經兩眼全瞎，體力也無法支撐到爬出洞窟，最後像塊破布似的氣絕洞中。當年與這位苦行僧同時入洞的那批喇嘛，這時也全都辭世了。

現在我們就站在林迦寺附近的一個洞窟外，遁世的苦行僧被尊稱為「喇嘛仁波切」（聖僧之意），人們說他的年紀大約四十歲，日日靜思默念，企求悟得涅槃。他自願苦行修道所換得的回報是靈魂完全自輪迴的痛苦中解脫，死後立即獲得永恆的安息——斷滅一切，化於無限。

每天早上，僧人會端一碗糌粑給穴中的苦行僧，有時再加一小團奶油，飲水來自洞窟內湧出的天然泉水。空碗每早由外面的僧人收走並添上新的食物，每六天僧人會奉上一撮茶葉，每個月送上幾根柴火，苦行僧可以用撥火棒引燃。假如每天送食物來的喇嘛透過小孔對他說話，苦行僧將永遠遭致地獄之苦，因此他始終保持沉默；如果苦行僧自己對送飯的僧人說話，那麼他多年孤獨的修行將前功盡棄。送飯的僧人若發現碗內的食物沒有動過，便明白苦行僧不是病了就是死了，這時他會將碗再推回去，鬱鬱寡歡地走開；這種情況若持續到六天，洞窟將被強行破開，因為經過這麼長一段時間，已足以確定苦行僧圓寂歸天了。僧人將死者抬出來焚化，就像對待聖人一樣。

「他聽得見我們的聲音嗎？」我問寺裡的僧人。

對日光的最後一瞥

「聽不見，牆壁太厚了。」

我感覺自己似乎走不開那個地方，想到有個人在離我數呎之外的洞穴裡，而他所擁有的意志力讓世人望塵莫及，他已經遺棄了這個世界，與死亡無異，他已屬於永恆的境界。戰場上視死如歸的士兵被當作英雄，但那不過是一生經歷一次的命運，然而喇嘛仁波切的精神生活卻是數十年的堅持，他的苦修一直持續到死亡才能獲得解脫，我想他必然對死亡懷有無可遏止的憧憬。我被喇嘛仁波切牢牢吸引了，過了很久，我還經常在夜裡想起他，甚至十七年後的今天，我還常常動念，不知洞窟裡的他是否還活著？即使我有權力和許可，我也絕不會將他釋放出來，使他重回陽光之下。面對這麼偉大的意志力和神聖的情操，我覺得自己像個一文不值的罪人和懦夫。

我想像自己看見他出現在我面前——苦行僧此生絕無僅有的一次，他莊嚴地走著，身旁伴隨林迦寺的喇嘛，隊伍沿著我們來時路線向上游河谷走去；每個人都沉默不語，他感覺到太陽的熱度，看到山坡上明亮的原野，也看見落在自己和其他人身後的影子。從今以後，他再也看不見影子的挪動，因爲他即將住進死寂的陰影中——直到死亡爲止，這是他最後一次仰望天空與浮雲，觀賞山峰與峰頂上閃閃發光的雪原。

苦行僧走到洞穴前面，凝視著打開的門，走了進去，身邊只帶了一條充當床褥的破地氈；僧人開始誦經，門鎖上了，門外築起大石塊疊起的厚牆，從地上一直蓋到洞穴頂。此刻，不知苦行僧是否站在門內，捕捉最後一線日光？當最後一塊大石砌上牆頭，全然的黑暗無情地落在他身上。而伴隨的僧人出於敬愛完成這番勞役之後，沉默而肅穆地走回林迦寺。

閉關在石牆內的苦行僧再也聽不到外界的任何聲音，盈耳的只有他自己誦經祈禱的喃喃聲。長夜漫漫，但是他無從知道太陽何時下山，夜晚又是何時到來，因爲對他而言只有無邊的黑暗存在。苦行僧睡著了，過了一會兒清醒過來，不知道外面是否已經破曉。夏日到了尾聲，這點他倒是清楚，因爲溫度日益下降，濕氣也越來越重；冬天來了，他感到寒凍噬人，然後春天和夏天又來了，升高的溫度讓他感受到一絲幸福。一年又一年，周而復始，他不斷誦念經文，夢想早日得道，進入至高的涅槃境界。漸漸地，他放鬆了對時間的懸念，不再知覺漫長的日夜循環，因爲他總是坐在地氈上，忘我地夢想涅槃，他知道只要有無比的自制力，當可進入天國的大門。

死神

苦行僧日漸老去，但是自己卻渾然不知，對他而言時間是靜止的，和涅槃的永恆境界相比，生命恍如一瞬。除了偶爾爬到他頭上的蜘蛛或蜈蚣以外，他別無訪客，身上的衣服早已襤褸不堪，指甲長而蜷曲，長長的頭髮糾結成團。他並沒有注意到自己的膚色變得極爲蒼白，視力變得模糊，直至眼睛完全瞎掉；他渴望得救。有一天他的門會被敲響，唯一可能到洞穴造訪他的朋友來了，那是死神，前來帶領他走出黑暗、進入涅槃的光明之境。

# 第五十五章

## 艾沙的最後旅途

四月十七日，我們騎馬來到郭弗村，這是最後一個石頭小屋的聚落，過了這裡，寬廣的高山原野再度出現游牧民族的黑色帳棚，以及成群吃草的黑犛牛和白綿羊。

一座山聳立在我們左手邊，上面有個奇怪的垂直洞穴，下方的洞口有兩個化緣的喇嘛和兩個比丘尼，他們是從尼泊爾來到此地，專門服侍住在山腰洞窟裡的兩位苦行僧。眼前出現一座天然的螺旋梯，滑溜而危險，梯子通往上面凹壁的修行洞窟，洞裡住著一位百歲的苦行僧。爲了一探究竟，我們必須將洞口薄薄的片岩遮板挪開，不過那些尼泊爾僧尼央求我不要打擾這位聖僧，因此我只透過遮板下的裂縫向內窺探，我看見兩個人形，也聽見老人誦經的喃喃聲。冬天在這上面一定很冷，不過至少他看得見太陽、星辰和飄落的白雪，因爲巖穴面向河谷的方向是開展的；不過他可能都不開口說話，甚至也不知道隔壁洞穴竟有另一名苦行僧。

## 外喜馬拉雅山區的新山口

我們接著來到不遠處的昌喇波拉山口（Chang-la-Pod-la Pass），標高一萬八千二百七十呎，位於西山口西方四十三哩處，是外喜馬拉雅山分水嶺上最重要的山口，這是個意義重大的新發現。我們第二度跨越外喜馬拉雅山區和雅魯藏布江北方的大片空白，我的夢想是一步一步填滿這片空白，一直延伸到西方末端。

旅隊朝著西北方前進，我摸不清護衛隊在打什麼算盤，何以一逕領著我們往這個方向走，還好這正中我下懷。護送隊伍裡有一位首領以前在彤村做過喇嘛，後來因爲愛上一個女子而被逐出佛門。

越過昌喇波拉山口，我們再次進入沒有印度洋出海口的區域，這裡的水系最終都會注入當惹雍錯，我試圖深入這座湖岸邊。在一處插著祈禱幡的石祭壇，我們首度眺望到聖山塔哥崗日山（Holy Mountain of Targo-gangri），印度學者喃辛曾經從北方見到這座山；西藏人來到此處，無不五體投地朝拜聖山。

再一次更換護衛隊時，來了五名老人和一大批守衛，他們想要帶我們回拉嘎藏布，但是我說服他們繼續往西北方前進。他們共有十一頂帳棚，還帶了一百頭左右的犛牛，我經常到他們帳棚裡拜訪，爲老人素描。

我們正往聖山接近，巨大的峰頂積滿白雪，還有五道清晰可辨的冰河；西南西方向矗立著一條廣闊、未知的新山脈，山脊上堆著永不消融的白雪。我們在塔哥崗日山山腳的塔哥藏布（Targo-tsangpo）畔紮營，營地編號第一百五十號；塔哥藏布注入當惹雍錯，沿河步行只花兩天就能抵達那座湖泊。截至目前爲止，一切進行得很順利，然而此時卻出現二十名武裝軍人，原來是赫拉耶大人派他們來阻止我們前往這座聖湖，隊伍的首領是在納燦錯見過面的楊度克，當時他是赫拉耶的隨員。他們宣稱我們無論如何不許去當惹雍錯，我想到離我們營地不遠處，就在塔哥藏布谷地右手邊，有一塊突出的紅色岩壁，據說站在那塊岩壁上可以望見當惹雍錯，於是我答應如果他們能讓我爬上紅岩壁，就克制自己不到湖邊上。楊度克他們並不反對，就在我們準備出發的四月二十八日，拉迦（Largäp）區域的首長卻率領六十個騎士出現，騎士身穿紅色或五顏六色的衣服，胯下騎著白色、黑色或栗色的馬，一行人將我們團團圍住，彼此爭吵叫囂，不讓我離開營地一步。我們花了一整天工夫談判，最後他們總算讓步，答應讓我帶兩位隨從騎馬到岩壁邊；遙望北方的當惹雍錯閃耀著藍色光芒，好似鋒利的劍刃發出寒光。

我們從這個地點轉往東南方，以便第三回合穿越外喜馬拉雅山，途中我們發現一座中型湖泊蘇魯池（Shuru-tso，又稱「許如錯」），湖水依然冰凍未消。五月六日，我們再度跨越外喜馬拉雅山，這次走的是安格丁山口，標高一萬八千五百呎，位置在昌喇波拉山口西邊五十二哩外，我又一次成功地在地圖的大片空白處塡上一小塊。南北兩方的風景壯麗非凡，在我們身後的北方，塔哥崗日山依然可見，面前的南方出現的是喜馬拉雅山雪白的峰頂。

旅隊現在的目標是拉嘎藏布江。一天晚上手下報告說老古法儒病了，他躺在自己的帳棚裡已經奄奄一息，他要求兒子將他的壽衣準備妥當。老人肚子疼得厲害，我指示手下爲他熱敷，他卻叫我回家躺下，艾沙差點笑岔了氣，其他人則圍在老人床前開心地打打鬧鬧。我讓古法信服用了……生龍活虎一個。

## 冀望走向扎日南木錯與昂拉仁錯

五月十一日，我們在紛飛的大雪中抵達拉嘎藏布江畔，窩在籃子裡旅行的初生小狗新奇地追咬雪花。我們走的路線是賴德和他的同伴曾經繪圖標記的部分，不過在前往瑪那薩羅沃池（Manasarovar）❶的八十三天旅途中，除了其中兩天半行程之外，其餘都是不爲人知的新路線。

拉嘎札桑的兩位首領很頑固，他們出示來自拉薩政府的命令，要求我們只能走札桑道，也就是當年賴德探險隊通往拉達克的主要商旅路線。我只得又致書唐大人和連大人，請他們准許我前往扎日南木錯（Teri-nam-tso）❷和昂拉仁錯（Nganglaring-tso）❸，最後經由瑪那薩羅沃池抵達印度；我將送信的重任託付給手下唐德普和塔喜，要他們徒步把信件送達日喀則的馬指揮官手中，路程長達兩百哩，之後再與我們會合。

我們不急著趕路，主要是不想超前兩位信差太多，便在原地停留了一個星期。五月十五日，夜裡的氣溫降到攝氏零下二十六．一度，西藏護衛隊大失所望，因爲我們選擇經過雄偉的珠穆瓊（Chomouchong）山群，這裡地形粗獷，氣候凜冽徹骨。翻越珠穆瓊山群後，我們在巴桑河谷（Basang Valley）的入口處停留了一天，從那裡到地區首長所在的薩嘎宗（Saka-dsong）只需要一天的路程，可是我並不想走那條路，而希望繞到更南方恰克塔藏布（Chaktak-tsangpo）匯入雅魯藏布江的地點。西藏護衛答應我的要求，條件是由艾沙帶領大部分旅隊走主要道路去薩嘎宗。

我們分手的前一晚，拉達克人圍著營火跳舞，艾沙彈吉他助興。五月二十七日早晨，旅隊分道揚鑣，原地只留下馬匹上的我和艾沙，和往常一樣，我對艾沙下了一些命令，然後我們互道再會。這位優秀的領隊快馬跟上其他隊員時，身體看起來正處在顛峰狀況，沒想到這竟是我最後一次向他下達命令。

我自己也趕上羅伯與澤仁所帶領的支隊。這趟旅程收穫極爲豐碩，我們以小船爲工具，測量兩條河的水量，工作四天之後，在塔布爾區（Takbur）紮營休息。五月三十一日，我們準備啓程前往薩嘎宗，可是這天清晨卻來了一個野蠻不通人情的首領，他帶著一群雇來的幫手到我們營地，不分青紅皂白鞭打服侍我們的西藏人，而且喝令他們帶著我們向他們租用的馬匹離開，並留置我們當他的囚犯三個月，不給任何糧食。我悄悄派了一名手下趕到薩嘎宗給艾沙捎口信，要他趕緊爲我們送五匹馬過來。然後我把這個首領叫到我的帳棚來，他宣稱我無權涉足札桑道以外的任何道路，我警告他不要裝腔作勢，只要我高興，隨時可以請我在拉薩的大官朋友取他的性命，此話一出激得他暴跳如雷，他站起來用長劍刺向我，我仍舊保持坐姿，完全沒有表現任何恐懼，他於是停下比畫的動作拂袖而去。當天晚上，他帶著人手和犛牛回來，宣告我們可以前往薩嘎宗了。

## 艾沙走了！

六月一日早晨，幾名隊友帶五匹馬前來接應，艾沙也捎來口信，表示營地一切安好。我們拔營前進，這是一條漫漫長路，我和往常一樣專心工作，落在隊伍後面姍姍抵達營地，古法儒和所有隊員都跑來歡迎我。

「艾沙人呢？他一向都不會跑遠的。」我問。

「他在帳棚裡躺著，已經病了一整天了。」

我知道他常犯頭疼的老毛病，所以不以爲意直接進帳棚吃晚飯。天黑以後，洛布桑跑來告訴我他們叫艾沙時，艾沙沒有反應，我趕緊跑到他的帳棚，看見他的嘴巴扭曲變形，瞳孔渙散無光，這顯示他中風了。在我追問之下，其他人才說艾沙中午突然摔倒，幾個小時以後就無法說話了。一盞油燈在他頭邊燃著，艾沙的弟弟澤仁坐在一旁低泣。我叫著艾沙的名字，他虛弱地想轉過頭來；我低聲對羅伯說，艾沙活不過明天早上了，羅伯感到十分驚恐。現在我們唯一能做的是在他額前放些冰塊，在腳邊放置熱水瓶，但這些都於事無補，艾沙的大限已到。晚上九點鐘，艾沙開始垂死前的掙扎，他的手腳冰冷，身體不斷冷顫，沉重的呼吸聲越來越微弱，最後完全停止。過了一分鐘，他吐出最後一口氣息，艾沙就這麼與世長辭了。

我被死亡的莊嚴攫住，旅隊的喇嘛教徒用自己的語言爲艾沙誦經，回教徒則呼喊「偉哉阿拉！」古法儒將死者的下巴綁起來，以使下顎固定，並在他的臉上蒙上一塊白布。澤仁痛哭流涕，搥打自己的額頭，身體前俯後仰，我試著想安撫他，最後大夥兒將他抬回帳棚，他才慢慢睡著。

回教徒把帳棚改裝成靈堂，其中五人爲艾沙守夜，午夜之後我也來到靈堂，看見魁梧正直的艾沙躺在那裡，嘴角還帶著一抹安靜的微笑，他的臉上毫無光澤，在歷經羌塘無數的暴風雪和西藏的豔陽天，皮膚卻仍然透著古銅色。

六月二日是星期日，艾沙的遺體清洗乾淨，裹上古法儒的壽衣和一條灰色的毛毯，放在一頂粗糙的屍架上，八名回教徒將他的遺體抬到薩嘎宗官方撥給我們的一塊墓地。這時候底下的喇嘛教徒仍然在墳墓邊忙著。送葬隊伍很簡單，我走在屍架後面，羅伯和另外幾個隊友走在我的身後，澤仁因爲太過悲傷而留在帳棚裡。外面來了一些西藏人圍觀，他們從來沒有見過這樣的儀式；西藏風俗是把死者遺體餵給野獸。扶棺者唱了一支哀悼的喪曲，他們走得很慢，中途停下來休息兩次——他們的負擔確實太沉重了！

墓穴裡鑿了一個邊室，艾沙的遺體便放在邊室裡面，臉朝著麥加的方向，這樣覆土時才不會被泥沙壓到。當墓穴慢慢塡上泥土時，我走向前謝謝艾沙始終如一的忠心。

葬禮結束，我們沉默而哀傷地回到帳棚。我在一塊石板上用英文寫下艾沙生前服務過的歐洲人姓名（他來到我的旅隊之前已有三十年經驗），並且注明他於一九〇七年六月一日辭世，享年五十三歲。我並且用阿拉伯文塡上艾沙的名字，爲了讓西藏人珍視這個墳墓，還加上六字眞言，然後把這些字都刻在艾沙的墓碑上，旁邊同時放了一小塊石板，萬一有回教徒經過，可以跪在石板上爲死者祈禱。

六月三日，回教徒和其他隊員要求我給他們一隻綿羊，目的是舉辦一場紀念領隊的宴會，這時大家才明白我們失去了多麼寶貴的朋友；每個人都心懷悲痛思念著艾沙❹。此刻，每個人也都變得思鄉情切，拉達克人圍坐在營火前，熱心地爲家裡的妻兒做鞋子，讓一旁看的我感動莫名；羅伯也一樣，渴望見到母親、妻子和兄弟。因爲渴盼發掘雅魯藏布江北方的未知之境，我眞希望能立刻獲准離開，可是卻花上一個星期和西藏人折衝協調我的路線；經過許多「假如……」和「同時……」的考慮之後，他們終於准許我的要求，讓旅隊走北邊路線到尼玉庫區（Nyuku）。

我指派古法儒繼任領隊職務，並告誡手下：若有任何人不能以服從艾沙的心來服從古法儒時，立刻解僱。我們把艾沙的東西封在兩口箱子裡，打算未來送到他的遺孀手中；我們發現他的財產只有十個盧比，證明他是誠實保管我們的經費。

我們在六月七日離開營地，我騎馬到艾沙墳前致上最後一次敬意。旅隊開拔之後，土坡很快就遮住艾沙的墳墓，只留下永恆的孤寂伴隨著他。

【注釋】

❶ 瑪那薩羅沃池，即瑪旁雍錯，喜馬拉雅山區裡的湖泊，位於西藏西南方、岡仁波齊峰南方，是印度教徒的朝聖勝地。

❷ 扎日南木錯，是西藏中部的湖泊，位於當惹雍錯西方。

❸ 昂拉仁錯，位於扎日南木錯西方的湖泊。

❹ 原書注：在第一次世界大戰中捐軀的羅林上尉，曾在一九〇九年的《地理雜誌》第四四二頁，發表過一篇悼念艾沙的墓誌銘。

# 第五十六章

## 發現布拉瑪普特拉河發源地

路徑引領我們走過塔迦林寺（Targyaling-gompa），寺裡傲慢的僧侶威脅說，假如我們膽敢踏上他們的聖殿，將賞我們子彈吃。我捎信請他們無需擔憂，我們連札什倫布寺都看過了，又何必費事去看他們的破廟。

尼玉庫的首長是個明快果決的「噶本」，他爽快允諾我們攀登海拔一萬七千四百呎的吉倫山口，這是由外喜馬拉雅山群分出來的一支山脈，從山口上我們可以眺望冷布崗日山（又稱羅波峰）的幾處積雪高峰，這正是賴德探險隊從雅魯藏布江谷地出發所走過的三角地帶。我很想繼續攀登主脊，不過我答應過「噶本」不會越過山口，儘管心癢難耐，終究還是放棄探勘這大片未知之境的機會。

## 再度遭官方拒絕

六月十七日，我們在丹巴絨（Dambak-rong）谷地紮營，聽見外面路上傳來鈴鐺聲，一名騎士策馬奔馳直達我的帳棚外，翻身下馬遞給我一封信。我揣著狂跳的心閱讀封印上的英文字：「大清帝國使節團，西藏」，這封信即是對我的判決，所有的手下群集在帳棚前，他們滿心渴望早日回拉達克，希望別再被額外的探險耽擱。發信人是唐大人，信中措詞週到婉轉，不過主要意思卻是：「閣下請逕回拉達克，不可往北方或其他方向旅行！」我向手下傳達這項訊息，他們一言不發逕自走回帳棚，現在回家的路似乎比以前更近了。這些傲慢的大官眞是把我給激怒了，我決定設法打敗他們；越往西邊走，我身後那片未知的疆域就拉得越廣，無論如何，我一定要到達彼處。

被派往日喀則的唐德普和塔喜正巧在當天晚上回來，他們一完成送信任務就立即趕路回營。但離開日喀則沒多遠，有一天夜裡竟遭到強盜持槍洗劫，除了身上的衣物之外，他們所有的東西都被搶光，還好運氣不錯，盜匪漏掉了其中一人縫在腰帶背面的三十枚銀幣。只是唐德普和塔喜驚魂未定，在後來的路途中開始杯弓蛇影，看到陰影、石頭都誤以爲是強盜。終於回到營地了，兩人疲倦不堪，但心裡很開心；我賞給他們相當優渥的報酬，而關於艾沙死亡的傳言，他們也在路上得知了。

接著，隊中四條乳狗得了一種怪病，眼看牠們就快長大成活潑的帳棚伴侶時，卻在一個星期內相繼死去，我的帳棚裡又只剩下小黃和我了。

到了寺廟村特拉多穆（位於薩嘎以西），我們重新走回札桑道，這裡主事的「噶本」以前是個喇嘛，也是因爲男女之事被黃教逐出佛門。這個「噶本」是個大惡棍，雖說如此，有時結交惡棍也會有好處，我答應如果他讓我們瞧一眼尼泊爾北部，就送他一大筆銀子，他的回答是「榮幸之至」，甚至讓我雇用他的幾匹馬。假如我能多一點警覺心，就不難發現他這種不尋常的殷勤可能有詐：第一，進入一個禁止歐洲人旅遊的國家風險很大，即使幸運獲准，也必須遵照特定路線，持有適當的護照；第二，一旦進入尼泊爾，我就已經離開西藏領土，當我想重回西藏邊境時，西藏人大可加以阻止。

儘管如此，我還是在六月二十日出發，當晚在雅魯藏布江南岸的林色寺借宿，這間小廟只有一樁事值得一提，那就是寺裡所豢養的聖狗以僧人的排泄物維生，並吃掉他們死後的屍體，而寺中僧人飲用的容器竟是白森森的人頭骷顱。

## 進入尼泊爾

兩天之後，我們騎馬攀上喜馬拉雅山脈的廓爾拉山口（Kore-la），此地海拔一萬五千二百九十呎，是布拉瑪普特拉河（雅魯藏布江）和恆河這兩條聖河的分水嶺。從布拉瑪普特拉河爬升到山口的坡度幾乎察覺不出來，整個高度變化只有三百一十五呎，因此開鑿一條運河，將布拉瑪普特拉河上游強行變成恆河的支流，是一件可行的方案；如今這兩條河奔流至胡格里（Hugli）❶三角洲會合。

從山口上眺望，景色美妙極了，南方尼泊爾的山脊與河谷在陽光下閃閃發光，北邊則是橫躺的外喜馬拉雅山，沐浴在暖暖的驕陽下；積雪的喜馬拉雅山峰頂被雲霧籠罩著，使得二萬六千八百三十呎高的道拉吉里峰（Dhaulagiri）❷完全隱沒。

我們下山進入尼泊爾境內，一路往下走到喀利干達克河（Kali Gandak）❸谷地，這條河流是聖河恆河的支流，地勢陡峭非凡，使得我們無法騎馬下山。氣溫逐漸暖和，我們比較容易流汗，也看見越來越多在西藏氣候下無法生存的植物。接著，我們來到一處比廓爾拉山口低二千八百呎的地方，旅隊停下來紮營過夜，此地已經靠近納馬希村（Nama-shu）。營地位居一座園林中，主人是號稱「南土之王」的羅嘉浦（Lo Gapu）親王，他管轄尼泊爾邊境的一個邦邑，臣屬於加德滿都（Katmandu）的大君。溫暖的風拂過濃密的樹梢，就像天堂一般。羅嘉浦親王的兩名手下前來邀請我們到親王府做客，那是在下游谷地裡，但是我婉拒了，萬一他把我們收為禁臠，怎麼辦？第二天早上我們上馬回到廓爾拉山口，儘管停留如此短暫，我到尼泊爾拜訪一事卻已傳到大君耳中；一年多之後，我的家人和朋友都極為憂慮我的性命安危，瑞典王儲曾在倫敦會晤過尼泊爾大君，當時大君告訴王儲我曾經造訪過他的屬地，並且暗示無需操心我的安危，但是那個時候我早已回到西藏了。

我將特拉多穆「噶本」的馬匹毫髮無傷地奉還，並如數付給他允諾的酬勞。我們加入古法儒和旅隊，重新朝西方與西北方向行進，路線仍然沿著雅魯藏布江南岸，只是這一大片疆域均是陌生之境。我們在納穆喇寺（Namla-gompa）渡過雅魯藏布江，這裡江面寬達二千九百呎，大小同湖泊；幾天之後我們來到達克桑村，還幫助一位喇嘛過河，這裡的雅魯藏布江流速每秒鐘達到三千二百四十立方呎。來自西藏極東之地康區的五名女子前來我們的營地拜訪，她們遠道而來朝拜聖山岡仁波齊峰，只有背上的包袱加上一根手杖，沿路到別人的帳棚行乞以完成朝聖之旅。

## 尋找水源頭

現在我已接近最想解決的重要地理問題之一，我一直希望成爲首位深入布拉瑪普特拉河發源地的白人，並在地圖上畫出發源地的位置。傑出的印度學者喃辛曾於一八六五年走商旅要道從拉達克抵達拉薩，他知道布拉瑪普特拉河發源自西南方的冰河，可惜的是從未踏足該處；一九〇四年，賴德和他的探險隊也取道相同途徑，然而他所走的路線偏向布拉瑪普特拉河發源地北方三十哩。爲了解決這項問題，首先我必須測量雅魯藏布江（布拉瑪普特拉河上游）源頭水系的水流量，這件工作只能挑天氣晴朗的日子進行，而且最好在同一個時間測量各條源流。我發現其中一條源流庫別藏布江（Kubi-tsangpo）的水流量是其他源流總和的三倍半，因此只要找到庫別藏布江的源頭，就相當於找到布拉瑪普特拉河的發源地。

我先派遣古法儒帶領旅隊沿著主要道路前往托克欽，這個帳棚村距離聖湖瑪那薩羅沃池的東北岸不遠；留下來陪我的只有羅伯、三位拉達克人和三位西藏人。這些西藏人很熟悉這個地區，他們皮膚黝黑，身穿羊皮外套，肩上扛著好大的毛瑟槍，我在日記上稱他們作「三槍客」。

我們沿著庫別藏布江向西南方前進，南方和西南方向聳立著雄偉的黑色山峰，峰頂覆蓋永不消融的雪，堅挺的山峰像是野狼的森森白牙，巨大的冰河則像舌頭般從白牙間垂掛下來。我們的位置越來越高，發現樺樹和其他尼泊爾樹木的薄薄樹皮，它們是被強風吹過喜馬拉雅山而流落至此。三槍客見我用經緯儀測量地形，很緊張地問天空不下雨是不是我的傑作，我向他們保證，我也和他們一樣期盼老天快點下雨，因爲雨水能滋潤青草和牲口。

雄偉的庫別岡日山，山頂覆蓋永不消融的積雪與冰河

攀爬得越高，我們頭上庫別岡日山（Kubi-gangri）那九座粗獷的雪峰就變得越巨大。一天深夜，急驟的閃電擊中南方某處，藍白色的電光引燃火燄，深黑色山巔襯著淺色背景，彷彿有人拿剪刀在黑紙上剪出山峰的形狀。布拉瑪普特拉河發源地的聖山誕生了❹！這條河穿越西藏南方的大部分地區，切過喜馬拉雅山，灌溉阿薩姆（Assam）農夫的田地，驚人的水量和胡格里三角洲的恆河水系交

織在一起。

七月十三日，我們騎馬爬上一塊巨大無比的老冰磧石，從那裡飽覽令人驚奇的巍峨山色，粗獷的黑色岩石、圓錐峰頂、高聳山口、萬年雪原的盆地、壯闊的冰河，山脈表面有深色帶狀的冰磧石，冰裡則有藍綠色的神仙洞窟。我們腳下是一條冰河的底部，它正是庫別藏布江所有源頭的主要水源，也是布拉瑪普特拉河的發源地，標高一萬五千九百五十呎。

三槍客的任務完成，我發給他們酬勞之後便讓他們離去，整趟旅程只花了七英磅！能夠發現世界上名氣響叮噹的河流發源地，代價又如此低廉，何樂而不為？可是三名嚮導覺得我瘋了，不過才騎幾天馬就給他們這麼多銀子！至於發現布拉瑪普特拉河發源地的榮耀，我很榮幸能與喃辛和賴德兩人分享，即使他們並沒有抵達發源地，但是他們確實在這個地區留下了足跡。

接下來幾天我們繼續朝西行，越過塔木倫拉山口（Tamlung-la Pass），也就是布拉瑪普特拉河與聖湖的分水嶺。我們左手邊的山脈是薩特萊杰河(Satlej)眞正源頭所在的光倫岡日山（Ganglung-gangri），以及高聳的弧狀山峰古爾拉曼達塔峰（Gurla-mandata）；朗欽藏布江下游變成象泉河，是薩特萊杰河上游的支流，也是注入聖湖的最大水源。我們在象泉河畔停留短暫時間，這裡有個被人們視為奇蹟的泉水，它和法國南部城市盧爾德（Lourdes）❺一樣，擁有治病、驅邪的神力，據說甚至可以抵禦飢荒、乾旱、盜匪；北方是聖山岡仁波齊峰，也就是印度人所稱的凱拉斯山（Kailas），據說山頂有濕婆（Siva，印度教三大神之一）的仙境，也是西藏人心目中最神聖的山脈。最後，我們可以瞥見岡仁波齊山麓的聖湖瑪那薩羅沃池一角。

旅隊於托克欽全員到齊，我進行重大的調整，其中十三人在古法儒率領下直接返回拉達克的家鄉，同時請他們把我多餘的行李和多達三百頁的信件帶走。這些分寄親友的信件之中，最重要的是寄給鄧洛普史密斯上校的信，我要求他將我的信件、六千盧比、左輪手槍、糧食補給等物送到噶托，我預計在一個半月之後抵達該處。至於留下來的十二個人繼續跟隨我，領隊職務由澤仁擔當。七月二十六日，我們兩支隊伍分道揚鑣，古法儒帶領十三頭犛牛和小隊首途返鄉，大夥兒分別之際都流下不少依依不捨的眼淚；旅隊的西藏人以為這次分手和以往一樣，隔個幾天就會再聚首。

我和其他人轉向西南方，當晚在瑪那薩羅沃池畔紮營，位置靠近聖湖邊的色瓦龍寺。瑪那薩羅沃池邊的朝聖要道上有八座名寺，色瓦龍寺是其中第一座，它們散布在道路沿線上，彷彿一條神聖的手鐲上鑲著八顆璀璨的寶石。

【注釋】

❶在印度東北方，瀕臨孟加拉灣。

❷尼泊爾西部山峰，屬於喜馬拉雅山群。

❸尼泊爾與印度北部河流。

❹布拉瑪普特拉河印度文的意思是「梵天之子」，梵天是印度教創造之神的化身。

❺羅馬天主教的重要朝聖地，有聖母顯靈的泉水。

# 第五十七章

## 聖湖瑪那薩羅沃地

西藏人稱這座聖湖為「瑪旁雍錯」或「仁波齊錯」，印度人稱它「瑪那薩羅沃池」，意為梵天的靈魂，不論是哪個名字，只有一個詞可以形容，那就是神聖、神聖、神聖！湖岸上鑲著一圈高山，北邊岡仁波齊峰和南方古爾拉曼達塔峰的永凍雪原下，金鵰從巢裡起飛，翱翔在群山之間，俯瞰瑪那薩羅沃池青藍如玉的湖水；虔誠的印度朝聖客在湖上看見過濕婆神顯靈，祂化身為一隻白天鵝，緩緩從聖山上的仙境盤旋而下，棲息在湖水上。幾千年來，古老的宗教讚美詩即有讚頌這座湖泊的詩句，例如《塞犍陀往事書》（*Skandha Purana*）❶裡有篇〈瑪那薩堪達〉（Manasa-Khanda），內容描述：

> 當瑪那薩羅沃池的泥土沾上任何人的身體，或當任何人在瑪那薩羅沃池裡沐浴，他就能前往梵天仙境；喝下瑪那薩羅沃池的水，他便能前往濕婆神的仙境，免去百次輪迴的罪孽；即使是瑪那薩羅沃的野獸，也能進入梵天仙境。這座湖的水像是珍珠。喜馬拉雅山無與倫比，因為凱拉斯山和瑪那薩羅沃池都藏在其中；當露珠在朝陽裡昇華，人類的罪孽在見到喜馬拉雅山的那一刻也消失了。

我在瑪那薩羅沃池畔紮營，但心中並無瞻仰之意，只是想測量這座湖的地形，調查其水位與薩特萊杰河之間的關係（這是地理學上懸而未決的老問題）；測量其深度（從來沒有人做過這件事），並且以行動讚美其藍綠色的波浪。瑪那薩羅沃池的湖面高度海拔一萬五千二百呎，形狀呈橢圓形，湖泊北方向外突出，直徑約爲十五哩長。

## 橫渡聖湖

現在我們即將到聖湖上探險。七月二十六、二十七日兩天我們在等待中度過，風力實在太強勁了，旅隊裡的西藏人警告我們，冒險前進必然會被捲進湖裡滅頂。到了七月二十七日晚上，風速減弱，我決定當夜橫渡聖湖；我以羅盤測量對岸（西岸）的方位，將路線畫向西南方五十九度。許庫爾(Shukur Ali)和雷興擔任槳手，我們還帶了一條鉛線、測速儀、燈籠，以及兩天份的糧食。推船下水出發時，營火的煙垂直升向星空，隊上的西藏人說：「他們永遠也到不了對岸，湖神會把他們拉進湖底。」澤仁也和西藏人一樣憂

喇嘛招呼著印度商人

處。時間是晚上九點鐘，風勢減緩下，已呈強弩之末的波浪輕輕拍擊湖岸，發出柔和的旋律；才經過二十分鐘穩定的划行，岸上營火的光芒已消失，但是遠方浪花拍岸的聲音隱約聽得見，除此之外，打破天地間一片闃寂的，只有船槳濺起水花和槳手哼歌的聲音。

午夜，在南方群山背面放出大片閃電，整個天空都被電光點亮而呈現藍白色，一瞬間，天色通亮如同正午時分，月亮倒映在湖水上的影子，將晶瑩的水面染成銀白色；此處的湖深已達二百一十呎，我的槳手心生畏怯，都不知如何啓口唱歌了。

我就著燈籠的光線讀取測深儀和其他儀器的指數，並且記在筆記本上；我們徜徉在午夜的湖心，四周瀰漫著仙境般的氣氛，對於千千萬萬亞洲人來說，瑪那薩羅沃池的聖潔並不亞於基督教徒心目中的聖湖加里利湖（Sea of Galilee）❷；更有甚者，比起《聖經》上讚美提比略湖、迦普南（Capernaum）❸、救世主的記載，東方人對瑪那薩羅沃池的神聖信仰早了好幾千年。

夜晚時光過得很慢，東方逐漸出現淡淡的曉色，新的一天在山峰上方悄悄探出頭來，輕如羽毛的雲朵染上玫瑰紅色彩，倒映在湖水裡的雲彩彷彿輕輕滑過一座玫瑰花園。太陽的金光灑在古爾拉曼達塔峰頂，散放出紫色與金色的亮光，陰影如大氅般披掛在向東的山側，古爾拉曼達塔峰的半山腰圍著一圈雲彩，陽光將雲影投射在山坡上。

太陽升上天空，像顆鑽石閃閃發光，爲這片舉世無雙的景色添加無限生氣與色彩。多少

三個小喇嘛

年來，數以百萬計的朝聖信徒目睹晨曦照耀在聖湖上，但是在我們之前，沒有人是從瑪那薩羅沃池的湖心瞻仰這項奇景。

野雁、海鷗、海燕聒聒叫著飛過湖水，我的兩位槳手昏昏欲睡，有時候竟趴在船槳上睡得酣甜。早晨已經過去，而我們仍然在湖中央遊蕩，我自己也開始睏乏，我閉上眼睛，想像天空傳來豎琴樂音，還有成群的紅色野驢在湖裡嬉戲追逐的景象。

「不行，這樣下去不行！」我心想。

爲了提振槳手的精神，我用雙手撩起水花灑了他們一身。在第二個探測點，我們發現湖水最深的地方是兩百六十八呎。早餐我們吃雁蛋、麵包和牛奶，湖水甘甜似井水。正午時分，我們開始確定小船逐漸靠近西岸，因爲岸邊景物變得十分明晰；經過十八個小時的划行，小船終於靠岸了。

我們收集一些燃料，開始煮茶、烤羊肉，一邊抽菸斗聊天，還把小船和船帆改裝成一頂帳棚，然後蒙頭大睡，這時候才七點鐘。第二天早上向北航行，離岸不遠有一座建在高地上的果足寺，這天我們又在西岸過了一夜。離破曉時分還早，西風呼嘯而至，我們四點半鐘就下水出航，才划了幾百噚，浪頭已變得相當高，在順風的襄助下，我們輕盈地飛回營地，旅隊人員高興而驚訝地迎接我們；自從我們的船帆像個白點消失在遠方，他們就一直在岸邊守候。

八月一日，我們將營地往南邊遷移，旅隊沿著湖泊的東岸前行，我則走水路。聳立在南方的正是光倫岡日山，我就是在這山腳下發現薩特萊杰河的發源地。到了嚴國寺，我們很快瀏覽拜訪了一下，寺裡有一位比丘尼和十位僧人；晚上我們在楚古寺的牆外紮營，寺裡的十三位僧人熱情地款待我們，他們對小船行駛在聖湖上頗感詫異，對於我能順利完成湖上之旅，他們只能找到一個理由，那就是拜班禪喇嘛的友誼所賜。寺廟裡供奉湖神的黝暗大殿有一幅圖畫，描繪湖神踏浪升起的姿態，祂背後則是崇峻的聖山岡仁波齊峰。

## 湖神發怒

一九〇七年八月七日是很特別的一天，在我的一生中值得畫上三顆星星。日出時，一位喇嘛站在楚古寺的屋頂上吹起法螺，一群印度朝聖客在聖湖裡洗澡，他們把水淋在頭上，如同婆羅門教徒在貝那拉斯岸邊崇奉聖河恆河一般。此時的岡仁波齊峰隱蔽在雲霧之中。

我和許庫爾、唐德普走進船裡，同時攜帶了毛皮、食物、船帆和備用船槳；這次湖水平靜無波，因此無需將船桅豎起來。我們前進的方向是西北方二十七度，划了好幾個鐘頭之後，果足寺遠遠出現在左舷方向，細小如黑點，時間是下午一點鐘，西北岸上捲起了大片漩渦似的黃色塵雲，這是一陣強勁的西北風，山坡上開始下起傾盆大雨，雨勢逐漸延伸到我們頭上，暴雨轉變成冰雹。我從沒見過那麼厲害的冰雹，大小有如榛果，億兆顆冰雹像砲彈一樣對著湖水發射，水花受到衝擊飛濺起來，湖水像是沸騰的滾水嘶嘶作響，水霧旋噴四處，能見度之差只能看見附近的波浪。周圍天色漆黑如墨，但是船裡卻因冰雹而形成白色的小天地。冰雹瞬即又轉成滂沱大雨，瘋狂地傾瀉，我雖然把毛皮拉上膝蓋，但摺縫處仍然積水成池。

風雨平靜了片刻，可是下一刻又從東北方颳來新的風暴，遠遠聽來像是重砲隊在打戰；我們想要把船頭轉到西北，朝向羅盤定位好的方向，然而浪頭越來越猛，湧著白沫的波浪急速從右舷扶手上灌進小船，

坐落聖湖岩岸的果足寺

船裡的水位漸漸升高，隨著我們的破浪前進搖晃不止。我們必須順風往西南方走，雖然危險卻成功了。接下來的旅程令我終生難忘。

颶風！我們三個人坐在堅果殼似的小船裡，湖裡波浪滔天，力道不遜於瑞典家鄉暴風天時海上的風浪。當湖水沖濕我的全身、鑽入我的皮背心時，我並沒有注意自己有多寒冷；小船落入凹陷的波底，藍綠色的湖水就在我們眼前，透過清澈如玻璃的浪頭，可以見到太陽在遠遠的南方綻放光芒。下一刻鐘，小船又被推高到波峰，這時周圍盡是滾滾浪花，小船震動了一下，再度被拋入深沉的波底。船底的水逐漸溢上來，我們很懷疑能否撐到靠岸？如果我們出航時就把船帆升起來，那該有多好！這樣就比較容易在強風中保持小船的穩定，現在情況可不是這麼回事，倚在右舷扶手上的船帆幾乎淩風飛去。我使出渾身解數靠在舵柄上，唐德普則拚命壓在船槳上。

「划開，划開！」我大喊。

唐德普的確划開了，可是他的槳在一記巨響中應聲而斷。我心想：完了，現在，我們肯定會翻船。然而唐德普的確非常能幹，他想也不想就拿起備用船槳套進槳圈裡，小船還來不及翻覆，就被他順利划開了。船裡的積水越深，下沉的幅度越大，浪頭也就越容易打進船裡來。

「喔，阿拉！」許庫爾悲叫道。

我們這番生死掙扎持續了一個小時又一刻鐘，等天氣恢復清朗，我們霍地發現果足寺就在正前方的遠處。很快地寺廟變得越來越大，僧人全站在寺裡的陽台上看著我們，小船被拍岸的浪花捲進，隨後又被湖水吸了回去。唐德普突然跳出船外。這傢伙瘋了嗎？水深浸過他的胸膛，但見他穩穩抓著船，將我們拉向岸邊，於是許庫爾和我也在淺水處如法炮製，把我們的迷你船拉回岸上。

經過生死掙扎之後，我們累慘了，三個人話也不說就一頭栽在沙灘上。過了一會兒，幾名僧人和見習喇嘛走到我們身旁。

「你們需要幫忙嗎？今天浪大，看你們被浪頭甩來甩去，眞叫人捏一把冷汗。來吧，我們有溫暖的房間可以休息。」

「不必了，謝謝你們！我們待在這裡就好，但是請給我們一點燃料和食物。」

他們不久就帶著甜食、酸奶和糌粑回來，而我們自己帶來的糧食，只剩茶葉還能使用。僧人用樹枝和牛糞生起一堆歡迎的營火，我們脫衣服在火邊烤乾；每次在西藏湖泊裡翻船都要來這麼一下，我們已經再熟練不過了。

第二天早上洛布桑騎馬帶來一些補給品，所有人都以爲我們滅頂了。楚古寺的喇嘛還在湖神像前燒香祭拜，懇求祂原諒我們；這些喇嘛眞是體貼，希望上帝保佑他們！

我在果足寺停留十二個小時，時而坐在神殿的八根柱子間素描，時而觀察僧人用孔雀羽毛沾著銀碗裡的聖水噴灑神像，嘴裡還一邊喃喃念著「唵啊吽」。這座湖神的殿堂也一樣被神秘的微光所籠罩著。

我走到平坦的屋頂上眺望，昨天亟欲取我們性命的聖湖，現在卻平滑得像一面鏡子，空氣中飄著微微的氤氳，我看不出湖的東岸究竟是山峰還是天空，只見湖水共天一色。經過一天顛簸的航行，整座寺廟似乎在我腳下搖晃起來，眼前的景物也好像漂浮在水裡，我覺得自己宛如一頭栽進無垠的太空。事實上，聖湖仍然靜臥於寺廟之下，湖岸上不計其數的朝聖者費盡千辛萬苦才來到這裡，希望求得靈魂的平安。瑪那薩羅沃池——巨輪的中心點，生命的象徵！我覺得自己可以在這裡待上幾年，觀看湖水從表層結冰到裡層，欣賞冬季暴風將大片雪花捲過大地與湖面，然後春天的腳步接近，破開湖水上方的冰罩，年年捎來季節訊息的群群野雁準時出現，隨之而來的是溫暖的夏季微風。我應該會喜愛坐在岸邊凝視早晨開啓新的一天，與古往今來的凡人共同瞻仰千變萬化的聖湖、風采迷人的聖湖。

天色漸漸昏暗，夜色轉濃，我站在一群喇嘛之間，攀著屋頂的扶手，嘴裡喊著：

「唵啊吽！」

【注釋】

❶《塞犍陀往事書》，印度教的一部經典。

❷位於今以色列北方的淡水湖，《聖經》上記載許多關於此湖的事蹟。

❸古巴勒斯坦城鎮，位於加利利湖西北岸。

# 第五十八章

## 鬼湖

這天天氣風和日麗，我們划回楚古寺時，受到喇嘛友善而熱烈的歡迎。他們說瑪那薩羅沃池有一株聖樹，根部扎進池底的金沙中，樹冠則突出於湖面上，聖樹有一千條枝椏，每一條枝椏上懸吊著一千個僧人的禪房，河神的城堡就在聖樹下。此外，有四條河流發源自聖湖，分別是卡拿里河（Karnali）❶、布拉瑪普特拉河、印度河與薩特萊杰河。

我們沿古爾拉山的山坡騎馬，二度經過果足寺，抵達聖湖西北角的吉屋寺，那裡只住著一位僧人；富有同情心但憂鬱的策陵唐度普喇嘛（Tsering Tundup Lama）已經厭倦孤單的生活，要求我讓他跟隨我們到山裡去，但是當我們要離開的時候，他的勇氣卻消失無跡，最後還是沒能拋棄他遁居的寺廟。我又乘船橫渡聖湖兩次，之後再騎馬上龐第寺（Pundi-gompa）。洛布桑和我在附近差點被十二名強盜洗劫，所幸他們寧願搶劫西藏商隊的牲口和貨物。到了朗保那寺，我和十二歲的住持喝茶，他是個相當吸引人而且機警的男孩，對我的素描簿非常感興趣；我們離開時他站在窗子裡揮手道別。迦怡普寺（Charyip-gompa）是瑪那薩羅沃池畔的第八座，也是最後一座寺廟，這裡只住著一位孤零零的喇嘛，敲起大祈禱鐘時並沒有人留意；這口祈禱鐘上鐫刻著六字眞言，每當鐘聲響起，音浪就飄過聖湖傳出去。

我們又來到吉屋寺，瑪那薩羅沃池偶爾會從這裡經由一條峽道氾濫出去，流進西邊的另一座湖泊，西藏人稱之爲拉昂錯，印度人稱作拉噶湖（Rakas-tal）。平常這座湖的湖床是乾的，而瑪那薩羅沃池的水位必須上漲六呎以上，才有足夠的水氾濫流到拉噶湖。一八四六年探險家史崔奇（Henry Strachey）抵達拉噶湖時，便碰巧遇到這樣的情形；後來，我從拉祖兒的來信裡得知一九〇九年也發生過一次。不過我抵達的時候，拉噶湖是乾涸湖泊，而對這項問題進行徹底的調查，也是我此行一項重要的目的。單就這個主題，便值得另出專書探討❷。西藏人對於我旁若無人的行爲氣壞了，鄰近巴噶區的（Parka）「噶本」派人從一個營地追到另一個營地，但是每次他的手下快馬追到我們營地時，所得到的答覆總是：「他到湖上去了，有本事自己去抓他。」等到他們趕到對岸，我早已乘船朝相反方向走了。這些人變得相當困惑，結論是：我只是神話。總之，他們連我的臉都沒見到。

現在，「噶本」把最後通牒送到吉屋寺，聲稱假使我不主動向巴噶官府報到，他的手下將沒收我的東西，用犛牛載到巴噶。我的回答是：「好啊，隨你高興！」後來果眞來了一小支軍隊，帶著十五頭犛牛，我們很開心地幫忙他們把東西裝載好，他們列隊

朗保那寺十二歲大的住持

離開時，我的一半手下跟著前去，另一半人手則和我前往拉噶湖。根據西藏人的說法，拉噶湖恰好和聖湖瑪那薩羅沃池相反，住的盡是妖魔鬼怪。去年冬天有五個西藏人抄近路渡過結冰的湖面，結果冰層突然破裂，五個人不幸淹沒湖底。拉噶湖形似沙漏，不過南半邊的球形比北邊的大。我們選在狹長瓶頸地帶的東岸紮營，第二天早上開始進行深度測量，儘管風勢強勁，我還是平安抵達對岸，不過後來強風發展成颶風，將我們困在西岸一天一夜，第二天早上才在猛烈的風勢下返回營地。經過這一遭，每件事似乎都和我們作對，強風和暴風日夜吹襲，我們只好把小船收起來，由潘趣來的最後一頭騾子運走，我們自己則騎馬環繞崎嶇、蠻荒但美麗的湖岸。

## 在野雁島上過夜

有一天晚上，我們在南岸一塊突出的岬地上紮營，湖中有個叫拉齊多（Lache-to）的小島孤立在浪花間，正好與岬地成一直線。五月，野雁在島上平坦高地的沙石上產卵，拉薩政府雇了三個人在此保護野雁不受狐狸和野狼侵犯，這些人趁冬天湖水結冰時到島上，然後在冰層消融以前返回。有一次他們來不及離開，一場春天的暴風便將冰層擊碎，這些人只好在拉齊多島上困守八個月，日日以雁蛋和野草果腹。

我期待前往這個野雁島，由羅伯和伊謝（Ishe）操槳，我們把船從岸上推下水。時間是下午，我們希望趁天黑前回來，到時在營地的人應該已將我的晚餐油炸野雁做好了。由於營地有很高的山壁遮擋，因此我們出發時並沒有注意到風勢其實很強，一直到離岸有一段距離才察覺，不過既然是順風，小船自然輕盈地駛抵拉齊多島，費了一番工夫才安然停靠在一處湖灣。這樣的天氣根本不可能划船回營，於是我們把船拖到岸上，開始深入小島探勘，大概二十五分鐘就走完全島一圈。

野雁的產卵地現在空無一鳥，不過有成千上萬顆鳥蛋埋在沙堆裡，因此我們有足夠食物可以撐到風勢減弱，屆時即可划船回去了。我們敲開一些鳥蛋，卻發現裡面已經腐敗，接著又嘗試多顆，總算發現有八顆蛋保存完好可供食用。伊謝帶了一袋糌粑，我們在野雁建造的背風石壁下生火，將蛋烘熟了當晚餐。我想起幾年前在楚克錯的往事，想到萬一小船被風飄走了，我們的處境勢必危險萬分！

這一夜我們睡在沙地上，第二天東方破曉之前便上路回營，那時我的野雁蛋已經乾掉了，可是我還是吃得津津有味。同一天早上，巴噶來的「噶本」抵達營地，帶來一份措詞更嚴厲的最後通牒；我們以豐盛的宴席款待他，席間我開玩笑說：「冷靜一點，噶本大人，我和你一起去就是了。」接下來，我們在飛沙走石的風暴追趕下，完成了騎馬環湖之旅，穿越薩特萊杰河流出拉噶湖的舊河床，最後在某天晚上到達巴噶。

巴噶區的所有首領此刻必是歡喜在心頭，因爲他們終於將我一舉成擒。我們決定回拉達克的最後一段行程走主要道路，經過聖山岡仁波齊峰南方的哈雷布區（Khaleb）。我對他們的頭頭說，我將遵照他們的要求回到拉達克，唯一的要求是讓我們在哈雷布停留三天；他們沒有反對我的請求。

九月二日離開巴噶，陪伴我們的是一位高僧，他不但帶了一批紅衣喇嘛當扈從，還有一支裝備齊全的旅隊。我們在哈雷布平原紮營，舉頭即可見到那座世界上最神聖的山峰。

【注釋】

❶又作Ghàghara或Gogra，印度北邊和尼泊爾境內的河流。

❷原書注：這本書已經寫成，名爲《西藏南方》（*Southern Tibet*）。（譯者補注：斯文・赫定所著的《西藏南方》共有十二冊，出版年份從一九一七年到一九二二年。）

# 第五十九章

## 從聖山到印度河發源地

第二天早上，我們已準備好捉弄這些呆板的西藏人。由於先前花了一個月時間探訪兩座湖泊，還在瑪那薩羅沃池測量水深，也參觀了八座寺廟，現在我更是不計一切代價想走訪聖山，完成所有朝聖客的願望——更何況這趟旅程未曾有白人涉足過。

九月三日清早，我派遣澤仁、南吉歐和伊謝攜帶三天份糧食，前往岡仁波齊峰所在的河谷，一等他們身影消失，我便與洛布桑騎馬追蹤他們的足跡。我的帳棚依然紮在哈雷布，以便讓「噶本」認定我當天晚上就會回營。

我們來到一座美麗而幽深的河谷，谷地兩側矗立著垂直的山壁，岩石是綠色與淺紫色的砂岩和礫岩。許多支朝聖團正穿越谷地，他們都打赤腳，彼此不說話，嘴裡喃喃唸著不朽的六字眞言。我們在尼安底寺（Nyandi-gompa）歇息了幾個小時，大殿的佛壇上有兩支象牙，「是從印度騰空飛來的」。從寺廟的屋頂上眺望聖山，山勢雄渾壯觀，側面均爲垂直山壁，峰頂籠罩著亙古不變的冰雪，冰帽邊緣的融冰簌簌流淌，宛如白色的新娘面紗。

## 繞行岡仁波齊峰

往河谷上游直走，兩側山壁轉成花崗岩，感覺上，好像走在巨大堡壘的城牆與塔樓之間。右手邊出現河谷的出口，岡仁波齊峰時隱時現，不管從哪一個方向眺望，聖山看起來都一樣迷人，在它雄壯威嚴的映襯下，我們顯得更加渺小了。

在荻爾普寺（Dirpu-gompa）的屋頂上，我們和其他朝聖客共度第一晚，從他們口中知道，印度河的發源地離這裡只有三天行程！我們該繼續到那裡去嗎？不行，我們必須完成預定的計畫，日後當然不容錯過！

荻爾普寺旁邊的巨大花崗岩

我們繼續和其他朝聖客繞著聖山行走（稱爲轉山）。從南邊仰望，聖山看起來像個巨大無比的水晶石，穿越整座樹林的步道邊滿是虔誠的朝聖信徒所奉獻的祈禱石壇；一個老人的遺骸躺在石頭堆之間，他的朝聖之旅已經永遠結束了。我們往一處山口攀爬，上坡路非常陡峻，山丘上有一塊碩大的岩石，底下一條狹窄的穴道穿過鬆軟的土質地表。西藏人相信沒有罪孽的人可以爬過那條穴道，反之，擔負罪惡的人會卡在中間。伊謝膽量十足，願意捨身接受試煉，他爬進黑暗的洞口，以手肘和雙足慢慢磨蹭到土壤深處；他在穴道裡用力掙扎，還用趾尖使勁蹬著，踢起了一堆塵土。但是這些努力仍舊徒勞無功，因爲伊謝還是卡在穴道中間，我們在一旁看得捧腹大笑，洛布桑狂笑，南吉歐也笑到跌坐在地上，澤仁笑得連眼淚都流下來了。我們聽見地底下那個現出原形的罪人悶聲求救，但是我們決定讓他在洞裡多待一會兒——這對他的靈魂有好處。一會兒我們拉著伊謝的腿將他拖出穴道，他看起來像個泥人似的，悶悶不樂的表情更甚以前。

來自西藏各地的朝聖客群集在岡仁波齊峰，山名的意思是「神聖的冰山」或「冰雪珠寶」。這座山是地球的中心，山頂是濕婆所居住的仙境。

據說繞著聖山行走可以減輕靈魂飄泊的痛苦，離涅槃之境將更接近，不但如此，連朝聖者家中六畜也會因而興旺，衣食無缺。我們遇到一位老先生，他已經繞行聖山九次，準備再走四圈，他從早到晚蹣跚前進，再花兩天就能走完全程。有些朝聖客並不以走路爲滿足，他們甚至匍匐在地，在步道上留下手印，然後起身來到手印的位置，再次五體投地；這樣的動作一再重複，轉山一圈需要花二十天的時間。

我們終於來到標高一萬八千六百呎的卓瑪拉山口。這裡有塊巨大的花崗石，還有綁著經幡、繩子的竿子，虔誠的信徒會拔下一撮自己的頭髮或一顆牙齒塞進石頭縫裡，從身上的衣服撕下布條，綁在繩子上，然後匍匐繞行這塊花崗岩，藉此對岡仁波齊峰的神明致敬。

從卓瑪拉山口往下走，極爲陡峭的步道通向永遠凍結的喀花喇錯（Tso-kavala）。我身邊的四名喇嘛教徒隨從徒步前進，因爲只有異教徒才能騎馬通過聖地。我從祖初普寺(Tsumtul-pu-gompa)騎馬到塔辰拉布仁寺（Tarchen-labrang）——轉山路上的第三座寺廟，我們終於完成了朝聖者繞山的旅程；這就像掄動轉經輪一樣，每走一步就聽見一聲六字眞言，第一個字「嗡」和最後一個字「吽」的音調拖得好長，帶著神秘的色彩。阿諾德（Sir Edwin Arnold）❶曾爲此眞言下過這樣的注解：

蓮花上的露珠！升起吧，偉大的太陽！
舉起我的葉，將我揉合在浪花裡。
噢，蓮花藏珠寶，旭日東升！
露珠滑進閃耀的大海裡！

我回到哈雷布後特地去拜訪友善的「噶本」，直截了當告訴他我打算去印度河的發源地。經過冗長的談判，他同意了我的要求，條件是半數旅隊成員必須直接前往嘎托等我。

「你這趟旅途必須自負風險，」他說：「我們的官員會出面攔截，也可能有盜匪攻擊掠奪你們。」

# 尋找印度河的源頭

我帶領五名隨從、六頭馱獸、兩條狗、兩管步槍、一把左輪手槍，還有好幾天份的糧食。我們熟悉旅途的首段路程，也就是從哈雷布到荻爾普寺，到了那裡以後，我們離開朝聖路線，進入外喜馬拉雅山杳無生機的谷地。我們經由策提喇辰山口（Tseti-lachen-la，標高一萬七千九百呎）翻越外喜馬拉雅山脈的主脊；這已經是第四次了。我們在山脊北坡的印度河畔紮營，剛好一些牧羊人也在此紮營，他們趕著五百隻馱運青稞的綿羊要去改則。

其中一位老牧羊人願意和我們一起去找尋印度河源頭，西藏人稱呼源頭爲「辛吉卡巴」（Singi-kabab），是「獅口」的意思。老牧羊人索價每天七個盧比，另外我們還租用他的八隻綿羊，買下一部分青稞，份量足夠我們的馬匹吃上一星期。這位名叫裴馬（Pema Tense）的老人對我們而言是無價之寶，他陪我們走了五天，離去時我給他相當於八英磅的報酬，對他來說是一筆鉅款，但是對我而言，卻是以低價發現印度河的源頭。

我們和裴馬沿著坡度緩升的河谷往上游走，走過一條條印度河的支流後，這條著名河流規模便逐漸縮減。我們在一段支流的延伸處停留了一會兒，抓到三十七條魚，因而爲每日單調的食譜添了點花樣。隊伍繼續前進，我們經過一塊陡峻的岩石，看見一群野綿羊正在往上攀爬，這些動作敏捷的綿羊專注地觀察路過的旅隊，沒有察覺到唐德普已悄悄掩近岩石下方，槍聲呼嘯而出，一頭好看的野綿羊應聲跌落河谷。

九月十日晚間，我的帳棚就搭在「獅口」處，也就是印度河的源頭邊！有一塊板岩下湧出一道泉水，分而為四，之後又匯流為一股溪水。泉水旁有三堆高高的石祭壇，還有一座方形的聖牆，彫飾美麗的象徵圖像，以證明這個地點是神聖的。這裡的高度為海拔一萬六千九百四十呎。大約四十年前，一位印度學者探訪過印度河上游，他在距離源頭三十哩處穿渡印度河，卻從來沒有走到這處重要的發源地。在我展開這趟行程的前一年，當時所出版的地圖仍然將印度河的發源地定位在崗仁波齊峰的北坡，也就是外喜馬拉雅山的南側，然而事實上，這個地點應該落在這條龐大山系的北側。

阿利安（Flavius Arrianus Arrian）❷在其著作《印度誌》（*Indica*，第六冊第一章）裡描寫亞歷山大大帝時，曾經寫下這段令人發噱的話：

一開始，他（亞歷山大）看見印度河的鱷魚時以為自己發現了尼羅河的源頭，因為他只有在尼羅河見過鱷魚。他以為尼羅河來自印度某個地方，流過廣闊無垠的沙漠後，印度河一名便被人遺忘了；等到它再度流經有人居住的土地，被衣索匹亞人和埃及人稱為尼羅河，最後注入地中海。他在寫給母親歐琳皮亞斯（Olympias）❸的信上談到印度，說完其他事情之後，他提起自己發現尼羅河源頭一事。儘管如此，亞歷山大在進一步研究印度河之後，從當地土著口中得知：西達佩斯河（Hydaspes）併入亞塞西涅斯河（Acesines），亞塞西涅斯河又注入印度河，前兩條河的名稱屈從於後者，於是印度河有兩個河口，最後流入大洋（the Great Sea）。這與埃及無關，於是亞歷山大將關於尼羅河的那段話從給母親的信中刪去。

亞歷山大大帝看見滔滔巨河在喜馬拉雅山谷地中奔流，就認定他找到了源頭，至於他何以以爲發現了尼羅河發源地，肇因於對印度洋一無所知；他相信印度和非洲大陸相連，而他所目睹的大河起源自喜馬拉雅山，轉彎向南流之後又往北走，最後流入地中海。不過他很快就了解到，這兩個大陸實際上是被一座海洋所隔開，而印度河正是注入這座海洋，因此他在發信給母親之前，還有機會更正先前的錯誤。換句話說，亞歷山大大帝並沒有發現尼羅河源頭，而是發現印度河發源地。不過，這本身又是另一個錯誤，因爲亞歷山大並不清楚這條河還有長達數百哩的上游河道。從那時算起，兩千兩百年的光陰倏忽消失，印度河眞正的發源地終於在一九〇七年九月十日這一天被發現了。

我有幸成爲首位深入布拉瑪普特拉河和印度河源頭的歐洲人，這兩條自古以來便極爲出名的河流像蟠螯一樣繞過喜馬拉雅山——世界上最高的山系。

這裡天高皇帝遠，沒有任何官員來騷擾，於是我們繼續朝地圖上大片空白的西部挺進，進入陽巴梅參地區（Yumba-matsen），再向西走到嘎托。我們翻越卓科山口，這裡的高度竄升到一萬九千一百呎，在此我們第五度跨越外喜馬拉雅山區，不過卓科山口並非我的發現，一八六七年的喃辛和一九〇六年的英國人卡爾弗特（Calvert）都曾經走過這山口。然而，不管是白人或印度學者，都未曾跨越安格丁山口和策提喇辰山口之間廣袤未知之境，這段距離長達三百哩，幅員廣及四萬五千平方哩。人們對這個地帶的了解僅止於冷布崗日山的幾座高峰，也就是賴德探險隊完成探勘的三角地帶；由於西藏人和中國人的蓄意阻撓，我被迫放棄身後這一整片疆域，而它卻是我此行的一大目標。

## 暗中籌畫新的探險之旅

我一定要去那裡！我實在無法想像自己沒有完成計畫、沒有達成目標就打道回府。首先，我必須在嘎托和噶爾庫沙（位於嘎托西北方）等候鄧洛普史密斯上校從印度寄錢和其他東西過來。我試圖說服西藏西端的兩位首長讓我前往那片未知之境，可是他們絲毫不為所動，這意味著我必須花六個月而非一個月的時間，繞道冬天足以致命的羌塘，這也意味著會有更多馬匹和騾子犧牲。

過濾掉擋在面前的一切阻礙之後，我的計畫慢慢發展成形。現在的噶爾庫沙是個重要的貿易城，來自拉薩和拉達克的商人都搭起帳棚賣東西。我在這裡故意散播謠言，指出我已經受夠了西藏，打算取道拉達克、東土耳其斯坦的和闐，抵達北京；由於這正是我的中國護照上載明的路線，因此在印度的朋友無人懷疑我的眞正意圖，我甚至寫信給路透社派駐印度的特派記者，也就是我的朋友巴克先生（Mr. Buck），告訴他我準備前往和闐。唯一曉得眞相的是列城商人拉祖兒，我託他籌組整支新旅隊，他在噶爾庫沙有二十頭騾子，我全數買下來，另外他還替我弄到十五匹駿馬。在人員方面，我身邊還留有五名舊旅隊的成員；拉祖兒又寫信到列城，代我招募十一位新隨從，並請他們到德魯古布與我會合。最後拉祖兒還採購糧食、毛皮、衣服、帳棚等物，總而言之，就是所有的重裝備，而且還借給我五千銀盧比。他的鼎力協助，後來獲得瑞典古斯塔夫國王（King Gustav V）❹授頒金質勳章，印度政府也頒發給他「巴哈督爾汗」（Khan Bahadur）的頭銜。

十一月六日，印度方面終於寄來了我等候已久的東西，包括六千盧比和信件；我也在這時得知英國和俄國在同一年（一九〇七年）完成條約簽署，其中有一款條文和我極有關係：

「大英帝國與俄國相互約束，若未獲得事先同意，未來三年將禁絕一切進入西藏的科學探險，兩國並將號召中國採取相同立場。」

在此之前，英國、印度、西藏、中國都和我作對，這一來又添上俄國。我在內心嘲笑那些可敬的外交官，他們在談判桌上訂下法律要我遵守。要解決這個問題只有溜過拉達克，我可以從那裡走主要的商旅路線前往喀喇崑崙山口，就像我一年前所做的一樣，然後向東進入西藏；遇到有人居住的地區，我就喬裝打扮繼續前進。

萬事齊備之後，我們立刻前往譚克西和古爾魯布；我遣散了包括羅伯在內的所有舊部屬，因爲到西藏以後，萬一有人認出他們曾經追隨過我，那麼整個計畫將全盤泡湯。和老部屬分別往往令我痛苦傷感，可是事出不得已！離別時這些手下都哭了，我只能用豐厚的報酬來安慰他們。我再一次孤零零地站在亞洲內陸，獨自一人對抗聯合起來阻撓我的五國政府。

拉祖兒雇用的十一個新部屬抵達古爾魯布，我形單影隻的日子終告結束。這些手下有八名回教徒、三名喇嘛教徒，領隊的名字叫科林姆（Abdul Kerim），其他分別叫庫德斯（Kutus）、辜藍（Gulam）、蘇恩（Suän）、拉賽克（Rasak）、薩迪克（Sadik）、拉伯森（Lobsang）、孔曲克（Kunchuk）、嘉發爾（Gaffar）、阿布杜拉（Abdullah）和索南（Sonam Kunchuk），除了拉伯森是西藏人之外，其餘都是拉達克人。拉伯森最爲傑出，當然其他人也很優秀，我向他們致歡迎詞，希望他們一路平安，直達——和闐！沒有一個人，包含科林姆在內，清楚我眞正的計畫，因此科林姆準備不夠牲口吃的青稞不能算是他的錯；我交代他攜帶兩個半月份量的青稞，可是去和闐只需一個月路程，所以他只準備了一個月份的青稞。

我們有三頂帳棚，我的帳棚小到只容得下行軍床和兩口箱子。旅隊共有二十一頭騾子和十九匹馬，我還是騎我的拉達克小馬，也就是上一趟旅途中全程陪伴我的白馬；銀兩和罐頭食品分裝成四馱，烹飪用具裝了兩馱，其他的牲口則背運帳棚、皮毛和手下的行李。隊員中只有科林姆和我騎馬，其他牲口都馱載白米、麵粉和糌粑，以及牲口吃的青稞。我們只有兩隻狗，分別是小黃和新來的大黃。除此之外，我們買了二十五隻綿羊。

旅隊從裡到外都是簇新的，我們的老隊員只剩下小黃、潘趣來的白騾子、我的小馬。我明白這趟即將展開的旅程將會比上一趟更艱難；上次我們出發時是八月，現在已經十二月了，我們將筆直走進凍得人發麻的寒冬，以及足以毀滅一切的強風。這時的氣溫已降到攝氏零下二十三．三度，往後勢必逐漸降到連水銀都結冰的酷寒境界。

【注釋】

❶一八三二～一九〇四，英國詩人與新聞記者，在孟買住過幾年，寫過關於亞洲與釋迦牟尼佛的史詩。

❷西元前九五～一八〇，希臘歷史學家。

❸西元前三七五～三一六，馬其頓王后。

❹一八五八～一九五〇，一九〇七年即位。爲奧斯卡二世國王的兒子，在位期間致力社會政策與強化軍備。在兩次世界大戰期間均堅持中立。

# 第六十章

## 藏北的酷烈寒冬

十二月四日是旅隊上路的第一天，我們下到薩約克村（Shayok），這段是整個旅程中極爲難走的一部分；道路穿過一條窄仄的峽谷，絕大部分谷底都被河流所盤踞，河水部分結冰，部分仍然有洶湧的漩渦。這段路由人背運行李，牲口背上只有馱鞍；扛行李的腳夫有一百人左右，他們邊唱歌邊走下河谷不見了。過了一會兒，有一位隊員騎馬離去。這段路的距離只有六哩，可是足足花了我們八個小時才走完；我們必須一再渡河，有些河岸結了帶狀的厚冰，接下來一段卻嘎然而止，於是馬匹必須從冰帶的邊緣跳進滿是漩渦的河流裡，河水深達四呎，我們必須夾緊膝蓋，否則胯下的馬兒可能會把我們甩進河中。有幾次我們赤腳滑過河流右岸的岩石基座，因而免去涉水渡河之苦，可是馬匹仍必須艱苦地走過河床。蘇恩在一處灘頭騎馬涉水，但河水太深了，馬兒失足滑倒，蘇恩只好游水到冰層邊緣，掙扎著站了起來。到了最後一處灘頭，行李都由赤裸的腳夫背運，他們維持平衡越過岩石河床，手裡拿著木棍互相幫忙。我騎在一匹高大的馬匹上過河，雙腳都濕透了。我實在搞不懂，

薩約克村的女孩圍著營火起舞

那些在兩岸之間來回穿梭的腳夫怎麼不會凍死？其中一人動也不動地停在河中央，其他同伴趕緊下去救他，上了岸以後，我們生起火堆讓他們好好取暖。

到了薩約克村，我們生火烤乾所有的馱鞍。此地標高爲一萬二千四百呎，要再碰到這麼低的海拔，恐怕是很久以後的事了。

最後一夜我們舉辦一場告別晚宴，村子裡的女孩圍著一大圈營火盡情跳舞，一旁還有樂師彈奏助興。

## 牲口的終結者

十二月六日，一段新的死亡之旅再度展開，這是我在西藏所經歷過最勞頓的旅途。我們雇用一名薩約克牧羊人塔布吉斯（Tubges），照料我們的綿羊幾天；很快地，大家發現塔布吉斯是個神射手，所以便將他留在隊上，至此我們的成員增加到十三名。

我們緩慢而艱辛地爬上薩約克谷地上游，一路上遇到莎車、和闐來的商隊。其中一名商隊成員拿了兩把桃乾給我。

「你不認得我了嗎，大人？」他問我。

「當然認得，穆拉。」

他從一九〇二年春天與我分手之後，至今還沒有回過家裡！現在他央求再度加入我們，可惜旅隊已經沒有空缺了。這條路上偶爾會見到一綑綑絲布散落地上，那是商隊的牲口死了以後，商人不得已遺棄的。我們繼續向北方走，薩約克河谷是個險惡之地，到處是岩石、冰塊和漩渦。這裡的氣溫降到攝氏零下二十五度，大黃趴在地上悲鳴，像是對這刺骨寒冬表達憤怒之意。除了狗吠聲以外，天地間一片寂寥，砭人寒意似乎從四面八方向我們襲來。突然間，我聽到一聲奇怪的哀鳴從新廚師辜藍的帳棚裡傳出來，原來是小黃又產下四隻黑色乳狗，彷彿又回到當年在日喀則的情景；其中兩隻是母狗，手下把牠們給活活淹死了，留下來的兩隻備受隊員寵愛，孔曲克一路帶著牠們走，還把小狗藏在他的毛皮裡面，貼著自己溫暖的身體。這條由東土耳其斯坦到喀什米爾、印度的商旅路線，無疑是地球上最難走的旅途，而且是地勢最高的。我們在布萊克（Bulak）營地遇到一支莎車的商隊，他們隊上死了二十匹馬。在接下來的路程，我們曾在兩小時之內經過六十三頭倒臥路旁的牲口遺骸。

第二八三號營地附近沒有水草，我檢查了一下糧秣，發現剩下的青稞只夠牲口再吃十天。

「我不是交代你要準備兩個半月的青稞嗎？」我問老領隊科林姆。

「你是交代了，」科林姆嗚咽著，「可是再過兩個星期，我們就能在往和闐途中的賽圖拉買到青稞了。」

我措詞嚴厲地譴責他，不過說起來是我自己的錯，竟然沒有在出發前檢查糧食，現在我們不可能返回拉達克，否則我眞正的計畫就會曝光。那晚我在攝氏零下三十五度的氣溫中坐到半夜，不斷研究地圖；我們離去年秋天紮營的第八號營地有九十六哩，那裡有非常豐沛的水草，從那裡再走四百哩就可抵達洞錯；我準備前往洞錯，以探勘湖泊之南那片空白區域。在抵達洞錯之前，我們應該會遇到游牧民族，向他們購買新鮮的牲口。我一定要完成這項計畫，不論得經歷多少痛苦，我都必須向前走，一步也不回頭！

越早脫離往北的喀喇崑崙路線，轉進東方和東南方的西藏內地，情況對我越有利。十二月二十日，我們碰到一座巨大的横向谷地，大夥兒不禁受誘惑走進去找尋通往東邊的捷徑，經過一整天朝向東方的掙扎，我們發現河谷縮小成一條峽谷，最後甚至僅成一道裂縫，只能勉強容一隻貓鑽過去。我們在此紮營，地表不見任何一株草，馬匹互相啃著尾巴和繩索；夜裡氣溫降到零下三十五度。第二天，我們循原路回到本來的路線，我騎馬殿後，庫德斯徒步走在我前面。先前，艾沙的日喀則白馬倒斃在河谷裡，我們回頭路過時，白馬已經結凍如僵硬的石頭。

旅隊又回到商隊遺下死馬的路線，谷地裡瀰漫著詭異的氣氛，牲口的死屍隨處可見，有些被雪蓋住一半，我們的狗對著牠們狂吠。南方吹來一陣強風，紅色的塵土落在雪原上，一條條鮮紅如血；此處稱爲「紅山洞」（Kisil-unkur），果眞是名副其實。

我們在這裡紮營，準備休息一晚，第二天早晨（耶誕前夕）往上爬升一千呎，前往達普桑（Dapsang）高地，假使在這裡遭到暴風雪襲擊，很可能會導致要命的後果，因此手下的心情都非常嚴肅。天黑之後，趕綿羊的兩個人才姍姍到來，他們一路上折損了十二隻綿羊，其他倖存者也都凍得半死。我們沒有燃料，手下僅能坐在幾根燃燒的棍子前面，一邊唱著獻給眞神阿拉的悲曲；通常他們喜歡唱輕鬆活潑的曲子，我只要聽見這種深沉、嚴肅的調子，就明白他們認定我們的處境已陷入絕望。

## 轉向東南方

耶誕前夕陽光普照，旅隊攀爬達普桑高地時，我騎馬走在前面。我轉向東方，離開通往和闐的商旅路徑，手下們一頭霧水；他們一路上渴望和闐的葡萄和豐富的肉湯，然而，我卻朝向那片令人恐懼的冰雪國度。

許多積雪的地面足以支撐馬匹的重量，但是這樣的雪層經常破裂，馬匹因此陷入五、六呎深的雪洞裡，好似海豚躍入細如粉末的雪堆；天地間一片慘白，旅隊在雪白的背景襯托下儼然成了黑色影像。耶誕節這天，營地的溫度在早上九點鐘是攝氏零下二十七·二度，到了晚上最低溫可達零下三十五·五度。這晚月光十分皎潔，亮晃晃照耀在這片死寂的大地上。

我和往年一樣誦讀《聖經》中的應景章節，冷風吹襲帳棚傳來斷續的啪啪聲；我只關心一件事：萬一暴風雪淹沒了爲我們引路的足跡怎麼辦？清晨，我們發現一匹馬氣絕倒地。

我們追隨一條向東的羚羊小徑，仍然沒有水草！現在只剩下兩袋青稞了，一旦青稞吃完，就得餵牲口吃白米和糌粑，辛好這些食物倒是不虞匱乏。每個人都深受頭疼的折磨，當然我又聽到那首詭異的眞主阿拉讚美歌；科林姆每天晚上都爲大夥兒禱告，希望眞主寬宥其他的人。他們是對的，也許我把自己的目標定得太高了！事到如今，我們必須往前走，即使必須赤腳向游牧民族乞討也不停止。

已是奄奄一息的牲口，踩著深雪攀爬山口

現在我們沿著河谷行進，這裡的雪比較少，霍地在我們左手邊的山坡上有些黃色的東西發出亮光，一瞧竟是野草！我們停下腳步，牲口顧不得卸下重擔便跑過去吃草，蘇恩興奮得跳起滑稽的舞蹈，把大夥兒逗得哈哈大笑。一頭騾子死在草地上，可見附近曾經有犛牛走動過，所以我們又有燃料可用了；就在一處岩石山坡上，我們見到二十二隻野綿羊正爬上坡地。

我把科林姆、辜藍和庫德斯召來我的帳棚，對他們透露我的全盤計畫，我說我想跨越東南方一大片未知的疆域，也告訴他們西藏人緊盯著我不放，因此只要一看到第一批游牧民族，我必須立刻喬裝打扮，屆時科林姆扮成旅隊首領，我則喬裝成他手下最不起眼的僕人。他們三人面面相覷，也許他們心裡正想著怎麼這麼倒楣加入一個瘋子的旅隊，但仍然對我的交代點頭稱是。

我們抵達黑玉川谷地，這是和闐河的兩條上游支流之一，我憶起十三年前的沙漠之旅，那次多虧和闐河救了我一命。旅隊在這裡再度嘗試走捷徑到西藏內地，但是經過兩天人畜俱疲的旅程後，徒勞無功的我們只得又返回原點，這就是一九〇八年元旦的情況。顯然，新的一年有個糟透的開始。

旅隊還是繼續往東走，跨過兩座高峻的山口；一頭野犛牛向我們跑過來，後來察覺到情況不妙才調頭回去，這下子，反而被我們的狗兒追趕。翻過第二座山口之後，飄雪嘎然停止，我們從最後一堆積雪中挖了兩袋雪帶走。這天紮營地點選在一處開闊的谷地，這裡有燃料，所有的牲口都被帶到一片草場，那裡有一口結冰的泉水，可以一解牲口的乾渴。這天晚上牲口逃脫出去找尋更好的草場，牠們跑得相當遠，隨從整整花了一天工夫才把牠們找回來。在此同時，我獨坐在帳棚裡，小黃和乳狗貝比陪伴著我；另一隻乳狗已經死了。一股奇怪的孤寂攫住我。只要太陽高掛，雲朵和山峰的岩質、顏色清楚可見，所有的辛苦都可以忍受，可是太陽一下山，漫漫冬夜和蝕人心骨的酷寒便不留情地籠罩下來。

一月八日，一匹馬和一頭騾子相繼死去，第二天我們只走了幾哩路，來到一口出水量很豐盛的泉水；從這處營地（第三百號營地）往東方看，已經可以見到我去年拜訪過的羌塘了。又走了一天，我們停在一片豐美的水草邊，這裡正是我曾經停留過的第八號營地，當年艾沙豎起的一堆石標還屹立在高高的山坡上，恰似一座燈塔。一月十四日，溫度降到攝氏零下三十九．八度！我們根本無法保持溫暖，每天晚上我都要辜藍為我摩擦凍僵的雙腳。塔布吉斯在第三百零六號營地獵殺到一隻野綿羊和一頭羚羊，我們劫後餘生的兩隻綿羊因而免去一死。

轉進東南方，我們發現自己站在高山世界中，無時不受風暴的襲擊；旅隊牲口已經死了四分之一，連潘趣來的最後一頭騾子也倒下了。我們每天頂多只能走六哩路，青稞已經吃完，牲口改吃白米和飯糰，這段日子像一場大災難，每一天都有牲口倒地而死。

狄西與羅林曾經拜訪過的窩爾巴錯剛好橫亙在我們的路線上，湖泊中段非常狹窄；拉伯森擔任探路的職務，他跨過結冰的湖水，冰層清亮如水晶，透著深綠色。冰塊之間的裂縫裡堆積著鬆軟的白雪，剛好作為牲口落腳的位置，否則狂暴的強風早把整支旅隊給捲走了。較遠的岸邊泉水不斷湧出來，迫使我們爬上山坡，在一處內灣，地上長滿茂盛的水草，兩匹馬和一頭騾子被留了下來。我們能夠撐到遇見游牧民族嗎？

暴風雪中，我們強迫自己登上海拔一萬八千三百呎的山口，途中兩匹馬不支倒地，現在科林姆也必須徒步前進，因為我們需要他的座騎。積雪深達一呎，庫德斯和我遠遠落在其他人後面，我們發現索南和蘇恩倒在雪堆裡；他們感到頭痛和心臟不適，我要他們休息一會兒，然後跟隨我們的足跡趕上來，到了晚上，他們終於拖著疲累的身體抵達營地。科林姆沮喪地來到我的營地，他說假如十天之內得不到游牧民族的協助，我們大家都會死在這裡。

「是的，我知道，」我回答他：「你幫其他人打打氣，照顧好牲口，我們會否極泰來的。」

一月三十日更為艱苦，遍地是兩、三呎深的積雪，手持棍棒的兩名嚮導領著奄奄一息的旅隊攀上一座山口。此處高度驚人，深深的積雪奪走了旅隊最好的牲口；大雪和強風像刀子一樣割過我們的皮膚，我們排成一列縱隊踏著嚮導的腳印前進，偶爾馬匹和騾子跌倒了，還必須幫助牠們站起來。一匹棕色的馬跌倒了，幾分鐘之內便氣絕而亡，漫天飛舞的雪花隨即為牠餘溫猶存的屍骨覆上一襲細白的壽衣。進展慢得令人絕望，我們不禁懷疑自己有沒有力氣爬上這座害死人的山口。我坐在馬鞍上，雪花很快便堆滿鞍座，我的四肢已凍得麻木了，可是仍然不敢輕忽手裡的地圖、羅盤和懷錶，拿鉛筆的姿勢更是沈重得好像握著一把榔頭。山口的高度前所未有，我們緩緩下降，不久，深達一碼的積雪就將旅隊困住了；我們以鏟子挖掘積雪，辛苦地搭起帳棚，暴風雪仍然從四面八方吹來，捲起四周細白、乾燥、強勁的雪塊。黑夜來臨了，即使附近有水草，在這樣深的積雪中也不可能找到。我們把牲口拴好，暴風在營地四周呼嘯來去，我依然聽得見手下從帳棚裡隱約傳來的悲歌。到隔天早上，又有一頭驢子死去。

四頭老犛牛沿著山坡踏雪前進

一月的最後一天我們只走了三哩，四頭老犛牛在營地的山坡上踏雪前進。我把所有的行李過濾一遍，不是絕對需要的東西都集中起來燒掉，然後把箱子擊碎，存起來作爲往後的燃料，箱子裡的東西都裝進袋子裡，因爲袋子不但輕，也比較適合牲口馱載。

大雪下了一整夜，前面經過的山口現在一定都被雪封住了，假使我們困在其中一座，絕對是求生無門，不過至少有件好事——我們不必擔心北方有追兵。至於東南方向是什麼等在我們前方？大夥兒只能猜想了。我們繼續走下一座大而開闊的谷地，雪漸漸小了，天氣晴朗起來，我們來到薛門錯（Shemen-tso），在西岸附近紮營，此處有豐美的水草。暴風不間斷地颳了兩個星期，筋疲力竭的我們在湖邊休息了三天，我好似囚犯般呆坐在帳棚裡；小黃和我都渴望春天趕快來臨。哎呀，還有四個月呢！生在寒冬的貝比一點兒也不知道春天暖風拂人的滋味。

二月四日，太陽從雲隙間探了一下頭。一匹馬和一頭騾子又接連死亡，我們帶領僅剩的十七頭牲口沿著薛門錯北岸前進，山脈像焰火似豔黃，風景美不勝收。湖岸一圈圈階梯式的線條，顯示湖水逐漸乾涸的狀態。

現在我們每天都可見到游牧民族或獵人的腳印，而隊中又有兩頭體力衰竭的牲口不支倒地。這一路上，我一直騎著那匹白色的拉達克小馬，可是現在牠也疲倦了，在平地上絆了一跤，將我重重摔在西藏的土地上，從此以後，小馬也除役了。

我們在一處相當寬敞的峽谷裡紮營，科林姆來到我的帳棚，以嚴肅的語調告訴我北邊來了三個人，我拿著望遠鏡跑出去，由於距離非常遠，氤氳的水氣使他們看起來極為高大，我們凝視許久，他們終於接近了，結果，竟然只是三頭覓草的犛牛。

像去年一樣，兩種情緒折磨著我：一方面迫切期望早日遇到游牧民族，以便向他們購買犛牛和綿羊；另一方面又不想讓任何人看見我們，如此才能保障旅隊的安全。因為一旦和游牧民族接觸，關於旅隊的流言立刻就會在一頂頂帳棚間傳開來，那時阻止我們的力量將會逐日增強。無論如何，我們應該在旅隊的最後一頭牲口倒下之前，趕緊找到當地牧民。

# 第六十二章

## 假扮牧羊人

二月八日是另一個值得大書特書的日子。我們在穿越一座廣闊的河谷時，看見上方一百呎處有隻西藏羚羊；牠並沒有跑開，我們立即注意到牠的一隻腳踩進陷阱，可憐的牠使勁掙扎，直至折斷了腿才逃離陷阱。狗兒追趕上去，馬上被我們的兩名隊員趕跑，最後我們宰殺了這隻羚羊，並且在不遠的地方紮營。這個陷阱呈漏斗狀，由有彈性的羚羊肋骨所製成，一頭圈在堅固的植物纖維上，另一頭則集攏呈錐尖。西藏獵人把陷阱安裝在地洞底部，從地表看不出漏斗陷阱所在，根據多年的經驗，他們曉得羚羊在行進中如果碰到一列長好幾百碼的石堆，就會停下腳步，然後以相當近的距離沿著石堆走到盡頭，因此石堆旁邊很快就出現一條羚羊踏出的小徑，獵人於是將陷阱設在小徑下。

顯然旅隊已經離游牧民族的黑帳棚不遠了。我們看見兩個人的腳印，是新近留下的，也許我們已經被人監視，又或許我現在喬裝打扮已經太遲了。我將手下喚進帳棚，向他們叮嚀各自應該扮演的角色；我們將扮成十三個拉達克人，主人是富商拉祖兒，商隊的領導人是科林姆，我則是他十二個僕人當中的一個，名叫哈吉巴巴（Haji Baba），此行是拉祖兒吩咐我們前來這些區域，調查值不值得在明年夏季派遣一大支商隊到西藏西部採購羊毛。

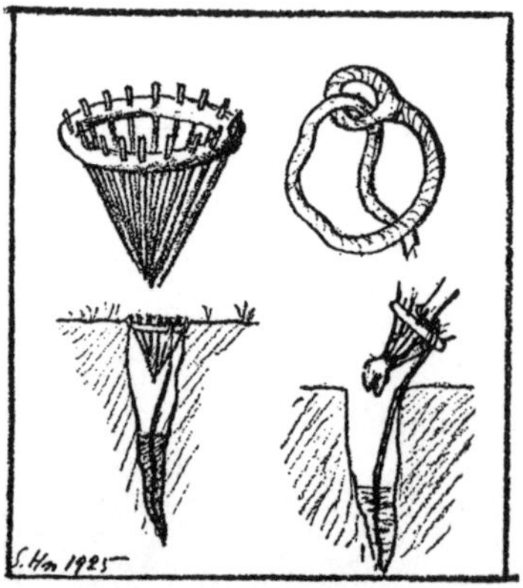

捕捉羚羊的陷阱做法

## 終於遇見游牧民族

我們還在說話的當兒，拉伯森跑進帳棚裡來，報告他見到遠處有兩頂帳棚。我派遣科林姆和其他兩人前往，三個小時過後，他們帶回一隻綿羊和鮮奶。那兩頂帳棚裡住了九個人，大人小孩都有，他們擁有一百五十隻綿羊，但主要食物完全依賴用陷阱捕來的羚羊肉。由於我們帶走那隻被陷阱捕獲的羚羊，因此科林姆也付錢給他們。這地方叫黎奧瓊（Riochung），而帳棚裡的住民也是六十四天以來我們所遇見的第一批人類。此後我們必須有心理準備，因爲隨時都可能遇到更多游牧民族；我換上拉達克裝束，出入都和隨從的衣著打扮沒有差別，只不過我的衣服太整齊、太乾淨了，所幸不久營火的煤灰和食物裡的羊脂就把衣服弄得髒兮兮了。

到達第三二九號營地，我的小馬眞的不行了，當其他牲口在貧瘠的草地上吃草時，牠還是站在我的帳棚邊，眼瞼下方和鼻孔懸掛著小冰柱，我替牠摘去冰柱，餵牠吃一些飯糰。

二月十五日，旅隊緩緩爬上一座新山口，我一馬當先，在標高一萬五千五百呎的山口頂端停下來等候。西北方的山口背面景色瑰麗無比，彷彿有人擒住一片晃動的海水，波峰上盡是眩人的雪原，構成山體的黏板岩、斑岩、花崗岩，呈現出千變萬化的色澤層次。我等到九頭馱獸爬上山口，其他四頭因過於疲倦，必須由手下分擔部分重物，才能爬上頂端；我們從峰頂往下走進一座布滿石頭的谷地，積雪深厚，我們在火上融化雪塊餵飲牲口。黑幕籠罩，落在後面的手下抵達營地，他們只領著一頭騾子，其他三頭牲口（包括我的拉達克小馬）都在路途中死去。自從我和小馬一起離開列城，至今已有一年半時間，小馬最終選了一個特別的地方歸西：在山口頂端，牠的骨骸將在冬日的風雪和夏季的日光下變得森白。小馬的死在我心中留下極大的空虛感，我們都覺得孤寂難當，再走一座像這樣的山口，恐怕整支旅隊的牲口都將無一倖免。

對於僅剩的十頭牲口而言，要馱負所有的行李太過沉重了，於是我只留下一些內衣，把所有的歐式衣服全燒了；另外，毛氈墊、不需要的廚房用具、我所有的盥洗用具（包括刮鬍刀）也一併丟棄，只留下一塊肥皂；除了一盒奎寧之外，所有的藥品也被淘汰；可以扔掉的書籍都遭到烈火吞噬。我們好像熱氣球上的乘客，拼命丟出壓艙沙袋，好讓氣球繼續漂浮空中。

在往小湖藍瓊錯（Lemchung-tso）途中，羚羊和大批瞪羚爲我們即將穿過的大平原添加不少活潑的生氣；這裡臨界廣袤的未知疆域，我們將狄西與羅林的探險路線拋在身後。藍瓊錯上覆滿厚冰，我們在冰上鑿了一個洞，然後把一些金屬物件沉進水裡，包括一些昂貴的備用儀器。

野驢行進的姿態優雅，步伐和諧一致

第二天來到大片金礦脈，淺淺的礦層分布在一條築有石水閘的小溪溪床上。我們看見遠處有兩頂游牧民族的帳棚，並沒有加以理會；塔布吉斯射殺五隻野兔，這些兔肉來得正是時候，因爲肉品存量已經告罄。在一座美麗而寬廣的河谷中，我們看見至少一千頭野驢，分散成大小群隊，更遠的下游處還有五群野驢，其中一群高達一百三十五頭。野驢在我們奄奄一息的旅隊周圍圍成一圈，好像在嘲笑我們一般，牠們高雅的姿態實在難以形容，令人懷疑是否有隱身的哥薩克人坐在牠們背上操練；野驢經過我們身邊時，踢踏的腳步相當和諧一致。

我們在第三四一號營地附近遇見一些游牧民族，他們賣給我們兩隻綿羊、鮮奶和酥油；從那裡走向一處窪地上的兩座湖泊，離湖岸不遠處有兩個牧羊人在看管綿羊，還有一人驅趕著六頭犛牛。我們在湖岸邊紮營，此處標高只有一萬五千二百呎。拉伯森和塔布吉斯走到鄰近的一頂帳棚，一名老漢走出來詢問：

「你們要做什麼？你們往哪裡去？」

「去薩嘎宗。」他們回答。

「說謊！老實說，你們是替一個歐洲人做事的。」

兩名手下垂頭喪氣回來，不過科林姆運氣比較好，他買到一隻綿羊和一些鮮奶。

第二天我們打算繼續前進，可是已經颳了三十天的風暴現在增強為颶風，這時要拔營前進是不可能的事，空氣裡瀰漫著飛舞的塵土，河谷的出口在哪裡？道路中有無山脈阻擋？我們全都看不見。鄰居過來拜訪了，那位傲慢的老人聽說我們願意出三十八個盧比買十二隻綿羊，心腸立時軟化，這筆生意順利成交；至於我則躲在帳棚裡沒有露面。強風憤怒地咆哮著，天氣沁冷，我感覺有一股變得遲鈍、癱瘓的強烈傾向。

待風勢減弱以後我們繼續往前走，現在我們的牲口包括三匹馬、六頭驢子、十二隻綿羊；綿羊也須馱運行李，因為五隻羊的馱運量相當於一頭騾子。當我們走到一片突出的山丘上，忽然有兩隻狗筆直衝過來，我們並未注意到那裡有兩頂帳棚；主人賣給我們一些綿羊，現在我們自己已累積到十七隻羊了，希望過不久那些疲倦的馱獸就可以不必再吃苦。

強風不斷追趕我們，在這種天氣裡騎馬眞是種酷刑。勁風在地上刻蝕出一條條深溝，呼呼的風聲好似用高壓水柱澆灌燃燒中的屋子，也像是隆隆的火車駛過，又彷彿是重砲車隊壓過碎石街道。三月六日，我們在一座鹹水湖邊紮營，由於風力又強又猛，搭建帳棚的困難度可說前所未有。我的帳棚終於搭建完成，但是在飛沙走石的轟炸下，帳棚幾乎被強風的力量掀爆。拉達克手下已經沒有力氣搭建自己的大頂帳棚了，我讓其中一些人爬進我的帳棚，其他人則躺在帳棚外面的背風處等待。穿越西藏高原的旅途確實談不上愉快！

第二天我騎在隊伍前面，庫德斯和辜藍陪我一起走，前方出現一條結冰的水道擋住我們的去路，冰塊清澈得像玻璃。我們在河道遠端的小罅隙裡生起火堆，等候其他人到來；當他們跨過那條冰帶時，我們最好的一頭騾子滑倒了，牠扭傷一條後腿，再也站不起來，我們用盡所有辦法幫助牠，但是完全沒有效果，最後只好忍痛結束牠的生命。次日早晨，我們向南方行進，小黃和大黃尚逗留在死去的騾子旁邊，飽餐一頓溫熱的騾肉。

## 來到未知疆域的北端——洞錯湖畔

這一天我還是和辜藍、庫德斯領頭先走；辜藍走在前面，以便發現帳棚時先行警告。風暴依然狂嘯！忽然，辜藍打了個手勢要我們停步，透過煙靄我們看見幾百步外有處峽谷，峽谷的右手邊隱約可見一棟石屋、兩間草棚和一堵牆，若非調頭已嫌太遲，我們當眞會往回走，因爲這麼走下去很可能被當地首領逮個正著，進而阻止旅隊繼續向南前進。我們經過這

我們趕著馱載東西的綿羊群

些屋舍時沒有看見任何人或狗。此地有一座突出的懸崖，崖頂上有兩座舍利塔和一堵經牆，我們悄悄掩近懸崖底部的罅隙觀察情況。

在瀰漫空中的塵霧往上騰升的當下，我們發現河谷另一側相當近的地方有一頂黑色的大帳棚。後面的隊伍抵達了，又損失了一匹馬——出發時的四十頭牲口，只剩下兩匹馬和五頭騾子了。科林姆和孔曲克走到那頂大帳棚探究竟，知道裡面只住一位行醫的喇嘛，帳棚內的陳設像是一間小廟，這位喇嘛是鄰近游牧民族的精神導師。我們如今所處的這個地區叫納果榮（Nagrong），首領葛茲（Gertse Pun）隨時可能回家；我們眞是幸運，這會兒他剛好出門了！手下們很快就和首領的妹婿建立起良好關係，他賣給我們五隻綿羊、兩隻山羊、兩馱白米、兩馱青稞和一些菸草。

三月十日天亮時，來了兩個兜售綿羊的西藏人，我們相當樂意買下綿羊。我很盡職地扮演僕人角色，將臉塗成棕色，並且和塔布吉斯與其他兩人走在旅隊前面，趕著三十一隻馱載東西的綿羊。西藏人站在一旁觀看，他們一定注意到我完全沒有趕羊的天份，這是我這輩子第一次扮牧羊人，只能有樣學樣的舞著棒子、吹吹口哨，和其他人發出一樣的怪聲，可是綿羊一點都不尊重我，牠們隨心所欲地胡亂走，我在後面追得上氣不接下氣。等到走出帳棚的視線外，我趕緊在一條罅隙裡躺下來等候旅隊，心裡很高興能夠再度騎馬。

我們騎經一條帶狀的飄沙堆，頂著當頭的暴風朝著西南方前進，沙粒吹到我的毛皮外套上產生摩擦，使得毛皮上充滿了靜電，只要一碰到馬鬃，立刻激起噼啪的火花。當天晚上，我們在一處羊欄邊紮營。

小狗被留在冰寒的西藏荒野

小黃和大黃始終沒有出現在納果榮。自從他們留在死去的騾子旁之後，就沒有人見過牠們的蹤影。我希望牠們能像以前的多次經驗，循著旅隊的足跡找到我們，也許是強風吹毀了我們的足印，妨礙牠們的嗅覺，總之牠們就這樣消失無蹤了。無數個夜晚我清醒地躺在帳棚裡，以為我的老旅伴小黃正掀起棚帳爬進來，如同以前一樣睡在角落那個老位置，可是每次都發現自己被風戲弄了；我想像自己看見那條垂頭喪氣的狗絕望地日夜奔跑，在我們經過的山谷裡尋找旅隊的足跡，卻一無所獲；我彷彿看得見小黃的腳受傷了，坐在荒地裡對月悲嚎，牠的一生都在我的旅隊裡度過，現在卻失去了我們。我對小黃的朝思暮想持續很長一段時間，甚且想像不論自己到哪裡，都會有一條狗的鬼魂跟著，我彷彿看見這條可憐、孤獨、被遺棄的狗哀求著幫助。可是小黃的下落一直成謎，牠是否和大黃一起被游牧民族收養了？還是在筋疲力竭之後成爲狼群的祭品？我永遠都無法得知。

三月十五日我們在洞錯的西岸紮營，這座小湖爲喃辛於一八七三年所發現，標高只有一萬四千八百呎。此刻我們的位置就在未知疆域的最北端，假如能夠順利向南走到雅魯藏布江，便能穿越地圖上大片空白的中央。從現在開始，我們必須謹慎出牌。

科林姆拜訪了兩頂帳棚，和兩名男子有了下面的對話：

「你們有幾個人？」他們問。

「十三個。」

「有幾把步槍？」

「五把。」

「你們來的時候，另一個人騎馬走在前面，你是走路的，騎馬那個人是歐洲人吧。」

「歐洲人不會在冬天旅行，我們是拉達克來的，要買羊毛。」

「拉達克人從不走這條路，至少冬天不可能走這條路。」

「你們叫什麼名字？」科林姆問他們。

「納丘堂度（Nakchu Tundup）和納丘胡倫度（Nakchu Hlundup）。」

「你們有沒有犛牛和綿羊要賣？」

「你們出什麼價錢？」

「你們要多少錢？把牲口帶來看看。」

就這樣，第二天早上我們買了兩頭犛牛和六隻綿羊。我們所在的位置是邦戈巴昌瑪區（Bongba Changma）的北界，離該區首長喀爾瑪（Karma Puntso）的營地還有六天行程。

每天我們都會經過好幾處帳棚，只要一進入他們的視線，而牧羊人必須和游牧民族的羊群擦身而過時，我就必須假裝趕羊，久而久之，我也開始嫻熟一些趕羊的技巧。有一次，塔布吉斯射了七隻山鷓鴣，一個西藏人注意到此事不尋常，因爲只有歐洲人吃山鷓鴣，不過塔布吉斯向他保證科林姆也深好此味。

## 兇猛的看門狗塔卡爾

我們走的路徑經年有人穿梭來往。三月十八日，我們在一座山口下紮營，第二天早上準備拔營時，來了三個西藏人，我忙不迭地走出帳棚，以便和拉伯森、塔布吉斯一起趕羊。我們在路上遇到一個騎白馬的西藏人，他身後跟著一條碩大看門狗，這條黑狗身上有兩塊白斑；後來科林姆和旅隊趕上我們，他花了八十六個盧比買下那匹白馬，兩個盧比買了那條狗，這條狗屬於塔卡爾種（Takkar），所以我們就叫牠「塔卡爾」。塔卡爾兇猛不下於野狼，西藏人幫我們在牠頸上套了一圈繩子，繩子長長的兩頭交給孔曲克和薩迪克抓著，兩人讓大狗走在中間，以防被咬到。

越過山口，我們往下走進一座峽谷，裡面有許多帳棚、牲口和騎士，數量之多足以提醒我們這是另一次軍隊動員。我們在原地紮營；塔卡爾也許覺得自己不過是換了主人的奴隸，但是當牠看見白馬時似乎感到很欣慰。自從失去小黃和大黃以後，我們的確需要一隻看門狗，為了防止塔卡爾誤傷隊員，我們想出一個辦法，在牠頸子上繫了一根木棍，這樣牠就不能把繩子咬斷。只要有人接近，塔卡爾就跳起來對著來人齜牙咧嘴，赤紅著雙眼，一副非咬斷人喉嚨不可的樣子，因此手下扔了一張厚毛毯蓋住牠，然後四個人壓坐在牠身上，其他人趕緊用一條粗繩子將狗頸子綁在木棍上，再將棍子固定在地上，這下子，塔卡爾終於沒輒了。這一場行動結束之後，塔卡爾還想撲上四散逃開的眾人，我心想：「有牠看著營地倒是不錯。」

現在我們每天都會遇上游牧民族，當四下不見帳棚時我可以騎馬，可是只要一見到有人

動用兩個人才能捉得住塔卡爾

或帳棚。我就得趕緊下馬趕羊；我們的羊群數量逐漸增加，僅剩的馬匹和騾子的負擔相對地減輕。不過綿羊還有另一個用途，就是充當我們的食物。到了半結冰的康山藏布（Kangsham-tsangpo），我們歷盡艱難才渡過這條起源自夏康山（Shakangsham Mountain）的河流。據游牧民族說，七天之後我們將會抵達宗本札什❶的營地，他是拉薩來的一個商人，冬天鄰近地區的人都向他購買茶磚。

接下來幾天，我們翻越兩座險惡的山口，有時路過帳棚和成群的牲口，有時只見到山裡的野綿羊和平原上的瞪羚。在通過一處陡峭的山口時，兩頭消瘦的騾子已經走不動了，於是我們予以放生，希望路過的牧民能夠照顧牠們。每到一處，人們嘴裡總是掛著宗本札什的名字，他就住在這片廣大的未知之境深處，我充滿無比的渴望與期待，我能如願以償嗎？每天早上我把手臉塗成褐色，而且從不洗掉，身上穿著骯髒的毛皮外套、羊皮帽和靴子，式樣全都與手下所穿戴的相仿，可是我必須時時警戒，因此老是覺得自己像個賊，這種感覺很討厭。走在前面的辜藍只要把手臂打直，我就知道必須跳下馬開始趕羊，再讓科林姆跳上我的座騎。當我回到帳棚時，簡直與囚犯無異，塔卡爾總是拴在我的帳棚入口。

這隻新夥伴的脾氣壞透了，沒有人能接近牠，甚至只要有人走出帳棚，牠就會嘶聲狂吠。塔卡爾對孔曲克最凶狠，以前孔曲克只肯讓小黃接近他，現在他主動想和塔卡爾玩耍，偏偏這條大狗一點也不領情。

行進的路線上聳立著一座又一座山脈，我們必須一一征服。其中一座山脈的南麓有口出水豐盛的泉水，湧出來的水匯聚成透明澄亮、流動緩慢的小溪，兩側豐美的水草夾岸；我們在溪裡捕到一百六十條美味的魚。另外在一潭幽深的水池裡，池水波紋不興，池底事物清晰可見，彷彿池底是乾涸的。小狗貝比一輩子只見過清如水晶的冰塊，以為這座水池的表面也像冰層一樣可以支撐牠的重量，因此一頭跳了下去，沒想到身子卻突然往下沉，貝比大

塔卡爾被拴在我的帳棚入口處

吃一驚，感到非常驚訝、失望與和困惑。

有個牧羊人走過來，告訴我們不到一天就能抵達宗本札什的帳棚，我心想：「這會兒又要舊事重演了。」我們當眞要靠奇蹟才能順利躲過他。

【注釋】

❶「宗本」爲西藏的地方官名，相當於中國內地的縣官。

# 第六十二章

## 再度淪爲階下囚

三月二十八日是極爲重要的一天。我吹著口哨趕羊，科林姆和另外兩名隊員走向據稱是宗本札什的大帳棚，我們認爲不入虎穴焉得虎子，偷偷摸摸反而可能壞事。沿路我們經過幾處營地，有些人跑出來問我們是誰，阿布杜拉在其中一個營地以一匹垂死的黑馬換來兩隻綿羊和一隻山羊。據說那裡的一頂大帳棚是該地「噶本」所有，另一頂則住著門董寺（位於當惹雍錯西岸）的住持；除了西藏人之外，包括我在內全世界的人都不曾聽說過這座寺廟。地區首長喀爾瑪也住在附近，所以我們的處境可說是被高官所包圍，隨時都可能被攔截下來成爲囚徒，因此保持警戒非常重要，最好看起來像窮兮兮的乞丐；事實上，帶著四匹馬、三頭騾子、兩頭犛牛、和十來隻綿羊的我們確實是衣衫襤褸，絕對沒有人會相信，一個歐洲人竟然有這麼寒傖、衰頹的護衛隊。

我們在宗本札什和寺廟住持的帳棚之間紮營，不過離兩頂帳棚都保持相當遠的距離。科林姆很快就回來了，他買了白米、青稞、酥油和糌粑，全部糧食裝載在科林姆買來的一匹馬上。宗本札什是個老好人，他深信科林姆編造的故事，還警告我們此區南邊常有盜匪出沒；科林姆還答應讓宗本札什用低廉的價格買下我們的一匹馬——正是阿卜杜拉已經賣掉的那匹。接下來，我們這位表現可圈可點的領隊走到「噶本」的帳棚，卻被告知「噶本」因爲怠忽職守，而被門董寺住持開除職務，現在被軟禁在自己的帳棚裡。我們心想：「好極了，除掉一個心腹大患了。」

第二天早上，宗本札什筆直地走向我們的帳棚，我火速將手臉塗黑，也把所有可疑的東西藏在一只米袋底下。這一回拉薩來的商人態度和先前大不相同，他暴跳如雷：

「你們說好要賣我的那匹馬在哪裡？說謊，你們這群流氓！我要檢查你們的帳棚和東西，把狗綁好！」

我們把狗綁起來，宗本札什走進科林姆的帳棚，這頂帳棚一如平常紮在我的帳棚旁邊，當他走過來檢查我躲藏的帳棚時，簡直像隻被激怒的蜜蜂一樣，幸好辜藍在這個時候放掉塔卡爾，宗本札什一出現在帳棚門口，塔卡爾咻地衝了上去，宗本札什急忙往後逃開。

科林姆吼著：「庫德斯，你帶哈吉巴巴去找那匹走失的馬兒。」

庫德斯趕緊走到我身旁，拉著我跑向最靠近的山區。

「那是誰？」宗本札什問道。

「哈吉巴巴，我的僕人。」科林姆眼睛眨也不眨地回答。

「我要等在這裡，直到哈吉巴巴把馬匹找回來爲止。」宗本札什說。

科林姆很有外交手腕地對付這位不速之客。我們從山脊上的藏身處張望，看見宗本札什在塔卡爾再度被綁之後悻悻然走向住持的帳棚，不巧的是住持的帳棚正好在我們回營地必經的路上，庫德斯和我緊盯著地面匆匆走過，佯裝是在尋找馬兒的足跡，我們終於順利通過那頂帳棚，內心眞是雀躍。不久旅隊迎了上來，我趕緊走到趕羊的位置。這一路上必須經過二十頂帳棚，愛看熱鬧的群眾一如往常跑出來瞧著旅隊，我們一走出這個黃蜂窩，便選在山谷裡的平原紮營。

## 第六度跨越外喜馬拉雅山

我如釋重負地嘆了口氣，這裡沒有鄰居，塔卡爾像往常一樣綁在我的營帳前面；我坐在帳棚裡，將今天的事情寫在日記本上，同時繪畫景物。這是個晴朗的夜晚，春風似的微風吹拂過平原，塔卡爾降尊紆貴地陪貝比玩耍，突然間牠跳到我面前，定定地看著我。我問牠：「怎麼啦？你要什麼？」牠把頭歪向一邊，開始用前爪搔我的手臂，我用雙手捧起牠毛茸茸的頭，拍拍牠，現在我們算是彼此了解了。塔卡爾開心地嚎叫與狂吠，又跳到我身上，彷彿在暗示：「來嘛，和我一起玩，別一個人坐在那裡生悶氣。」我把牠頸上的繩結解開，除去自從牠變成俘虜以來就沉壓著牠的臭棍子，可是，塔卡爾一動也不動地站在那裡，最後我為牠抹去眼角結塊的塵土，這一來牠快樂得無以復加，重重甩著身體，把毛上的灰塵抖得四處飛揚，幾次玩耍性質的前撲幾乎將我撂倒在地上。塔卡爾跳著舞著，似乎認為我基於對牠的信心而還牠自由是一件值得光榮與喜悅的事，之後牠箭矢一般衝向平原，我心想：「現在，牠大概要跑回前任主人那裡去了。」可是牠沒有，一分鐘之後又見牠以全速衝了回來，而且推了貝比一下，使得小狗在地上滾了好幾圈，這把戲一再重複，直到貝比頭暈了才停止。我的手下看到塔卡爾這麼快就被馴服，我可以像小狗一樣安全無虞地和牠玩在一起，都感到驚異不已。

在這段自願囚禁的期間，我每天晚上都和這個新朋友——小黃的繼承人——玩耍，不論白天或晚上。塔卡爾是我們的最佳守護者，牠發展出對所有西藏人的暴力仇視心態，絕不容忍任何西藏人靠近帳棚；牠的攻擊快如箭矢，許多和善的游牧人被塔卡爾撕毀衣服、咬出傷口，害我付了好些銀盧比賠償他們的損失。此外，塔卡爾也幫助我掩飾眞面目，因為牠不許任何人靠近我的帳棚，所以當我們想對付性好刺探的鄰居時，只消將塔卡爾綁在我的營帳前，就能夠確保我不受騷擾。

後來我能第六度成功攀越外喜馬拉雅山，塔卡爾居功厥偉，因此我在內心對牠的回憶總是溫情滿懷。

接下來幾天的行程意外平靜，我們走上淘金人前往藏西的必經之路，買了一匹馬和更多綿羊，還發現一座湖——春尼錯（Chunit-tso）；沿路不時遇見運鹽的商隊和犛牛旅隊，站在可輕易越過的尼馬倫拉山口（Nima-lung-la）上，欣賞南邊外喜馬拉雅山脈中最重要的一脈。我們走進一座光禿禿的狹窄河谷，一隻山角鴞棲息在我們的帳棚上，喀哩哩地啼叫著，拉伯森說這隻鳥是在警告旅人提防小偷和強盜。

時序進入四月初，我們循著一條以前不認識的河流畢多藏布江往南走，河岸上有很多游牧民族紮營，其中一些人告訴我們，這條河流注入西北邊七日行程外的塔若錯；南南東方有兩座壯麗的雪峰，都屬於冷布崗日山脈。接著我們抵達美麗的圓形谷地，白雪與冰河分布的山脈圍成半圓形，山裡流洩下來的水一律匯入畢多藏布江。

我們用兩頭疲憊的犛牛和善良的游牧民族換九隻綿羊。四月十四日，我們遇見一隊運鹽的商旅，成員包括八個人和三百五十頭犛牛，這些人對我們興趣濃厚，問了許多令人不悅的問題。

第二天我們登上薩木葉山口，標高一萬八千一百三十呎，這是我第六度翻越外喜馬拉雅山的主要山脊，也就是西藏內陸和印度洋水系的分水嶺。在東邊的安格丁山口和西邊的策提喇辰山口之間，我已經成功建立了一條新路線，剛好穿過地圖的大片空白區域；在這番探索之後，我很明白這片與喜馬拉雅山平行、位於喜馬拉雅山北邊的廣大山系，未來應該稱之爲外喜馬拉雅山。

正當我坐在薩木葉山口素描，並對這項地理新知感到欣喜若狂時，庫德斯低聲說道：

「有犛牛來了。」

下方的山谷裡出現一支犛牛旅隊，像條黑蛇般對著山口蜿蜒走來，我們可以聽見旅隊馭手的口哨聲和尖銳的呼喊聲。於是我們反向走下南側山谷，一想到這條流過碎石的小溪會在某個時間注入印度洋修成正果，我不禁再次感到喜悅滿足。

一整天我們沒有經過任何一頂帳棚，因為這裡的山路地勢太高，只遇到兩名騎士，科林姆和他們周旋許久，總算買到其中一人的座騎。沒多久，我們又遇上馱運鹽巴的綿羊商隊，他們的目的地是帕薩古克（Pasaguk）。在前往去年路過的恰克塔藏布江途中，我們遇到一些游牧民族，他們警告我們提防一夥強盜，這十八個搶匪個個配備槍枝。我們避過帕薩古克和薩嘎宗，改走一條穿過山區的後路到達拉嘎地區，這條路線盜匪猖獗。晚上，我聽見旅隊裡的回教徒又唱起獻給真主阿拉的悲歌。

四月二十一日，游牧民族的帳棚又多了起來，我再次扮起牧羊人。旅隊很快就來到堪巴（Kamba Tsenam）的大帳棚，這人擁有一千頭犛牛和五千隻綿羊。四月二十二日，我的一名手下走訪一些牧民，問他們願不願意出售馬匹；這天雪下得很密，我即使騎上一大段路也不會引人注意。另外兩名手下前往堪巴的帳棚購買糧食，這個富有的牧人不在家，當夜他的兩名僕人騎馬來到我們營地，賣給我們一頭白色駿馬，索價一百二十七盧比。

四月二十三日我們繼續向東走，來到蓋布克拉山口（Gäbuk-la）。很幸運地，我們發現一位照顧馬匹的老人，他充當嚮導陪我們走了一段；這個老人有點大嘴巴，他告訴我們很多事，其中一件是去年這一帶來了個歐洲人，身邊跟著一個高大、強悍的領隊，可是領隊在途中暴斃，葬在薩嘎宗。

第三百九十號營地建在通往金辰拉山口（Kinchen-la）的河谷出口處。大雪下了整個晚上，我們再度陷入隆冬的氣候中。

大夥兒的焦慮與日俱增，每走一步就離危險線更近一些，再走兩天我們就會遇到主要商隊路線——札桑道，而路上也即將出現警戒的官員。未來情況將會如何演變？我們又該如何克服阻難？這些目前都是謎團。我有好幾項因應計畫，但必須視實際情況才能決定選用哪一項。即使我們再次被西藏人俘虜，我也感到滿足了，因爲這次我成功穿過邦戈巴區，也就是外喜馬拉雅山的中心地帶，在此之前，它仍是未被探勘過的疆域。

從營地眺望外喜馬拉雅山

四月二十四日，旅隊在燦爛的陽光下出發穿過雪域，我心想：今天會怎麼結束？我們爲眼前廣闊的珠穆瓊山群讚嘆不已，我像往常一樣停下來勾勒山口的全景，這次是海拔一萬七千八百五十呎的金辰拉山口；站在山口上可以見到東北方雄偉的積雪山脈，西方是冷布崗日山，東南東方則是喜馬拉雅山雪白的山脊。這裡沒有人打擾，我畫完素描後便循著旅隊的足跡趕路。第三九一號營地紮在一處相當狹窄的峽谷中，周圍的草地、燃料、水源綽綽有餘。

## 告別牧羊人生涯

我們都有預感大事即將發生，因此事先採取一些積極的防範手段。我的歐洲毛毯、皮製儀器匣和所有可能啓人疑竇的東西都埋起來或燒掉；科林姆接收我的帳棚，我則在他的大帳棚裡占了一方狹小的密室，我們兩頂帳棚總是背對著背，如此我能從一頂帳棚溜到另一頂，而不被外面的人看見。在重新安排下，西藏人儘管搜索兩頂帳棚也不會發現我，因爲我躲在分離的密室裡。

這天晚上我坐著寫東西，科林姆探頭進來，口氣嚴肅而凝重地說：

「一群人剛剛從山口下來了！」

帳棚較長的兩側布幅上各有一個窺視孔，我從面對山口的那個窺視孔望出去，果然如科

我走出帳棚向西藏人自首

林姆所言！來人有八個，還領著九匹馬，其中兩匹馱載物品，這些人不是普通的游牧民族，因爲他們穿著紅色和深藍色的皮外套，頭戴紅色頭巾，身上配有步槍和長劍。

我將可疑的東西全部收進平時藏東西的米袋裡，命令辜藍把塔卡爾拴在我的營帳入口，然後在皮膚上加重塗抹褐色顏料，纏上骯髒的拉達克頭巾。三個陌生人把馬牽到離塔卡爾不到三十步的地方，大狗凶狠地咆哮起來；這些人就在那裡卸下物品和馬鞍，收集燃料生起火堆，並拿一把鍋子取了些水，夜裡就在原地安頓下來。

其他五人連招呼也沒打就走進科林姆的帳棚，其中兩人顯然是位階頗高的官員，他們與科林姆展開活潑但壓低聲音的對話，我聽見他們提到我的名字，科林姆發誓旅隊裡沒有歐洲人，於是他們走出去，圍坐在火堆前喝茶。

我悄悄爬進科林姆的帳棚，旅隊的所有成員都坐在那裡，看起來好像剛剛被宣判死刑。外面那群人的首領對他們說：「剛從北方下來的運鹽商隊向薩嘎宗首長報告，首長懷疑赫定大人躲在你們中間，我奉命來此徹底搜查，因此我將檢查你們所有的行李，把每個袋子翻過來，最後還要檢查你們身體每一寸。假如你們所言不虛，沒有歐洲人藏在旅隊裡面，你們就可以隨便到任何地方。」

手下都覺得眼前的處境毫無希望，庫德斯建議天一轉黑他就和我逃進山區，一直躲到搜查結束爲止，辜藍低聲說：「沒有用，他們知道我們有十三個人。」

我也補上一句：「沒有用，現在這麼做無濟於事，我們算是被逮到了，我自己出去向西藏人自首。」

科林姆和其他人開始啜泣，以爲我們的末日到了。

我站起來走出帳棚，西藏人一言不發盯著我瞧；我在塔卡爾身旁站了一會兒，拍拍牠，大狗熱情的哼著鼻子。接著我慢慢走向西藏人，大拇指插在腰帶上，他們都站起身來；我比了一個高傲、降尊紆貴的姿勢叫他們坐下來，然後自己坐在兩個最有派頭的人當中。右手邊這位是朋巴（Pemba Tsering），我一見面就想起去年曾經見過他。

「你認得我嗎，朋巴？」我問他。

他沒有回答，只是把頭轉向我，意在言外地看著他的同伴；他們都十分靦腆、不發一語。

「沒錯，」我繼續說道：「我就是赫定大人，你現在要拿我怎麼辦？」

趁他們交頭接耳之際，我交代庫德斯取來一盒埃及香菸，輪流傳給這些西藏人，他們全都抽起香菸來了。這時爲首的那人重拾勇氣，只見他掏出一封信，是拉薩政府寫給首長的，信中明令我不得再往東踏出一步。

「明天你跟我們到薩嘎宗。」

「絕不！」我回答：「我們在那裡留下一座墳墓，我絕對不回那裡去。去年我想要去薩嘎宗北邊的山區，被你們阻止了，現在我不是走過被禁的區域嗎？所以你們擋不住我的，我在貴國的力量還勝過你們。現在我要去印度，可是路線由我自己來決定。」

「這點由薩嘎宗首長裁奪，你可願意到雅魯藏布江畔的賽莫庫（Semoku）去見他？」

「求之不得。」

他們立刻派遣一名信差去通報首長。

我們接下來的交談就比較自在了。首領率先發問：

「去年我們強迫你去拉達克，現在你又跑回來。你爲什麼要回來呢？」

「因爲我喜歡來西藏，我喜歡西藏人。」

「如果閣下也一樣喜歡住在自己的國家，我們會覺得比較妥當。」

我們就這樣坐著聊天、抽菸，直到太陽西下。此刻，我們已經結成好朋友，我的手下對這場意外以和平收場都感到既興奮又驚奇，當科林姆敘述我們假扮成羊毛買主的有趣故事時，西藏人聽得哈哈大笑，不過他們相信我必然擁有某種神奇力量，才能夠安然穿過羌塘，避開強盜襲擊。西藏人的首領叫仁切朵齊（Rinche Dorche），大家只叫他仁朵（Rindor），不論我說什麼他都照單全收，再逐字稟報首長。

從此我們的漫遊展開新的局面，重獲自由的滋味眞舒服，我再也不必躲在帳棚裡了。大夥兒把我的帳棚裝飾得盡可能吸引人，把米袋等雜物都搬出去，由於時間不夠，我們一些有用的東西並未完全燒光，這點倒値得慶幸。首先，我好好洗了個溫水澡，一共換了四次水才總算洗乾淨，然後開始修剪鬍子，這時我眞想念被丟掉的刮鬍刀和其他盥洗用具；話又說回來，只要有水和肥皀，其他額外的享受都可以省去。

## 爭取新路線

四月二十五日，我們騎馬前往在兩天路程之外的賽莫庫，我們的隊伍看起來像在押解一班囚犯，前進時，我的左右兩邊各有六名西藏人。首長已經等在會面地點，在場的有多爾伽（Dorche Tsuan）、他的同僚昂班（Ngavang）和他的兒子歐汪（Oang Gya）。多爾伽高高的個子，四十三歲，穿著中國絲綢衣服，頭戴一頂瓜皮帽，腦後蓄了一根長辮子，足蹬絲絨靴子，還戴著耳環、戒指等飾物。多爾伽走進我的帳棚，面帶笑容謙恭地說：

「閣下一路還順當？」

「還好，謝謝你，就是冷了點。」

「去年閣下被逐出敝國，爲何又返回此地？」

「因爲我很想見識貴國的一些地方。」

「去年閣下到過尼泊爾，去了庫別崗仁峰，拜訪各處湖泊，以及聖山周圍的每間寺廟，最後抵達印度河發源地。我對閣下的路程瞭若指掌，今年這種事不可能再發生，拉薩政府已經頒布新命令，我也通知政府閣下再次來到此地，現在閣下必須朝北方原路折返。」

我剛翻越的薩木葉山口以東和以西仍然是大片空白，充滿待解的地理謎題；再者，我心中升起無可抗拒的渴望，期待完成這項先驅使命，發掘整塊尚未繪入地圖的大地，而把枝微細節留給未來的探險家。我也明白，除非運用巧妙的外交手腕，否則這片疆域的大門是無法爲我開啓的。因此我開始嘗試，表達我希望路過江孜返回印度。

「絕不可能！閣下萬不可能獲准走那條路線。」

「我也想寫信給連大人和我的家人。」

「我們不替人轉信。」

就這樣，我無法通知連大人和印度的友人我還活著；我的父母直到九月才得知我下落何方。他們擔心我可能已經魂歸九霄，許多人認爲我已命喪黃泉。

多爾伽盡職地堅持我必須走北方回去。

「就算你殺了我，也強迫不了我跨越薩木葉山口。」我回答。

「既然如此，我准許閣下走去年的路線回拉達克。」

「不了，多謝好意！我從來不走自己已經走過的路，那違反我的信仰。」

「閣下的信仰未免太奇怪了！那麼你要走哪一條路？」

「跨過薩木葉山口東邊，然後抵達扎日南木錯和更西邊的地區。」

「這絕對行不通！閣下是否願意隨我們到堪巴的帳棚再作商議？」

「當然願意。」

離開之前我列了一張清單，把沿路所需的衣物和糧食都寫下來，由多爾伽派遣信差到西藏南方邊境城宗嘎的商人處採購，那裡離賽莫庫有兩天行程。多爾伽愛上了我的瑞典左輪手槍，希望我賣給他，我說那是非賣品，不過如果他讓我自己選擇路線，我願意以此槍爲謝禮。

我身著西藏裝

「實在很奇怪，」他說：「閣下的穿著比你的僕人都寒傖，但卻擁有這麼多錢！」

我們花一百盧比買來的一匹棕馬被野狼襲擊而且屍骨無存，西藏人對此反應平淡，可是當塔布吉斯開槍射殺野雁時，他們卻瘋狂近乎失措。年輕的歐汪泫然欲泣地跑進我的帳棚，哀傷地說：

「這是謀殺！你們難道不明白，殺了這隻野雁，牠的伴侶會悲傷而死？你們愛殺什麼動物都可以，就是別碰野雁。」

我們接著拔營出發，越過四座山口。當我們在南木臣（Namchen）紮營時，南方的商人帶著我們購買的東西來了。我的手下全部換上新衣，科林姆為我穿上道地的西藏人服飾，厚重的紅袍和普通西藏人所穿的沒有兩樣。我買了一頂滾毛皮邊的中國帽子、一雙優雅的靴子，還在脖子上掛了一串念珠，又買一柄銀鞘長劍，上面鑲著土耳其玉和珊瑚，我將它懸在腰間。在旅隊的補給方面，我們添置白米、青稞、麵粉、糌粑、茶葉、糖、石蠟燭、香菸等，足夠兩、三個月；另外還添購幾匹馬和騾子。當我的帳棚地毯上堆起小山似的銀幣時，西藏人的眼睛都睜得又圓又大。

一切進行得相當順利，只剩下路線爭議而已。我們在多爾伽的帳棚裡會商了幾個小時。

「除了薩木葉山口以外，其他的路都不能通行。」他們說。

「有的，」我回答：「還有桑莫山口（位於薩木葉山口的東北方）。」

「那條路糟透了，即使有人要走那條路，我們也不租犛牛給他。」一名牧人插嘴道。

「那我就買下犛牛。」

「我們不賣。」

「那個地區有大批盜匪出沒。」首長補充一句。

「既然如此，你就有義務護送我。」

「我手下的士兵屬於薩嘎宗的守軍。」

護衛隊首領倪瑪

「不然我們分成兩組，科林姆帶領大部分旅隊穿過薩木葉山口，我另外帶一小支隊伍走東邊的路，然後我們在畢多藏布江更往下游處會合。你派遣十個人護送我，每人每天有兩盧比薪水，這樣你們就可以監視我的行動，確保我不會到別處長途旅行，因爲我每天都要付這麼多錢。」

多爾伽沉思半晌，走出去和他的心腹私下商量，等他回來時，我的條件終於被接受了，他只要求我簽下一份文件，保證我爲一切後果負起完全的責任。

他們立刻介紹我認識護衛隊首領倪瑪（Nima Tashi），他穿著一襲膨大的皮外套，看起來是個好人；我們的嚮導則是堪巴的哥哥潘丘兒（Panchor），他是個五十五歲的犛牛獵人，滿臉皺紋，一個不折不扣的大壞蛋。

五月四日，大夥兒全都到了堪巴的帳棚，那地方更像是建在山谷裡的帳棚村；我們曾經在四月二十二日經過那裡，因此這趟行程剛好繞了珠穆瓊山群一圈。當天晚上堪巴偷偷潛進我的帳棚，他向我透露潘丘兒會帶我和護衛隊去任何我們想去的地方，他自動坦承他和整個地區的強盜關係良好，並且說：「我是所有盜匪之父。」

五月五日是旅隊分手前的最後一天，當晚我們爲多爾伽和他的手下舉辦餞別宴會，我和一干首領坐在帳棚門口喝茶，外面生起一大圈營火。我的隨從大跳拉

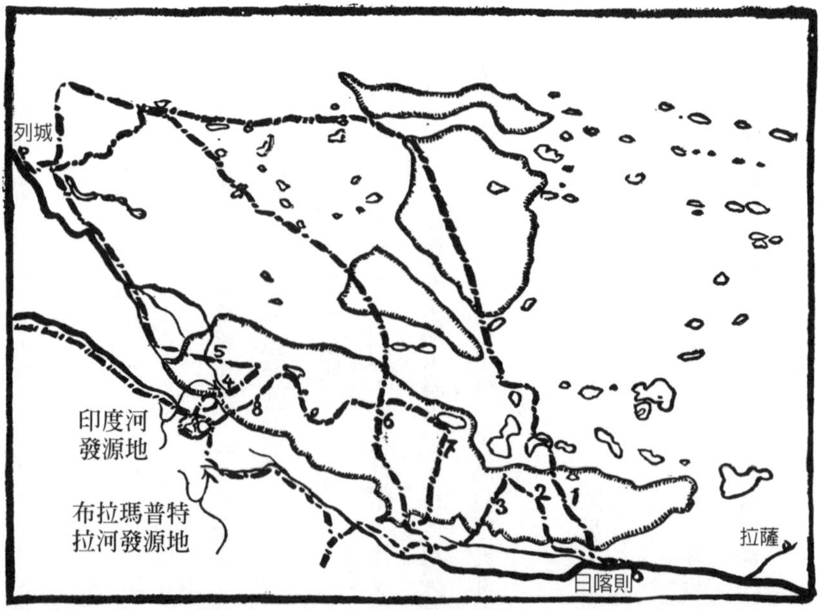


西藏的大片空白顯示直至一九〇六年尚未探勘的疆域。地圖上所標示一至八號，說明我八次穿越外喜馬拉雅山的路線

達克舞蹈，盡情享受這一刻，其中有兩人在身上蒙著一條毯子，抓起兩支棍子當作犄角扮演一頭猛獸，他們悄悄靠近火堆，最後被一位埋伏在旁邊的獵人給撂倒。向來富有喜感的蘇恩用一支手杖代替一名女子，開始對著這根手杖表演求愛的舞蹈，觀眾有節奏地擊掌助興；拉達克人唱歌時，西藏人圍成密實的一圈，愉快地放聲吼叫。多爾伽向我保證，他們一輩子沒有這麼開心過。這個時候，天上開始下起濃密的大雪，營火的濃煙和飛舞的雪花也入舞蹈行列，這是個詩情畫意、成果豐碩的夜晚。過了午夜，客人散去，營火也逐漸熄滅。

# 第六十三章

## 穿越未知之境

五月六日早上，旅隊分道揚鑣，陪伴我的有辜藍、拉伯森、庫德斯、塔布吉斯和孔曲克，我們全部騎馬；護衛隊的倪瑪和九名士兵也以馬代步。我們購買犛牛馱運行李，沿途也買了一些綿羊。另一方面，科林姆帶著其他六位隊員取道薩木葉山口，我交代他們在塔若錯附近等候我們。由於我希望小隊裝備越輕便越好，結果犯了一個大錯，因爲我把大部分的錢都交給科林姆保管，錢數達兩千五百盧比。

我們向北方的未知之境前進，翻越壯闊的康瓊崗日山脈，抵達以前路過的恰克塔藏布上游，來到四周高山環繞的拉普瓊錯（Lapchung-tso）湖畔紮營。外喜馬拉雅山主脊的巨大雪峰聳立在我們眼前；山徑通往更高的位置，對我來說，這些由山脈、河谷、溪流、湖泊組成的複雜迷宮，浮現益加清晰的圖像。這片高原極難攀登，我們走在青苔遍布的岩石上，除了野犛牛外，這條小徑罕有人跡，不過我們還是征服了海拔一萬九千一百呎高的桑莫山口；這是我第七度跨越外喜馬拉雅山系。從山口往下走，又進入內陸水系的區域。

倪瑪和他的手下很害怕強盜，只要一看見遠處有幾名騎士，就以爲即將遭到攻擊，這時護衛隊就會開始鬧彆扭，吵著要掉頭回去。不過在我提醒他們每晚都可以拿到二十盧比以後，士兵便安分地待了下來。潘丘兒喜歡講盜匪故事來娛樂我們，還說艾沙的墳墓一到了晚上就鬧鬼。

這片土地上孕育豐富的野生動物，包括瞪羚、羚羊、野綿羊、野犛牛和野驢。我們經常

一群西藏人

路過一些帳棚，有一次紮營時，竟有多達六十個愛管閒事的西藏人把我們團團圍住。

渡過梭馬藏布（Soma-tsangpo）之後，我們來到小型山口帖塔拉（Teta-la），站在山口的起點上，可以遠眺美不勝收的扎日南木錯景色；這座鹽湖的水色青綠有如土耳其玉，四周環繞著光禿禿的山，泛溢出紫羅蘭、黃、紅、粉紅、棕色等各色層次。西北方向矗立著夏康山，東南方有塔哥崗日山，南邊和西南邊則是外喜馬拉雅山——所有的山峰全覆蓋著刺眼的雪原。我在這些令人神魂顛倒的廣闊美景前一坐就是幾個小時，爲扎日南木錯全景勾勒彩色的圖畫。印度學者喃辛曾於一八七三年聽說過扎日南木錯，可惜的是無緣親眼目睹；有幸成爲第一個親眼看見它、證實它存在的探險者，我內心油然升起滿足感。扎日南木錯的海拔爲一萬五千三百六十呎。

## 前往扎日南木錯

佇立帖塔拉山口，透過望遠鏡清楚看見塔哥崗日山的全景——山峰上的雪原與冰河；我心中一直盼望親睹聖湖當惹雍錯——正位於塔哥崗日山山腳——的那股渴望又回來了。這裡離當惹雍錯只有幾天路程，我在扎日南木錯湖畔的營地上與倪瑪、潘丘兒交涉，允諾付給他們一大筆酬賞，可是他們不敢答應，在擔心我會違抗他們的意願、設法前往當惹雍錯的情況下，他們找上一位去年在聖湖南岸附近嚇阻過我的首領塔格拉（Tagla Tsering）。塔格拉帶領二十位全副武裝的騎士抵達營地，騎士們都配備長矛、長劍、步槍，頭上戴著白色的高帽子。塔格拉自己則身穿豹皮衣和紅袍子，肩上的一條緞帶繫著六個銀色的嘎鎢；他是個脾氣溫和、機靈聰穎的人，我們在扎日南木湖邊共度愉快的四天，儘管如此，他仍然固執己見，我無法動搖他的意志。塔格拉的最後通牒是我不得再往東邊踏出一步，也不准去扎日南木錯西邊的門董寺參觀，唯一對我開放的路線是通往塔若錯的路，也就是我將與科林姆等人會合的地點；如此一來，我必須第三度放棄當惹雍錯之旅。幾年之後，傑出的英國地質學家海登爵士（Sir Henry Hubert Hayden）曾親訪這座湖泊，可惜他最近攀登阿爾卑斯山時不幸罹難。就我所知，海登是繼我之後，唯一深入雅魯藏布江北方未知之境的歐洲人，令人遺憾的是，他還未來得及發表該次探險的觀察結果就飲恨離世了。

五月二十四日，我們揮別善良的塔格拉和他的士兵，繼續沿著扎日南木錯（藏文原意是「皇山天池」）南岸向西推進，雖然受到禁止，我們還是抵達門董寺，並在該地紮營；這是一間紅白色彩的小廟，僧人與比丘尼都住在帳棚裡。在噶烏山口西側，我們發現一座奇特的湖泊喀榮錯（Karong-tso），湖的四周被糾結的山脊與岩岬所環繞。幾天之後我們再次進入邦戈巴地區，來到畢多藏布邊紮營。六月五日，護衛隊表示他們已經完成任務，隨後與我們道別，在潘丘兒的伴隨下回到薩嘎宗。這一來我們又自由了，加上雇了兩名直率的牧民當嚮導，所以我們想去哪裡都行！然而目前最重要的還是找到科林姆的支隊，可是附近沒有人知道他們的下落，我們只好沿著畢多藏布往西走向塔若錯。

塔格拉酋長與他的手下

雖然時序已進入六月，然而空前的大雪仍然把這裡妝點成銀色天地，外喜馬拉雅山的峰巒傳來隆隆的雷聲，其中最雄壯的山脊恰好矗立在畢多藏布河谷的西南方。小狗貝比從來沒有聽過雷聲，嚇得夾著尾巴竄進我的帳棚，然後趴在營帳裡對著響亮的雷聲嗥叫、狺吠；至於經驗老到的塔卡爾對雷聲則置若罔聞。

畢多藏布畔的營地景色優美非凡，我眞想在這裡多盤桓一段時間，別的不提，光是觀察野雁和黃色的雛鳥在河上戲水的姿態，就足以令我心生快慰。最後我們來到塔若錯南岸紮營，可是到處都找不到科林姆和旅隊的蹤影，反而是本區的兩名首領與一些騎士主動來拜訪。我向他們打聽旅隊下落，他們表示從來沒有聽說過，不過答應爲我尋找科林姆等人。這些人宣稱目前只有一條路線爲我開放，也就是穿過隆格爾山口（位於塔若錯西南方），抵達賽利普寺（位於塔若錯西方），這條路剛好是我想要走的，因爲它恰好穿越地圖上至今「尚未探勘」的最大片空白區。

於是我們在六月九日繼續前往暫時關閉的小廟隆格爾寺，然後攀上標高一萬八千三百呎的隆格爾山口，從山口頂峰可以遠眺塔若錯與景色秀美無比的產鹽湖泊塔比池。

我們在這個地區遇到的游牧民族與部族首領都很友善，樂於助人，來到新發現的湖泊帕魯錯（在塔比池西南方）旁，瑞奇洛瑪（Rigihloma）的「噶本」前來向我們致意，並爲我們打點所需的補給品。此處外喜馬拉雅山系的龐大外環山脈由北向南縱走，我們跨越海拔一萬九千一百呎的蘇拉山口，這裡四周盡是巨大無比的拱形或尖形雪峰，藍色冰河閃閃發光。接著我們往下進入裴登藏布（Pedang-tsangpo）河谷，河水在此轉折北流；現在我們的右手邊是蘇拉山脈，山谷前端則是白雪罩頂的山峰。想到自己是第一個踏上這片土地的白人，心中不禁興起一股難以形容的滿足感，覺得自己儼然君臨天下。未來這裡必定會有更多探險活動，畢竟從山嶽誌和地質學的觀點來看，這裡都是地球上最值得一探究竟之處；未來幾個世紀，這些山峰將和阿爾卑斯山一樣名氣響亮。這可是我首位發現的，這個事實將永垂不朽。

## 科林姆消聲匿跡

科林姆究竟在哪裡？他憑空消失，沒有留下任何蹤跡，難道是遭到強盜攻擊了嗎？我安慰自己，至少從德魯古布出發以來，所有重要的探險成果都保存在我這裡，包括蒐集品、日記和地圖，問題是，我身上只剩下八十盧比了。

裴登藏布領著我們走到修沃錯（Shovo-tso）——一座新發現的湖泊，它的湖盆也一樣被群山環繞。東北方的「採金路線」穿過喀拉山口。六月二十三日，我們攀越泰耶帕瓦山口（Tayepparva-la）時，眺望前方的大鹽湖昂拉仁錯閃耀著藍綠色水光，四周圍繞著磚紅色和淡紫色的山脈——這裡的風景令人陶醉，瑰麗的色彩更是神奇。峽谷裡連一棵樹、一叢灌木也沒有，只有偶爾可見的稀疏野草，這幅景致就和西藏高原上其他東西一樣貧瘠、荒蕪。大約四十年前，蒙哥馬利上尉（Captain Montgomery）的一名幕僚曾聽說過這座湖，替它命名

賽利普寺的住持

為「噶拉林錯」（Ghalaring-tso），但是他本人或其他人卻未曾見過這座湖的眞面目。

我們在昂拉仁錯的岸邊安頓下來，之後多次在注入該湖的桑敦藏布（Sundang-tsangpo）岸上紮營。這一帶有很多野狼出沒，我們必須小心看管牲口；有一群野狼甚至在大白天逼近到離我們不遠的地方。拉伯森在桑敦藏布邊抓到一隻兇狠的小狼，我們用繩子將牠綁在營地旁，塔卡爾和小狗貝比都對牠敬而遠之。一天小狼在無人看管時掙脫繩子逃走了，牠跳進江中，想要游泳到對岸，也許塔卡爾覺得這樣的行程太過分了，便發出一聲長嗥，躍入水中，把小狼拖到水底下，直到牠溺死才罷休，然後叼著小狼游回我們這邊，連皮帶骨吃個精光。

六月二十七日，我們抵達賽利普寺，寺裡的住持嘉木澤（Jamtse Singe）非常熱忱地款待我們。為了減緩我們對科林姆失蹤的擔憂，嘉木澤翻閱他的聖典，很肯定地說我們的隊員都還活著，現在人在南方，我們在二十天之內就會與他們重逢。我的荷包裡僅剩二十盧比，早已經有心理準備，必要時可以出售步槍、左輪槍和懷錶，這一來我們就有足夠的錢抵達托克欽和瑪那薩羅沃池，然後再派遣信差到嘎托向友人求援。

先前我們在修沃錯時曾經遇到一支龐大的犛牛商隊，這會兒他們也來到賽利普寺紮營；這支商隊是當惹雍錯的一位地區首長所有，他正要前往聖山岡仁波齊峰朝聖，手下有一百人，牲口包括四百頭犛牛、六十匹馬和四百隻綿羊。我與這位首長和他的兩個兄弟結爲朋友，他們到我的營帳拜訪，隨後與他們共進晚餐。首長的名字是肅納木（Sonam Ngurbu），長相十分引人側目，古銅色的臉孔上有隻寬大的塌鼻子，黑色頭髮像獅鬃般濃密（裡面無疑是藏污納垢），身穿一襲櫻桃紅袍子；他和兩個兄弟分享兩位妻子——換句話說，每人擁有三分之二個太太，我看看兩位夫人的長相，嫌這數目還太多，因爲她們又老又醜又髒。

我試著賣給他們一把精良的瑞典手槍，肅納木出價十個盧比，我說三百銀盧比才肯賣；一隻金錶價值兩百盧比，肅納木顯得十分驚奇，他對於人類做得出如此精緻的小東西感到不可思議，不過反正十二點鐘和六點鐘對他來說都一樣，太陽就是他免費的計時器，所以肅納木忍住沒有出價。他又出價六十盧比想買我們最後一把瑞典陸軍左輪手槍。

「不行，眞的不行！」我回答：「我可不是乞丐，六十盧比對我來說根本不算什麼。」事實上，我當然在說謊，因爲我已經窮得跟乞丐沒有兩樣，情況彷如二十二年前在克曼沙時那樣囊空如洗、走投無路。不過肅納木送給我們白米、糌粑和糖，讓我們可以繼續走到托克欽，所以我把金錶送給他作爲回報。

賽利普的「噶本」十分滑稽，他帶了一夥游手好閒的人來到我的帳棚，以當官的口吻盤查我是個什麼東西。他聽說有個歐洲人來到此地，等到發現五個貨眞價實的流浪漢圍著一個身穿西藏衣服的陌生人，著實大吃一驚；這個棘手問題超出他的智力範圍，我也不打算爲他解圍，他只得帶著謎團離去。

## 最後行程

我們在六月三十日離開，當晚在拉則平原上紮營，從這裡可以遠眺外喜馬拉雅山鋸齒狀的積雪山脊，景色壯闊無比。日落時拉伯森來到我的帳棚，表示有四個人和四頭騾子正往我們的方向靠近，我拿望遠鏡跑出去瞭望，好傢伙！那是科林姆帶著兩名隊員和一名嚮導，其他的人晚幾天才到。我幾乎忍不住要怒責我們的領隊，不過後來只稍微責怪他一下，部分原因是銀兩原封未動，部分原因是他們眞的遭到匪徒攻擊，科林姆帶一匹馬、一頭騾子安然逃逸；最後一個原因是他們碰上敵意甚深的地區首長，硬是強迫科林姆等人走塔若錯北邊艱難的路線。

現在只要再一次跨越未知疆域，我的旅程便算大功告成了。最後一趟行程獲得許多重大的發現，但受限於篇幅無法在此細述。我們翻越標高一萬九千三百呎的丁格山口（位於岡仁波齊峰東北方），也是此趟西藏之旅最崇峻的山隘；接著越過海拔一萬七千三百呎的蘇爾格山口（也是內陸分水嶺），然後於七月十四日抵達托克欽。

我一共攀越外喜馬拉雅山八次，每一次都穿過不同的山口，截至當時，唯有卓科山口是外界所知曉的。從最西邊的卓科山口到最東邊的喀蘭巴山口（Khalamba-la），總長度爲五百七十哩，過去從未有歐洲人涉足其間，而最新出版的英國地圖上，這個區域也只標明「尚未探勘」。這片廣袤山系的東邊與西邊雖然早已爲人熟知，但我有幸塡補了東西間的大片空缺，心裡著實歡喜不已；抵達托克欽之後，這次探險總算克竟全功。

世界上最高的山脈全攏聚在這片地球上最龐大的高地上，其中西藏盤踞最廣的面積。這些山脈包括喜馬拉雅山、外喜馬拉雅山（西端與喀喇崑崙山融合爲一）、崑崙山（包含阿克山）等，至於我才探勘完成的外喜馬拉雅山，粗略來說，山口平均比喜馬拉雅山的山口要高五百公尺，但是峰頂則低於喜馬拉雅山一千五百公尺。落在喜馬拉雅山上的雨水最後都流入印度洋，而外喜馬拉雅山則是印度洋水系與內陸水系的分水嶺。只有印度河的發源地位於外喜馬拉雅山的北坡，切過此山系，也切過喜馬拉雅山。

我返回家鄉後，若干英國地理學家反對我爲雅魯藏布江北邊的山系命名爲「外喜馬拉雅山」，理由是一八五〇年代康寧漢爵士（Sir Alexander Cunningham）已經用過這個名字，當時他命名的對象是喜馬拉雅山西北方的一座山脈。印度方面則提議將這座山系依我的名字命名，我婉拒了這項美意。對亞洲地理最博學的寇仁勳爵撰文敘述我在邦戈巴的發現，曾經寫下一段話，在此請恕我原文引用：

在這項行經數百哩才獲得的偉大發現之外，（赫定）確認了這圈雄偉山脈，或稱山系，在山嶽誌上明確的存在地位，依我所見，他為此山系命名為外喜馬拉雅山實屬恰當。多年來，世人早已揣測這群長度完整的山脈確實存在，李陀戴爾與當地觀測員也曾越過其東西極點，然而真正造訪全區、在地圖上畫下這群山脈完整地貌的，則是赫定博士的功勞……他的發現對人類知識貢獻良多，使吾等明白世界上存在如此龐大之山群。至於赫定博士命名的外喜馬拉雅山，之所以亟欲為此項嶄新、重要的地理發現冠上此名，我僅提出如下看法：（一）可能的話，重要地理的發現者有權為他的發現命名；（二）所命之名不應難以發音、難以書寫、過分深奧或模糊；（三）可能的話，所命之名最好具有某些描述性價值；（四）所命之名不應違反任何已知的地理命名法則。外喜馬拉雅山之名綜合上述所有優點，這種命名方式過去也有前例，即中亞外阿力山（Trans-Alai）與阿力山（Alai Mountains，位於吉爾吉斯境內，屬於天山山系的一部分）的模式，同理，外喜馬拉雅山與喜馬拉雅山也可沿用此一模式。有人士指出此名業已為其他山脈所用，這點我難以苟同，因為將該山脈冠以此名稱實屬不當，注定無法長久保有此一名稱。以我之見，試圖以其他名稱替代目前提出的妥切名字，終將以失敗收場。

——《地理雜誌》，一九〇九年四月號

【注釋】

❶原書注：關於外喜馬拉雅山的細節，以及在我探險之前世人對此山系的了解，請參考拙作《西藏南方》第三冊與第七冊（斯德哥爾摩，一九一七及一九二二年）。

# 第六十四章

## 前進印度

由於托克欽地區首長的冥頑不靈，讓我們在此地多耽擱了九天。事實上，這批官員都很和善、有禮，可是因爲去年我擅自在此遊蕩爲他們惹來麻煩，所以這次他們不肯再爲我背黑鍋。我沒有護照，他們不肯讓我走任何路線離開，除了原路之外——而那條路線上的大小官員都得爲我的通行負責。托克欽官方不准我租用犛牛，也不能買補給糧食，不過只要我願意走原路回賽利普，他們十分願意提供一切援助。

西藏人實在很奇怪！去年我運用各種手段想進入雅魯藏布江以北的未知境地，但終告失敗，最後被迫犧牲一年的時間，以及四十頭牲口，數千盧比，才總算完成我的目標。現在當我多次穿梭往來這片未知之境以後，心裡只渴望直接回到印度，他們反而意圖強迫我回頭走到雅魯藏布江以北！

我的耐心在最後都被磨盡了，於是在沒有援手的情況下，我帶了十二名手下和十匹馬離開托克欽。我們順著瑪那薩羅沃池的北岸前進，還拜訪我們的老友——朗保那寺的年輕住持和吉屋寺孤獨的策陵唐度普喇嘛。到了提爾塔普利寺（Tirtapuri Monastery），我將旅隊分成兩組，留下拉伯森、庫德斯、辜藍、蘇恩、塔布吉斯和孔曲克隨我前往印度，其餘人員則在科林姆的帶領下直接回拉達克。

沿著薩特萊杰河前進，並渡過其深邃支流的旅行，是我在亞洲最有趣的行程之一，因爲我們橫切過喜馬拉雅山。言語無法描述我們眼前景觀的偉大，只消看上一眼，就會對薩特萊杰河谷四周崇峻的山峰、眩人的雪原、陡峭的岩壁，留下一生一世的回憶，甚至還能在回憶中聽見滔滔河水的雄壯呼喊。

## 驚險刺激的兩件事

從提爾塔普利到西姆拉一共花了一個半月時間。關於這條穿過世界最高山脈的公路，在此我只記述兩件事情。

在奇雲倫寺（Kyunglung Monastery）旁，薩特萊杰河上架著一座搖晃不定的木橋，結構是兩條橫梁上架著木板，橋面寬四呎、橋長四十二呎，兩邊並無扶手或欄柵。橋面幾呎下的薩特萊杰河以令人暈眩的速度擠過狹窄的懸崖，滔滔奔流的河水冒著滾水似的泡沫，河面在下游幾百步外變寬了，水流聲音也轉成空洞、沉悶的巨響。薩特萊杰

受到驚嚇的馬從橋上跳進洶湧的河水

河尖銳的岩石河床非常深邃，過橋的人難免膽顫心驚；我的手下扛起行李輕鬆過橋，但是兩匹馬卻給我們帶來很大的麻煩，我向堪巴買來的白馬座騎陪我走了四百八十哩路，現在輪到最後一個過河。我翻身下馬，解下牠的鞍轡，白馬被洶湧的河水嚇壞了，牠這輩子從來沒見過一座橋，全身顫抖不止；我們在牠的鼻子周圍綁了一條繩子，然後由兩個手下拉牠過橋，其他人拿著馬鞭催促牠邁開步子，一切似乎進行得十分順利，四肢不斷顫抖的白馬慢慢走到橋中央，不料牠從橋面上看見底下翻滾著白沫，突然驚慌起來，只見牠停下腳步在橋上橫轉，頭部對著河流上游。白馬的耳朵直豎、兩眼目光熾烈、鼻翼擴張、鼻息忽忽，之後便不顧性命往河裡筆直跳了下去。

我的第一個反應是：「完了，牠會被岩石撞得稀爛。」一想：「眞幸運我沒有騎馬過橋！」令人驚異的是，白馬居然浮出木橋下方的寬大河面，輕快地游到對岸，才一會兒工夫，白馬已站起身來吃草，彷彿剛才這一幕都沒有發生過！

從西藏西部來的男孩

我們必須渡過薩特萊杰河的所有支流，它們都極爲深邃，好像美國的科羅拉多峽谷，只不過規模小得多。儘管如此，渡河的人萬萬不能掉以輕心，例如在昂里藏布（Ngari-tsangpo）峽谷邊緣過河時，巨大的河流便在峽谷正下方，我們徒步爬下幾百個險峻的之字形彎道，來到二千七百二十呎下的河邊，過河之後再往上攀爬到對岸同樣險峻的高度。走個幾哩路總得花上大半天。

在什普奇山口（薩特萊杰河畔的山口）附近，我們跨越了西藏和印度的邊界，這也是我們最後一次站在海拔一萬六千三百呎以上的高度。我對西藏投以幽長的凝視，這片不友善的疆域留有我的勝利，也有我的哀傷。人爲因素和大自然因素都爲旅人帶來重重障礙，從那令人頭暈目眩的高原上，旅人儘管遭遇艱辛困頓，卻也帶回來整整一個世界難以遺忘的珍貴回憶。

從河邊攀上山口，短短幾哩路高度就爬升了五千六百二十呎。我們已經從高地上寒冷、多風的氣候，下降到溫暖宜人的夏季和風中，微風拂過杏樹，飄來陣陣香氣。我們在薩特萊杰河左岸；印度國境內的第一個村落——浦村（Poo）坐落在右岸的山坡上，四周盡是茂盛的植物。浦村裡有個成立多年的摩拉維亞傳教會，至今仍由德國傳教士主持。

現在我們該怎麼渡過這條大河？因爲在這一點上，河面縮窄成垂直山岩間的狹隘河道，整條河潛伏著滾滾泡沫的漩渦。河岸上見不到一絲生物跡象，對岸的浦村顯得朦朦朧朧，聯繫兩岸的只有一條大拇指粗細的鋼索，下面一百呎處就是怒吼的深淵。以前那裡有座橋，後來毀壞了，只留下兩頭的石墩和曾經是橋頭的斷梁。我們最後的一位嚮導盧爾普（Ngurup）

利用鋼索橫越深淵到對岸

曉得該怎麼做，他用一條繩子在鋼索上纏了好幾圈，然後打一個活套把自己縛住，接著抓緊鋼索把自己拉到對岸。到岸後，他立刻跑去浦村，一會兒帶了兩位傳教士和幾名土著回來，他們帶來一只木頭軛，將軛上的卡榫對上鋼索，用繩索環繞其上，其他繩子的作用是順著鋼索前後拉動軛；接下來我們開始渡河，騾、馬、狗、箱子和人，都以這種方式逐一拉到對岸。輪到我的時候，我把雙腳穿進繩圈裡，緊緊抓住軛，再把另一條繩索繞過腰部，對岸的人開始將我拉過深淵；這實在是驚險萬狀的過程，兩腳懸空的我在天地之間擺盪，到鋼索中央的距離只有一百五十呎，可是感覺上好像永無止境。我溜過河右岸的橋頭，確定自己安全了，才鬆了一口氣。

這天是一九〇八年八月二十八日，前來迎接我的馬克士先生（Mr. Marx）等傳教士，是我自一九〇六年八月十四日以來第一次遇見的歐洲人。我在浦村和他們相處數日，星期天也參加他們爲初生的土著嬰兒所舉辦的彌撒。

我們從浦村往下走到海拔更低的地方，氣溫一天比一天溫暖，塔卡爾濃密的黑毛讓牠熱得受不了，舌頭垂在外面滴口水，從這處陰影跑到那處陰影，只要碰到小溪，牠馬上趴在水裡納涼。記得半年前塔卡爾加入我們旅隊時，西藏風暴捲起的雪花正飛舞在我們的棚帳四周，牠最後一次呼吸家鄉的鮮冷空氣、最後一次見到犛牛是在邊界的什普奇山口，而現在我們卻把牠帶到一塊酷熱的土地上。塔卡爾沉思默想，意識到自己是個被鬆綁的奴隸：先前我們將牠強行從游牧民族手中買下來，如今又引誘牠來到暑氣難當的低地，塔卡爾在我們之間越來越覺得像個陌生人，經常整天不見蹤影，要到涼爽的晚上才又出現在我們的營地。牠感覺孤單、被人拋棄，也注意到我們將鐵石心腸地離牠而去。有一天晚上，塔卡爾沒有在營地出現，從此我們就再也沒有見過牠，毫無疑問地，牠是回到西藏去了——回到窮困的游牧民族身邊和蝕人心骨的暴風雪裡。

## 第五百號營地

九月九日，在皋拉（Gaura）收到信件，九月十四日到達法固（Fagu）紮營；幾天前，我領著整支旅隊先走。九月十五日，我抵達西姆拉，在日記上寫下「第五百號營地」。

第二天，我參加了明托勳爵府上豪華的正式派對——不久前，我還像個乞丐四處流浪，甚至當了牧羊人！我從總督官邸的臥室窗口往外看，喜馬拉雅山赫然在望，在那些雪峰的背面，靜靜臥著我的夢土西藏，現在通往那片禁地的大門又關上了。

我從西藏返回西姆拉的路線，正是當年摩爾利和英國政府禁絕我通行的道路，只是方向正好相反。如今西姆拉的英國人待我如同征服者，熱忱的情意從四面八方湧來，我到英國政府貴賓室演講，敘述我這次克竟全功的旅行，在座聽眾包括明托夫人、吉青納勳爵、政府官員、幕僚長、數位印度大君，還有西姆拉的外交使節團。

與旅隊最後六名成員和最後一隻牲口小狗貝比分別，是令我最感痛苦的一刻，我不僅感謝他們，也感念先行回家或已捐軀的夥伴，如果不是他們和所有犧牲的騾馬，以及全能上帝的保佑，我又怎能順利完成此行？現在，我的最後一支旅隊即將返回列城的家鄉，除了給他們豐厚的報酬和新衣服以外，我將旅隊僅剩的牲口也送給他們，另外還把他們在旅途中的支出四倍奉還。明托勳爵對他們致詞，感謝他們堪爲表率的忠心表現；後來瑞典的古斯塔夫國王也頒發勳章，已先行離去的隊員也有份。當我的隊員穿過總督官邸的園林離去時，每個人都哭得很傷心。但是最傷痛的淚水是我揮別小狗貝比時所流下的；打從牠出生就和我一起生活在帳棚裡，貝比在喀喇崑崙山的冰河下來到這個世界，如今辜藍答應好好照顧牠，也很高興能保留這次探險之後一項活生生的紀念品。在永遠割斷我們之間的關係前，我坐著拍撫這隻忠實的小狗，久久才停手，然後眼睜睜看著牠跑開，消失在園林的樹木之間。

明托勳爵和夫人前往山區旅行，吉青納要我搬去斯諾登（Snowdon），也就是這位大元帥在西姆拉的華宅。我在那裡度過難忘的一週。我不是吹牛，這幾天，我與吉青納非常親近，我們兩人都未婚，住在這座豪華宮殿裡完全不受打擾，用餐時也只有兩位副官同桌。吉青納曾經以武力征服非洲，而亞洲則被我收伏；對於亞洲廣大內陸的事情，他不厭其煩地追問各種細節，礙於政治因素，目前他本人無法涉足那片土地。假如我記錄下吉青納所敘述的生平故事，光是用他自己的言語，就可以寫成一本書。他告訴我他之前的經歷——在翠比松與薩瓦金的日子、在巴勒斯坦的地形偵測、營救英國將領哥登的經過、對抗回教救世主及托缽僧的戰役、在恩圖曼的戰役與在南非的戰爭等，最後到印度著手整頓印度陸軍。後來我們靠飛越四塊大陸的書信往來，從他的親筆函上，我還能為他的生平添加精彩的故事。每天傍晚，我們沿著馬路散步很長一段距離，話題總會轉到西藏，這時便可見他真情地吐露一些事情。

吉青納一向保持硬漢風格，但偶爾也會流露出少見的體貼。我剛搬到他的官邸時，他親自帶領我到房間；房間裝飾高雅，花瓶裡插滿鮮花，副官告訴我，這些花是吉青納親自從花園裡摘來的，我問副官為什麼，他的回答是吉青納要花色協調。我臥房裡的桌上堆滿了關於西藏的書籍，因為主人希望藉此讓我有賓至如歸的感覺。吉青納很注重某些小節，這在大部分將軍眼裡恐怕是不值一提的，例如每次舉辦大型晚宴時，他會親自監督僕人擺設餐桌，並且像在準備作戰似的吹毛求疵。他會在長桌的另一頭坐下來，傾身向前，瞇起一隻眼睛，確定所有的酒杯、湯匙、刀叉都擺對地方，而且全部排成一條直線。如果稍嫌不對，他會一直移動餐具，直到每樣東西完美無瑕才罷休。

他喜歡偶爾做些改變，因此他搬進官邸之後，斯諾登徹底整修了一番。據說他在印度發現一處衛兵戍守的哨站，由於地勢太低，便下令在那裡塡堆一座小山。斯諾登坐落在一處突起的高地上，吉青納派人把一座小山剷平以建造網球場。他隨時有新點子，而且自己畫藍圖，不只是建築和屋舍如此，連藝術裝潢也不假他人之手。

三天過去，他問我：

「呃，你還滿意嗎？有沒有任何能爲你效勞之處？」

「一切都很好，」我回答：「只缺一樣東西。」

「是什麼？」他驚愕的詢問。

「女人！自從我來到斯諾登之後，還沒有見過一個女人。」

「好吧，明天我們就辦個晚宴，但是客人由你來挑，記住——只請女人！」

先前我在西姆拉已經見過許多迷人的淑女，因此很快就把邀請名單擬好。斯諾登以前從來沒有這樣的場面，那次的宴會是我參加過最愉快、最狂歡的晚宴之一。吉青納幽默絕倫，但是，那天他講述的一些故事應該更適合男士專屬的晚宴。

有一天晚上，我強邀他一起去戲院，我相信以前他從未涉足此處，全場觀眾見到他都十分驚訝。

光陰似箭，十月十一日，吉青納開車送我到火車站，我與他和摯友鄧洛普史密斯互道珍重。

# 第六十五章

## 終曲

此刻我在亞洲曠野的旅程將告一個段落了，接下來的只是簡單記錄一下近幾年來生命中的重大階段。

## 踏上歸鄉之路

我停留印度期間，就收到來自東京的地理學會一封極爲客氣的邀請函，希望我去日本發表以西藏爲題的演說，於是我從孟買搭上「德里號」汽船，經由可倫坡（Colombo）、檳榔嶼（Penang）、新加坡、香港抵達上海。在知名的亞洲探險家布魯斯上尉（Captain Bruce）主持的演說會上，爲群集在上海劇院的聽眾演講。然後，我搭乘日本籍客輪「天祐號」抵達神戶，一支日本學者代表團在碼頭迎接我，並陪我前往橫濱，一場更盛大的歡迎會已經在等著我，地理學會會長菊地男爵（Baron Kikuchi）向我表達歡迎之意，接下來是一連串華麗的宴會與榮譽表揚儀式。我在瑞典公使瓦倫貝格（Wallenberg）府上叨擾，受到他熱忱的款待；我也受邀到英國大使麥克唐納爵士（Sir Claude Macdonald）府上對外交使節團演說。在特地爲我舉辦的宴會中，最令我印象深刻的是十二位日本將軍作東的晚宴，賓客只有我和瑞典公使團，這些主人是在日俄戰爭中揚名世界的將軍。年高德卲的奧（Oku）將軍以悅耳的日語向我致詞，再由一位通譯譯成英語，而海軍上將十河、陸軍上將山形、野木將軍等人都令我難忘。在日本友人當中，高津小谷伯爵邀我到他京都的府上停留數日，另外還有德川子爵和其兄長王子，以及小川教授、山崎教授、堀教授、井上教授、大森教授等多人。其中大森教授是日本最著名的地震學家，一九二三年十月初我在很特殊的情況下與他重逢，那次我同樣搭乘「天祐號」從舊金山前往橫濱，到了檀香山，上船的旅客中赫然有大森教授，原來九月一日的大地震將他從澳洲召了回來。大森病得厲害，躺在頭等艙沒辦法起床，到了橫濱，人們用擔架將他抬上岸，等到抵達慘遭地震蹂躪的東京之後，大森不幸病逝。

而我此行見到的最偉大的日本人就是，勇敢打破舊有偏見、開放國家以因應新時代的明治天皇。天皇的個子比他的子民高出一個頭，非常謙沖、友善，而且興趣廣泛，他在東京的皇宮中接見我，在表達對敝國國王身體健康和我的行程等客套地問候之後，鉅細靡遺地詢問西藏的狀況。他最後的一段話特別深入我心坎：

「閣下數度穿越西藏已然成功，不妨就此打住吧，因為閣下若是再度返回那片高山地區，也許無法再像此次順利。」

我在漢城待了四天，伊藤親王邀請我在他府上做客，他以令人驚訝的坦白態度直言對日本政治前途的看法，只是他所說的話不宜在此重述，而且世局也已改變！伊藤親王也邀請我參觀旅順港，我在專家的引導下，享有難得的機會研究旅順之圍的過程❶。在漢城期間，我結識指揮官大島將軍，以及日本駐斯德哥爾摩第一公使日下部，拜訪日下部先生當天是耶誕節，他的家中裝飾了一棵瑞典聖誕樹。

在瀋陽郊外，我參觀了中國皇陵和著名的戰場；火車在哈爾濱暫停兩個小時，等候海參崴來的接駁火車。一群俄國軍官爲我帶路，我們來到候車室，桌子被沉重的香檳酒瓶壓得吱吱響，大夥兒開心玩樂，還有人發表堂皇的演說。我問一位高個子、神情愉悅的將軍，現在趕到城裡買一頂皮帽還來得及嗎？因爲到西伯利亞也許用得上這麼一頂保暖的皮帽，他向我保證所有商店都關了，說著便把他自己頭上的一頂大皮帽戴在我頭上。我戴著這頂帽子一路到聖彼得堡，可是這位將軍忘了把他那藍底銀十字的將軍徽章取下，後來這段路上，每到一處西伯利亞車站，我肩上披著一襲俄國毛皮外套，頭戴這頂妙極了的將軍帽出現在月台上，所有官兵都轉身向我敬禮，我也對他們還以軍禮。沒被逮到眞是幸運！

到了莫斯科，兩位瑞典友人來車站接我，這次我又有緣在克里姆林宮與特列季亞科夫藝廊（Tretyakoff Gallery）漫步。抵達聖彼得堡時，瑞典公使卜仁斯妥姆將軍（General Brandstrom）特地設宴爲我接風，宴席來賓包括瑞典大公、數位地理學家、普爾科臥觀測站的巴克倫教授、諾貝爾博士等。這次我舊地重遊，到沙斯科依賽羅謁見沙皇，利用大幅地圖向沙皇詳述我的探險路線。

幾天之後，我於一九〇九年一月十七日回到斯德哥爾摩，欣喜若狂地與親愛的家人團圓。

## 一連串的演說

從那時候開始，我的生活和在西藏旅行時一樣耗費力氣，只是型態不同而已。歐洲所有大規模的地理學會競相邀請我去演講，我在柏林對皇帝與皇后陛下演說；在維也納與老皇帝約瑟夫（Francis Joseph）重逢；在巴黎，一群傑出的地理學家與其他領域學者聚集一堂，聆聽我在索爾本（Sorbonne）大學的大演講廳發表演說；倫敦的皇家地理學會邀我於女皇廳（Queen's Hall）演說，聽眾包括勇敢的探險家史考特爵士，不幸數年後他在南極探險的回程中罹難。皇家地理學會有個規矩，聽眾中要推舉一人向演說者致謝，而這次竟然是主管印度事務的國務大臣摩爾利！阻止我從印度前往西藏，並且對明托勳爵的一切陳情均冷淡回應的，正是這位尊貴、高尚的大臣；而現在我為這次探險發表演說之後，居然是他來表達謝意。摩爾利所說的這段話，至今仍然是我對皇家地理學會最珍貴的回憶。❷

唯有君子能有如此眞知灼見，眞正的爵士深知如何分辨認眞的科學研究和政治上氣量狹小的排擠。也許是出於摩爾利的建議，英國的愛德華國王封我為爵士。秋天時，愛德華國王希望我到倫敦接受他親自授勳，可是我無法從命，因為當時我正在德國、奧地利和匈牙利演講，因此英國駐斯德哥爾摩公使史普林萊斯代我接受勳章。史普林萊斯後來出使華盛頓，擔任駐美國大使，他是我見過最善體人意、最有才華的人士之一。

一九一〇年二月，我到羅馬的義大利地理學會發表演說，當主席準備致贈金質勳章給我時，他轉呈義大利國王請他爲我授勳，國王又把勳章交給皇后，因此我是從皇后迷人的手中接受這項殊榮。我並非天主教徒，無意打擾上了年紀的教宗庇護十世，不過這時發生了一件不尋常的事，教宗對古時天主教傳教會在西藏的活動相當熟悉——尤其是奧多利科·德波登諾涅（Odorico de Pordenone）修士的傳教任務——表達希望我前去拜訪他。見面之後，我發現教宗是位和藹的長者，我們愉快地聊了一個小時。

同年五月，美國總統老羅斯福來到斯德哥爾摩，我與他有數面之緣。我們在威爾罕王子（Prince Wilhelm）的住處首次碰面，那次的經驗相當有趣。當時我與幾位教授和諾登舍爾製造的「維加號」船長帕蘭德上將站成一個半圓形，王子向羅斯福介紹我們，輪到我時，王子說：「這是赫定博士」，我的頭銜並沒有引起這位總統的任何注意，可是當王子叫出我的受洗名字（即Sven）時，羅斯福挺直身子，握緊拳頭伸到我的面前，張牙露齒地一個字一個字高喊：「你該不是說，這就是那位赫定吧！我太高興見到你了，我拜讀過你的作品，晚飯後我們要好好長談。」

之後我們的確長談一番，而且不只這次，後來又有好幾次這樣的長談機會，我心目中對老羅斯福總統充滿景仰，他是那種堅毅強悍、不屈不撓的人。他積極說服我同年秋天去美國公開演說。

他說：「我幫你安排一切。」

我開玩笑地回答：「噢，假如有羅斯福總統擔任經紀人，一定會很叫座。」

「你只要在抵達前三個月發電報給我，一切就交給我來辦。你放心，一定很成功！」

可是那一年我並沒有到美國。

從西藏回家之後的前幾年，我動筆寫下旅行故事，發表之後被翻譯成十二種語言；此外，我也開始動手撰寫《西藏南方》，這部科學性質的書一直到一九二二年十二月才全部完稿。

一九一一年五月我在倫敦，正值英國加冕熱潮的高峰❸，我與許多來自印度的友人重逢，其中最早敘舊的是擔任皇家地理學會會長的寇仁勳爵。我與妹妹艾瑪（Alma）在賽西爾飯店（Hotel Cecil）舉辦一場小型餐宴，排場當然比不上當時那些豪華宴會；我們一共有十三個人，其中有七位已經仙逝。這些賓客包括瑞典王儲、明托勳爵、吉青納勳爵、瑞典公使藍格爾伯爵、巴登鮑威爾爵士（Sir Robert Baden-Powell）、鄧洛普史密斯爵士、楊赫斯本爵士，以及從西藏返回的羅林上尉。我自己繪製邀請卡，並針對每位客人的專長讚譽一番，這天晚上的餐敘氣氛好極了。

同年七月，科索爾爵士在前往北角（North Cape）❹途中路過斯德哥爾摩，他邀請我與其他兩位紳士加入他的行列。我們乘船穿過遠北（Far North）那些富含金屬的山脈幽深的罅隙，看見午夜的太陽，並且從那維克（Narvik）橫渡黑暗的極地海浪，抵達歐洲最北方的角落，然後再沿著挪威海岸線回家。

在那段期間，瑞典不時可聽聞俄國間諜。一九一二年一月，我出版一份名為《警語》（Ett Varningsord）的小冊子，抨擊俄國這種惡意行為，這本小冊子印行了一百萬冊；我很清楚，如此一來，我和俄國將永遠一刀兩斷，也會引起沙皇的不悅，他一向對我極為仁慈，因此我親自前往聖彼得堡的沙斯科依賽羅謁見沙皇，與他進行一次長談，我坦白陳述自己的憂慮，並告知我提出的警告將在一星期內出版。沙皇專注聽我發言，現在透露他當時的反應已經無所謂了，畢竟他已故去，而且老王朝也已消逝。沙皇當天是這麼說的：

「瑞典完全不必害怕俄國。」

「不，陛下，也許不是直接的害怕，但是貴國將海軍擴充至如此規模，已足以令敝國感受到加強國防的需要。」

「我們的造船計畫不是針對瑞典，這點我向你保證。」

「沒錯，可是戰爭一旦爆發，沒有人知道情勢將如何演變。」

「我向你透露，只有爆發全面戰爭，瑞典的情勢才會危急；在若干情況下，我國也許會不顧自由意志，必須對貴國採取不友善的態度。無論是哪一種情況，瑞典應該將海岸線防衛好，這才是明智之舉。」

那是我最後一次見到沙皇。小冊子出刊的當天我回到斯德哥爾摩，而其中的警語就像是雪崩一樣迅速擴散到全國，沙皇閱讀這本冊子以後，對瑞典公使卜仁斯妥姆將軍表示他很遺憾見到這本冊子出刊。在俄國，這件事對我造成最直接的影響是被俄國皇家地理學會除名。直到一九二三年十二月再度抵達聖彼得堡時，我才又受邀在該學會演說，當然，這個學會已經根據新情勢重新改組過，而我也受到極爲熱忱的歡迎，眞是此一時也，彼一時也。

一九一二年和一九一三年相對而言平靜多了，我繼續撰寫《西藏南方》以及繪製該書的地圖。一九一三年，我乘汽車在瑞典旅行了三千哩，終於有機會好好看看我土生土長的國家。那年秋天，防衛運動的聲勢逐漸增強，整個國家陷入一股新氣氛；一九一四年二月六日，三萬個農民手持自己家鄉的旗幟，徒步走到皇家城堡，對國王宣示願意爲國防效力，我自己對這次防衛運動的貢獻是發表好幾回演說。

## 大戰爆發

一九一四年夏天，我與父母、姊妹在斯德哥爾摩附近的島嶼上度假，天氣極爲炎熱，奧國王儲在塞拉耶佛被刺身亡的消息傳來，當天的天空瞬即變色。七月二十五日，法國共和總統在一支艦隊護送下，迅速通過我們的堤岸附近，正要前往斯德哥爾摩；他剛剛在聖彼得堡見過俄國沙皇，當晚瑞典國王與王后在皇宮舉辦一場慶祝晚宴，法國總統在席間問了我一些關於西藏的問題，想來這個話題在當天是不可能吸引他的興趣。晚宴在十點鐘結束，法國總統匆匆趕回巴黎，接下來便是黑色星期，大戰緊接著爆發。

我們不難理解，未來幾十年的整個政治與經濟發展，完全繫於這次世界大戰的結局，因此我難以抗拒想要在火線下觀察戰爭的慾望。研究戰場上的現代戰爭是一次很有價值的經驗，至少我們可以學習到憎惡戰爭，也學習到正確評斷各國領袖不負責任的瞞天大謊。

除了德意志皇帝之外，沒有人能批准外國人參觀德方前線。德國駐斯德哥爾摩公使萊切諾（von Reichenau）轉達了我的要求，結果皇帝的答覆是肯定的，因此我從九月中旬便在西線（Western Front）戰場上，一直停留到十一月中旬才離開，回家之後我寫了一本觀察此次戰爭的書。

一九一五年，我抵達興登堡（Hindenburg）和魯登朵夫（Ludendorff）戰線訪問，親眼目睹德軍對抗俄軍的重要戰役；此外我也走訪奧匈陸軍，隨同軍隊穿過波蘭，走到烽火連天的布勒斯特（Brest-Litovsk）。針對那次戰役，我又寫了一本書。

一九一六年戰火延燒到亞洲。這一年我有七個月時間在亞洲訪問，經由小亞細亞、美索不達米亞、敘利亞、巴勒斯坦和西奈沙漠（Sinai Desert），不過大部分時間，我都在觀察這些著名國家和它們的人民、文物，而對戰爭行動不太注意。寇德威教授（Professor

Koldewey）爲我解說巴比倫遺址，我在那裡花了好幾天時間，這是我此行印象最深刻的地點之一。有兩個星期，我拜訪了耶路撒冷，在美國殖民區域中找到安全的棲身之所，許多瑞典僑民都住在這個地區。回到家裡，我寫了一本關於巴格達和巴比倫的書，還有一本關於耶路撒冷和聖地的書。和從前多次經驗一樣，仍然由我年邁的父親抄寫文稿，母親爲我校對，可是這次父親太虛弱了，並沒有完成這兩本書；他於一九一七年辭世，留下我們無限的追思。

一九一七年秋天，我觀察了對抗義大利的戰役，同時也拜訪波羅的海的城鎮庫爾蘭（Courland）和里加（Riga），主要是搜索一批瑞典古文件，以便了解三百多年前加入波斯軍隊的瑞典旅行家烏克森謝納男爵（Baron Bengt Oxenstierna），他在東方世界有過非常出色的旅行。

接下來的幾年間，我完成了《西藏南方》這部書，一共是九冊文字、三冊地圖。在一九二二年秋末之前，這部書占據了我所有的時間，也消磨了我大半精力，同時讓我養成久坐的習慣。爲了抖掉書籍、地圖、手稿裡的灰塵，同時在烏煙瘴氣的歐洲之外呼吸新鮮空氣，我於一九二三年二月一日，搭行駛於德國漢堡與美國之間的輪船「漢莎號」（Hansa），前往美國。未來有機會我會詳述對美國的印象——如果我有足夠的閒暇和衝動的話。從美國回家的路上，我取道太平洋、日本、中國、蒙古、西伯利亞、俄國和芬蘭，之前我從來沒有環繞過全世界，現在終於明白地球眞的是圓的了。

此刻我正坐在避暑別墅裡，位置和一九一四年大戰爆發前夕的座位一模一樣，我心裡納悶這個世界是不是比從前更和平、更有容忍精神；經過這樣的十年，一個凡人也會變成某種型態的哲學家吧！在此我便結束這本《我的探險生涯》，至於未來餘生將如何發展，且看全能的上帝擺布了。

【注釋】

❶一八九八年，中國將旅順港租借給俄國，一九〇五年爆發日俄戰爭，日軍包圍旅順港長達八個月後攻占該港。

❷作者注：摩爾利的講詞印於一九〇九年四月號《地理雜誌》；另外，摩爾利子爵在他的《回憶錄》(*Recollections*)第二冊第二九五頁裡寫下這段話：「上週一我與赫定和解，至爲欣慰。赫定演說前，我們在晚宴上聊得頗愉快，到場聆聽的觀眾極多，我提議向他致謝，以讚譽彌補我拒絕他自印度出發旅遊之憾，並推崇他在我的阻撓下仍然勇往西藏。這位勇者對此相當快慰，他在數百位地理學家面前握住我的手，公開宣誓自此展開恆久友誼。斯堪地那維亞人如此完美的性格總是令我吃驚，另一個例子是楠森(Nansen)。」

❸英皇喬治五世於一九一〇年登基。

❹位於挪威北方的大西洋上，是歐洲的最北端。

# 索引

## 中英文地名對照表

| | |
|---|---|
| Asterabad | 阿斯特拉巴德 |
| Astin-tagh | 烏斯登山 |
| Astrakhan | 阿斯特拉罕 |
| Aulie Ata | 歐里艾達 |
| Avat | 阿瓦特 |

## B

| | |
|---|---|
| Badakshan | 巴達克山 |
| Bahrein Islands | 巴林群島 |
| Baku | 巴庫 |
| Balakhany | 巴拉罕尼 |
| Baluchistan | 俾路支 |
| Barfrush | 巴爾福魯斯 |
| Bash-kol | 巴什湖 |
| Bash-kum-kol | 巴什堪湖 |
| Basra | 巴斯拉 |
| Bassang Valley | 巴桑河谷 |
| Batum | 巴統 |
| Bayazid | 巴亞齊得 |
| Belarum | 玻拉嵐 |
| Benares | 貝那拉斯 |
| Bering Strait | 白令海峽 |
| Binalud Mountains | 賓納魯特山 |
| Bokhara | 布卡拉 |
| Bongba Changma | 邦哥巴昌瑪區 |
| Borasan | 博拉珊 |
| Bostan | 玻斯丹 |
| Brest-Litovsk | 布勒斯特 |
| Bukhain-gol | 布哈河 |
| Bulungir-gol | 布倫艮湖 |
| Bulun-kul | 布倫庫勒湖 |
| Bushire | 布什爾港 |

## C

D

Dambak-rong　丹巴絨
Damghan　丹干市
Dapsang　達普桑高地
Daraut-Kurgan　達勞庫爾根
Deh-I-Namak　戴怡納馬克村
Dehra Dum　德拉敦
Demavend Mountains　達馬文山
Desert of Lop　羅布沙漠
Dhaulagir　道拉吉里峰
Diyala River　迪雅拉河
Drugub　德魯古布
Dumbok-tso　唐博錯
Dural　杜拉爾

E

Ecbatana　艾克巴塔納
Elba　厄爾巴島
Elburz Mountains　厄爾布士山
Enzeli　安采麗
Erzerum　埃爾祖魯姆
Ettek-Tarim　艾提克塔里木河

F

Fagu　法固
Farsistan Mountains　法夕斯坦山脈
Ferghana Valley　費加那谷地

G

Gabuk-la　蓋布克拉山口
Ganderbal　甘德保
Gartok　嘎托

H



I

，今名伊斯法罕）

Issik kul　伊塞克湖

## J

Jaje-rud River　嘉杰河
Jeypore　哲玻爾
Jisak River　吉賽克河

## K

Kabul　喀布爾
Kalta-alaghan　卡爾塔阿拉根山
Kangsham-tsangpo　康山藏布
Kanjut　康居山
Kapurthala　卡浦塔拉
Kara-koshun Lake　喀喇珂珊湖
Kara-muran　喀拉米蘭河
Karaul　卡勞爾
Kargalik　葉城
Kari Gandak River　喀利干達克河
Karjil　卡基爾
Karnali River　卡拿里河
Karong-tso　喀榮錯
Kashan　卡善
Kashgar　喀什
Kashgar Range　喀什山脈
Kashgar-daria　喀什河
Katmandu　加德滿都
Kauffmann Peak　考夫曼峰
Kausk　庫斯克
Kazalinsk　卡札林斯克
Kazbek　卡茲別克峰
Kazvin　喀茲文

Kurbanchik Gorge 庫爾班其克峽谷
Kurdistan 庫德斯坦（伊朗與伊拉克的交界處）
Kurlyk-nor 庫里克湖
Kuruk-daria 庫魯克河
Kuruk-tagh 庫魯克山
Kut-el-Amara 庫特阿瑪拉
Kwei-hwa-chung 桂花莊

## L

Lahore 拉合爾
Lailik 萊立克
Lakor-tso 喇廓爾錯
Lanek-la 拉那克山口
Langar 藍嘎爾
Lapchung-tso 拉普瓊錯
Lar River 拉俄河
Lemchung-tso 藍瓊錯
Liang-chow-fu 涼州府
Lourdes 盧爾德
Lucknow 勒克瑙
Ludendorff 魯登朵夫

## M

Mandarlik Valley 孟達里克河谷
Maral-bashi 馬拉爾巴喜
Marchar-tso 馬扎爾錯
Mariam-la Pass 瑪那山口
Marsimik-la 馬爾西米克山口
Masar-tagh 馬撒爾塔格山
Masenderan 梅森德蘭省

## N

Nushki 努什基

O

Orenburg 奧倫堡
Orsk 歐爾思克
Osh 歐什

P

Panj River 龐吉河
Pasaguk 帕薩古克
Pas-rabat 帕斯拉巴特
Pedang-tsangpo 裴登藏布
Penang 檳榔嶼
Persepolis 玻瑟波利斯
Perutse-tso 沛蘆澤錯
Petrovsk 培特羅夫斯克
Ping-fan 平番
Pobrang 波卜仁
Poo 浦村
Pool-tso 菩爾錯
Popocatepetl 波波卡特佩特山
口
Pul-i-Pulur 普里普勒
Punch 潘趣

R

Rahna 拉納村
Rajputana 拉齋甫坦那
Rang-kul Lake 朗庫爾湖
Raval Pindi 拉瓦平地
Resht 雷什特
Riga 里加

| | |
|---|---|
| Sonamarg | 松南瑪格 |
| Sorbonne | 索爾本 |
| Spitsbergen | 史匹茲卑爾根 |
| St. Helena | 聖赫勒納島 |
| Stralsund | 斯特拉桑 |
| Sundang-tsangpo | 桑敦藏布 |
| Sung-shu-choang | 桑樹莊 |
| Surakhani | 蘇拉罕尼 |

T

| | |
|---|---|
| Tabriz | 大不里士 |
| Tagarma Valley | 塔嘉爾瑪河谷 |
| Tagdumbash-daria | 塔格敦巴什河 |
| Tamboff | 塔波夫 |
| Tamlung-la pass | 塔木倫拉山口 |
| Tana-bagladi | 塔那巴格拉第湖 |
| Tang-la | 唐古拉山 |
| Tanksi | 譚克西 |
| Tarbagatai Mountains | 塔爾巴卜臺山 |
| Targo-tsangpo | 塔哥藏布 |
| Tashkent | 塔什干 |
| Tash-rabat pass | 塔什拉巴特隘口 |
| Taurus Mountains | 托魯斯山 |
| Tayepparva-la | 泰耶帕瓦山口 |
| Tengi-tar | 檀吉塔 |
| Tenkar | 譚卡 |
| Tepe-I-salam | 特普易薩拉木 |
| Teri-nam-tso | 札木南日錯 |
| Teta-la | 帖塔拉山口 |
| Tiflis | 提弗利司 |
| Tikkenlik | 鐵干里克 |

## U



## V



## Y

| | |
|---|---|
| Yangi-hissar | 顏即息撒 |
| Yangi-kol | 新湖 |
| Yanqi | 焉耆 |
| Yardang-bulak | 雅爾丹泉 |
| Yarkand-daria | 葉爾羌河 |
| Yenisei River | 葉尼塞河 |
| Yeshil-kul | 耶希湖 |
| Yezd | 葉茲德 |
| Yike-tsohan-gol | 崔克左漢果 |
| Yuldus Valley | 玉達斯河谷 |
| Yurun-kash | 玉龍喀什河 |

## Z

| | |
|---|---|
| Zendeh-rud | 查揚迭河 |
| Zerafshan | 澤拉夫尙河 |
| Zoji-la | 宗吉隘口 |

國家圖書館出版品預行編目資料

我的探險生涯／西域探險家斯文．赫定回憶錄
／斯文．赫定(Sven Hedin)著；李宛蓉譯．--
-- 初版． -- 臺北市 馬可孛羅文化出版 -：
城邦文化發行，2000〔民89〕
-冊； 公分．--（探險與旅行經典文庫；1）
含索引
譯自：My life as an explorer
ISBN 957-8278-31-4（上冊：精裝）．--ISBN
957-8278-32-2（下冊：精裝）．--ISBN 957-
8278-33-0（一套：精裝）

1.赫定(Hedin, Sven Hedin, 1865-1952) -
傳記 2. 亞洲—描述與遊記
730.9 89000490

「探險與旅行經典文庫」 001

# 我的探險生涯（下）
## 西域探險家斯文·赫定回憶錄
## My Life as an Explorer

作者 斯文·赫定（Sven Hedin）
譯者 李宛蓉
策畫／選書／導讀 詹宏志
執行主編 郭寶秀
編輯協力 曾淑芳、林麗菲
封面設計 王小美

發行人 涂玉雲
出版 馬可孛羅文化事業股份有限公司
E-mail:marcopub@cite.com.tw
發行 城邦文化事業股份有限公司
台北市信義路二段213號11樓
電話：（02）2396-5698 傳真：2578- 9337
郵政帳號 1896600-4 城邦文化事業股份有限公司
香港發行所 城邦（香港）出版集團
香港北角英皇道310號雲華大廈4/F, 504室
新馬發行所 城邦（新、馬）出版集團
Penthouse, 17, Jalan Balai Polis, 50000
Kuala Lumpur, Malaysia
排版印刷 中原造像股份有限公司
登記證 行政院新聞局局版臺業字第1230號
初版 2000年1月25日
定價 480元

套號：957-8278-33-0
ISBN: 957-8278-32-2 Printed in Taiwan

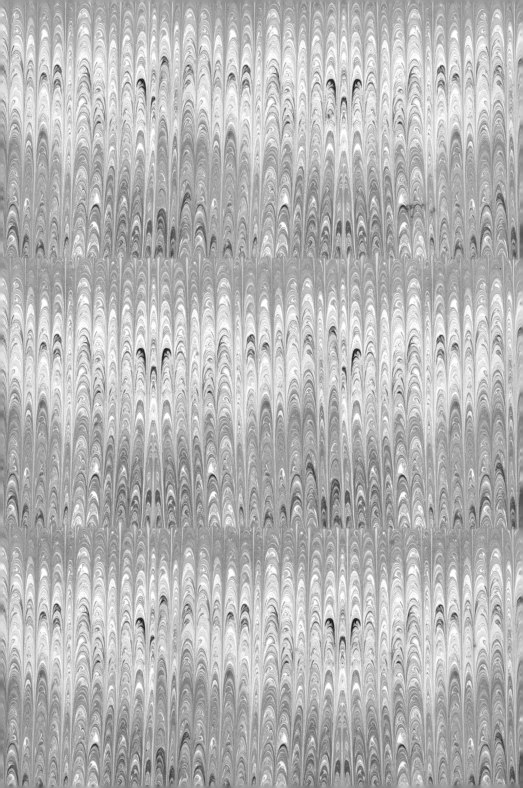